KB150492

불투명성의 현상학

불투명성의 현상학

초판1쇄 펴냄 2023년 02월 10일

지은이 조광제
펴낸이 유재건
펴낸곳 (주)그린비출판사
주소 서울시 마포구 와우산로 180, 4층
대표전화 02-702-2717 | **팩스** 02-703-0272
홈페이지 www.greenbee.co.kr
원고투고 및 문의 editor@greenbee.co.kr

편집 이진희, 구세주, 송예진, 김아영 | **디자인** 권희원, 이은솔
마케팅 육소연 | **물류유통** 유재영 | **경영관리** 유수진

ISBN 978-89-7682-699-2 93160

學問思辨行: 배우고 묻고 생각하고 판단하고 행동하고

독자의 학문사변행을 돕는 든든한 가이드 _그린비 출판그룹

그린비 철학, 예술, 고전, 인문교양 브랜드
엑스북스 책읽기, 글쓰기에 대한 거의 모든 것
곰세마리 책으로 크는 아이들, 온가족이 함께 읽는 책

이 저서는 2021년 대한민국 교육부와 한국연구재단의 지원을 받아 수행된 연구의 일환임(NRF-2021S1A5A2A01060535)

불투명성의 현상학

조광제 지음

그린비

책머리에

'불투명성의 현상학'을 제목으로 내세웠다. 이를 통해, 현상학에 관한 필자 나름의 관점을 압축해 담고자 했다. 흔히 현상학은 학문적인 인식 방법론을 새롭게 구축함으로써 유력한 위업을 남긴 것으로 알려져 있다. 근원적인 체험으로 진입할 수 있는 초월론적인 환원(transzendentale Reduktion), "사태 자체로"(Zu den Sachen selbst)라는 구호로 주장되는 근본적 체험에 대한 탈-선입견의 순수 기술(純粹記述), 인식 주체와 인식 대상 간의 필연적인 상관관계인 지향성(指向性, Intentionalität) 등이 대표적인 현상학적 인식 방법들이다.

그런데 정작 후설을 비롯한 현상학적 사유의 유력한 거장들은 이러한 인식론적인 방법들을 각기 나름으로 활용하여 존재론을 전개함으로써 철학사적인 위업을 남겼다. 필자가 지속해서 유념한 대목이 이들이 전개한 현상학적인 존재론이었다. 그리고 그 결론은 이들이 존재론을 전개하면서 바탕으로 삼은 근본 체험은, 비록 그 영역과 방식은 다르다고 할지라도, 다름 아니라 존재의 불투명성이라는 점이었다. 그 이유를 드러내 보이고 그 함의를 제시하려는 것이 이 책의 목적이다.

불투명성은 인식과 존재 양쪽을 오가면서 작동한다. 존재에 대한 인식의 근원적인 불가능성을 드러냄과 동시에 존재의 무한 깊이의 심연을 드러낸다. 존재에 대한 인식 불가능성과 존재의 심연, 이 둘이 지향적으로 짝을 이룬다. 말하자면, 인식은 근원적으로 존재의 근원적인 불투명성을 명시적으로 확인할 뿐이다. 여기에서 존재의 불투명성에 대한 명증한 인식이라는 일종의 역설적인 사태가 드러난다.

근원적으로 불투명한 사태를 명증하게 확인하는 근본 계기는 무엇인가? 지천으로 널린 감각 사물이다. 서가에 형형색색으로 빼곡히 진열된 저 책들, 나의 타자를 기다리며 하얗게 나를 노려보는 컴퓨터 화면, 편집되어 우편으로 날아온 저 교정지들, 내 입에 물려 연기를 내뿜으면서 사유를 진정시키는 이 타오르는 담배, 희뿌옇게 밝아 오는 새벽 창밖의 저 풍경, 그리고 이것들 속에 함께 자리를 잡아 자판기를 두들기는 내 손가락들과 내 몸 등 확연히 감각적으로 드러나는 대상들이다. 엄밀하게 말하면, 이것들에서 뭇 욕망과 욕구에 따른 의미들을 짐짓 삭제했을 때, 그런데도 번연히 감각적인 힘으로써 지각하는 나를 강압하는 것으로 남아도는 것이 감각 사물이다. 그래서 굳이 '순수 감각 사물'이란 이름을 붙일 수도 있다.

감각 사물은 주체와 아예 무관한 것으로 정위되는 순수 객관적인 사물도 아니고, 주체로 회송되는 감각적 관념의 결과물은 더욱 아니다. 주객 이분법의 사유를 아예 허용하지 않으면서 양쪽 모두의 근원성을 파기해 버리는 존재가 바로 감각 사물이다. 이러한 감각 사물의 존재론적인 위상을 궁구하노라면 아연 인식적 사유가 일종의 구렁텅이에 빠져들고, 그래서 마침내 존재의 심연을 떠올리지 않을 수 없게 된다.

이에 책의 1부에서는 '불투명한 심연의 존재, 감각 사물'이란 제목으로 서설로서의 논의를 전개하고, 책의 2부에서는 '불투명성의 현상학'이란 제목으로 본론으로서의 논의를 전개한다. 그리고 마지막 3부에서는 '불투명성, 심연 그리고 충동'이란 제목으로 결론으로서의 논의를 전개한다.

참을 수 없을 정도로 무능하고 무도한 윤석열 정권 아래 159명의 희생자를 낸 '10·29 이태원 참사'가 일어난 때, 이에 관한 성찰과 전혀 무관한 또 한 권의 책을 발간하게 되었다. 그런 까닭에 한편으로 송구스럽다. 덧붙이자면, 이 책의 내용은 현재 필자가 '한국연구재단'의 '중견연구자지원사업'의 지원을 받아 연구하고 있는 '몸과 기계에 관한 현상학적 탐구'의 기획에서 핵심 개념으로 제시한 '감각적 물질' 또는 '물질적 감각'을 현상학적으로 규명하는 작업의 일환이다. 이 작업을 출발점으로 삼아, 로봇 기계가 제아무리 강한 인공지능을 탑재했다 할지라도, 감각적 물질 내지는 물질적 감각을 바탕으로 한 감각 사물의 세계를 원리상 산출할 수도 누릴 수도 없으며, 따라서 인간과 로봇이 근본적으로 다른 존재일 수밖에 없음을 밝히게 될 것이다. 이를 위해, 뇌 과학과 인지과학의 연구성과들을 참고하게 될 것이고, 그럼으로써 새로운 학문으로 이름을 올린 '신경 현상학'의 학문적 가능성과 한계를 아울러 드러내게 될 것이다. 그 작업이 일정하게 마무리

되면 또 새로운 한 권의 책을 발간하고자 한다.

끝으로, 어려운 가운데에도 이 책을 출간하는 데 독려와 노력을 아끼지 않은 그린비 출판사의 임직원들과 특히 편집과 교정을 맡아 수고를 아끼지 않은 주승일 선생께 감사하다는 말씀을 전한다. 또한, 쑥스럽긴 하지만 늘 옆에서 여러모로 힘을 보태는 아내 이미숙 씨에게 이 기회를 틈타 사랑한다는 말을 전한다.

2022년 늦은 가을,
일산에서 조광제

차례

1부

불투명한 심연의 존재, 감각 사물

철학적 사유의 작업을 농사에 비유한다면, 씨앗을 마련하기도 어렵거니와 밭을 마련하기는 더욱 어렵다. 오랜 세월 애써 둘 다 마련했다 하더라도 심은 씨앗들이 과연 곡식을 맺게 될지, 맺는다면 언제 맺을지 좀처럼 예감할 수 없다. 필자는 감각 사물이라는 사유의 씨앗을 발견했고, 현상학이라는 사유의 밭을 갈았다. 2부에서는 현상학이 불투명성을 바탕으로 전개된다는 것을 보일 것이다. 그리고 여기 1부에서는 감각 사물을 철학적 화두로 삼아 그 사유의 씨앗이 어떻게 마련되는가를 보이고자 한다.

* * *

§1. 감각 사물에의 이력

뭇 사물을 만져

함부로

열려고 해서는 안 될 일

사물 속에는

천길 깊이의 거울이

감추어져 있으니

그 속에 열린

길들은

유리처럼 미끄러울 뿐이니

삼십 년 전 즈음, 필자가 썼던 한 편의 시 일부다. 제목은 '벽'이라고 되어 있다. 한동안 사물에 심취했다. 그런 뒤, 이십 년 전 즈음, 어느 땐가 "사물은 마물(魔物)이다"라는 명제를 제출했다. 사물을 보는가? 아니면 생각할 수밖에 없는가? 항상 사물이 문제다.

흘깃흘깃
부푼 입술의 사물을 본다

한 개의
불투명한 구슬을
한 장의
가시 돋친 선인장 잎을
한 마리의
단단한 갑충을
한 개의
상대성 이론을

습관이다. 시선의 습관, 사물이 부풀어 올라 충분히 '발기하는' 순간을 기다리는 습관이다. "천길 깊이"를 지닌 "한 개의 불투명한 구슬"은 "한 개의 상대성 이론"에 값한다. 아주 어린 시절, 일고여덟 살 즈음이지 싶다. 집 뒷마당에 언제나 맑고 시원한 물로 차 있는 우물이 있었다. 집 앞 마주 보는 개천을 따라 판잣집들이 줄지어 있었다. 우리 집 우물은 그들의 식수원이었고, 우리 집은 밤늦도록 대문이 열려 있었다. 그때 나는 우물을 들여다보기를 좋아했다. 우물에는 내 키보다 조금 낮은 콘크리트 둥근 난간이 있었다. 우물 속 벽은 머리 크기 정도의 돌들을 빙 둘러 쌓은 것이었고 거무튀튀한 바탕에 곳곳에 푸른 이끼들이 자라 있었다. 우물을 들여다보면 내 머리의 그림자가 조금씩 일렁였다. 때때로 나는 우물 안 물을 지나 계속 내려가면 지구의 반대편에 다다른다는 생각을 했다. 그래서 언제 누구에게 들었는지 알 수 없지만, 거기에는 미국이 있다고 생각했다. 어린 마음에 그 우물은 바닥이 없는, 무한정한 깊이를 지닌 것이었다. 한참 보고 있으면 우물 안 물의 표면은 하얗게 빛나다가 어느덧 온통 검게 변했다. 그럴 때면 들여다보기를 그쳤다. 무서웠기 때문이다. 하지만, 매일 그 우물을 들여다보지 않은 날이 없었다고 기억된다. 세어 보면, 근 육십 년 전의 일이다. 우물 옆에는 툇마루가 있었다. 겨울이면 그 툇마루에 앉아 햇볕을 받았다. 그러다 중천에 뜬 해를 한동안 바라보기를 즐겼다. 어린 나는 그 짓을 아무도 모르게 해와 눈싸움하는 것이라 여겼다. 한참 바라보면 해는 나에게 진다. 그때 해는 새파란 둥근 원반으로 돌변한다. 그런 뒤 새파란 해는 어마어마한 속도로 빙글빙글 제자리를 돌면서 수십 겹의 원들을 만들어 낸다. 그 모습을 보는 건 지금 생각해 보면 희열이었다. 아무에게도 말하지 않았다. 어머니에게도 말하지 않았다. 나이가 어리긴 했지만, 대단히 위험한 짓임을 알았고, 여차여차 새파란 해를 보았다고 말했다간 혼날 것임에 뻔했기 때문이기도 했지만, 그보다는 어쩌면 오직 나만의 비밀스러운, 지금의 말로 하자면 일종의 제의(祭儀) 비슷한 것이라 여겼기 때문이다. 기억의 내용은 각색되기 마련이지만, 어쨌든 일흔의 나이를 앞둔 지금, 필자는 그 장면들을 또렷이 떠올려 회상한다.

우물 속에서 나타나는 시커먼 심연이 무섭긴 했지만, 반복해서 들여다보고 싶은 그때 그 어린 마음은 지금 해석하자면 심연이 주는 그 두려움의 매력에 빠져들었던 것이라 새길 수 있지 싶다. 한없이 빛나는 해와 눈싸움을 해서 이겨 엄청난 속도로 제자리를 도는 새파란 원반들을 얻어 내고자 했던 그 어린 마음은 무슨 심보였을까? 지금의 심사로 옮겨 해석하자면, 무서움 속에서 얻는 희열을 잊지 못하는 충동이었다.

필자는 이른바 기독교 모태 신앙을 이어받았다. 필자가 태어났을 때, 이미 아버지는 교회 장로였다. 필자가 다닌 교회는 신사참배를 거부한 지도자가 주도해서 모인 교단에 속했다. 하루에 네 번씩이나 예배를 드려야 했다. 하나님은 매일 먹는 밥보다 더 필수적인, 이른바 영혼을 위한 영양소였다. '거룩한 하나님'이라는 관념은 뼛속 깊이 박혔다. 신성함이다. 제아무리 가까이하려 해도 절대로 다가오지 않는, 그러면서 나의 존재 속 깊숙한 곳에 똬리를 틀고서 나를 지배하는 신성함이다. 우물의 심연처럼 지극히 어두운 깊은 곳, 그 어딘가에 숨어서 정체불명한 명령의 빛으로써 내 사유와 감정의 숨통을 틀어쥐고 있었다. 말 그대로 불투명한 심연으로 빛나는 말도 안 되는 역설의 존재였다. 해와 눈싸움해서 이기듯이, '거룩한 하나님'과 감정싸움을 해서 이길 수는 없는가?

마침내 필자는 신학교에 입학했고, 본격적으로 신과의 투쟁을 실행했다. 그 무기는 신 존재의 절대적 우연성이었다. 주변 모든 사물의 절대적 우연성이 출발의 바탕이었으나, 신의 무한한 창조성이 사물의 그 절대적 우연성을 폭력적으로 지워 버렸다. 하지만, 사물이 지닌 절대적 우연성은 신의 절대적 우연성으로 옮겨 갔다. 묘하게도 나는 고등학교 시절 대학에 가 물리학을 전공하고 싶어 했다. 그때 아인슈타인의 상대성 원리에 관한 책을 두어 권 읽었다. 돌이켜 보면, 일찍이 우주와 사물에 관한 호기심이 강했던 모양이다. 대학에 입학하자마자 입학 기념으로 서울 시내에 나가 헨리 티센(Henry Clarence Thiessen, 1883~1947)이 쓴 'Systematic Theology'(『조직신학』)를 사서 처음부터 끝까지 다 읽었다. 제법 두툼한 책이었다. 기독교 교리의 조직을 알기 위한 것이기도 했으나 무엇보다 신을 알기 위한 것이었다. 실망이었다. 신의 존재에 관한 의심이 전혀 없었다.

2학기 들어 당시 교양 철학서로 유명했던 렘프레이트의 『서양철학사』를 사서 다 읽은 뒤, 칸트(Immanuel Kant, 1724~1804)가 자신의 『순수이성비판』의 내용을 알기 쉽게 요약한 것으로 알려진 『프롤레고메나』(Prolegomena)를 사서 읽었다. 조그마한 하얀 표지의 문고판이었다. 기억건대, 최재희 선생께서 번역한 것이었다. 한참 세월이 흘러 나중에 알고 보니 독일어 원제는 'Prolegomena zu einer jeden künftigen Metaphysik, die als Wissenschaft wird auftreten können'이라는 긴 제목을 단 책이었다. 우리말로 풀자면, '학문으로 나타날 수 있는 모든 미래의 형이상학에 관한 서설'이다. 그런 뒤, 어쭙잖은 사유 능력으로 과감하게 칸트의 『순수이성비판』에 도전하기로 하고, 역시 최재희 선생께서 번역한 것이라 기억하는데, 번역본을 사서 앞부분을 읽었다. 공간과 시간이 우리의 감성의 타고난 형식이라는 이야기에다 "공간이 없이는 아무것도 표상이 안 된다"라는 문장을 읽으면서 건방지게도 마음속으로 '그 참! 제법인데' 하고서 속말을 했던 것이 기억난다. 딴에 아예 터무니없는 것은 아니었다.

당시 필자는 고등학교 시절까지 배운 물리학적 지식으로 바깥 사물을 보는 것에 대한 원리를 알고 있었다. 그것은 빛이 사물에 반사되어 망막에 들어와 전기로 바뀌고, 그 전기가 시신경을 타고 들어가 뇌에서 색으로 바뀌는 과정을 거침으로써 이윽고 바깥 사물을 보게 된다는 것이었다. 사실 이 문제 때문에 1학기 내내 줄곧 고민하고 있었다. 그렇다면, 저 모든 바깥의 사물뿐만 아니라 공간조차도 나의 뇌에서 먼저 만들어지는 것이 아닌가? 그렇다면, 흡사 바깥에 내가 없이도 존재한다고 철석같이 믿고 있는 온 우주가 근본적으로 나의 뇌속에 있다고 해야 하지 않는가? 그런데, 어째서 공간이 저렇게 바깥이 있고, 그 바깥의 공간에 저렇게 사물이 있는 것인가? 하는 물음들로 한편 즐거운 마음으로 골치 아파하고 있었다. 이른바 '뇌와 우주 사이의 존재론적인 격돌'이었다. 그런데 칸트가 내가 골치 아파해 온 물음과 방식이 다르긴 하지만, 분명 엇비슷한 물음을 심각하게 여겼음에 틀림이 없고, 그 결과 그 같은 방책을 내놓았으리라 생각한 것이다.

고백건대, 사십칠 년 전 당시 필자가 가졌던 저 물음은 지금까지 그 수수께끼가 풀리지 않았다. 1975년 당시 박정희 군사독재에 시달리면서, 필자는 '그렇지 않아도 현실적으로 삶을 버티기가 어려운 데다 내면적으로 나의 존재를 붙들고서 씨름하느라 괴로운데, 유신이니 긴급조치니 하면서 교련 시간을 늘리고 장발을 단속하고 민주인사들을 잡아 가두면서 국민을 못살게 굴어야 한단 말인가?' 하는 분노를 삼키고 있었고, 짐짓 신학교 전체에서 두 번째로 긴 장발로 조용히 저항했다. 그 이후 우여곡절을 겪으면서 대학 시절 내내 이른바 실존 문제에 시달리면서 하이데거의 실존철학에 경도되었다. 결국, 신학교를 졸업하면서 「실존 개념의 해명」이라는 논문을 써내고 문학사 학위를 받았다.

대학원을 아예 철학 쪽으로 선택해서 입학했다. 현상학을 전공하기로 했는데, 한편으로는 하이데거의 실존철학을 제대로 공부하기 위해서는 먼저 후설의 현상학을 알아야 한다는 사전 지식에 따른 것이지만, 다른 한편으로는 '뇌와 우주 사이의 존재론적인 격돌'이라는 저 뜨거운 문제를 해결하는 데 후설의 현상학이 도움이 될 것 같은 예감이 작동했기 때문이었다. 그 사이, 이른바 모태 신앙이었고 신학교를 택할 정도로 나름 강고했던 기독교 신앙을 나의 존재에서 '일거에' 제거해 버렸다. 그 이후, 지금까지 나름 '견결하게' 무신론을 유지하고 있다.

필자는 현재 3년에 걸친 한국연구재단의 지원을 받아 '현상학적 감각론으로 본 몸과 기계'라는 주제에 관해 탐구를 거듭하고 있다. 현상학을 기반으로, 뇌신경학, 심리철학, 신경현상학, 인지과학, AI 로봇과학 등 관련 문헌들을 살펴 그 속의 논제들을 엮어야 하고, 그 형이상학적이거나 현실적인 자료들을 관통하는 중심의 대상을 찾아야 한다. 필자의 뇌리를 떠나지 않고 그 중심 대상의 강력한 후보로 반복해서 떠오르는 것이 바로 '감각 사물'이다.

처음에 '불투명성의 현상학'이라는 제목으로 책을 꾸리고자 할 때는 후설(Edmund Husserl, 1859~1938)에서 데리다(Jacques Derrida,

1930~2004)에 이르는 저 유명한 현상학자들의 사유에서 인식의 판면에서건 존재의 판면에서건 간에 '불투명성'이 근본 토대로 작동한다는 것을 보여 주려 했다. 그런데, 그린비 출판사에서 이 초기 원고를 정돈해 책으로 내자고 한 제안을 수락한 뒤 여러 사정으로 오랜 기간 방치되어 있었다. 출판사 쪽의 독촉으로 뒤늦게 책을 내려고 하자니, 그 사이 필자는 일흔의 나이에 나가가고 있었다.

　　본래 그래야만 하지만, 나이가 드니 책을 통해 학자로서 최소한의 면모를 내보여야 한다는 내면의 요청이 더욱 강해진다. 그래서 본래 계획한 부분은 책의 2부로 돌리고, 책의 1부에서 필자가 너무나 오랜 세월 동안 고심해 온 주제인 이른바 '불투명한 심연의 존재'에 관한 필자 나름의 사유를 꾸려 앞세우게 되었다. 그러다 보니, 이 1부에서 '머리말'이라는 책 편집의 관행을 빌려 필자의 사유 이력의 큰 줄기를 대략 주섬주섬 챙기게 되었고, 다소 어색한 자전적 글쓰기를 하고 말았다.

§2. 심연의 불투명성, 또는 불투명한 심연

일본 하이쿠의 대가 마쓰오 바쇼(松尾芭蕉, 1644~1694), 그는 어느 여름날 숲속 개울을 건너다 "바위에 스며드는 매미 울음소리"라고 읊었다. 이에 우리로서는 수억 년의 세월을 감지하면서, 그렇다면 저 바위는 숫제 매미 울음소리가 쌓이고 쌓여 형성된 것일 터이고, 만약 저 바위가 폭발이라도 한다면, 천둥소리보다 수천수만 배 큰 매미 울음

소리가 온 하늘에 울려 퍼질 거라고 상상하게 된다. 일컫자면, 소리라는 떨림의 감각이 응축되어 바위라는 사물이 됨이다.

만물이 그러하다면, 만물의 근원을 치고 들어가 그 바닥을 만나고자 하는 염원의 성취는 불가능하다. 온통 감각으로 터져 나옴으로써 남는 것이 아무것도 없을 것이기 때문이다. 그리하여 더는 깨지지 않는 마지막 단단한 알맹이 즉 굳건한 개성체(個性體, entity)로서의 본질은 본래 없다는 근원적 사실을 맞닥뜨릴 것이다. 설사 누군가 그 본질을 파악했다고 틀림없이 의식했다고 할지라도, 그 본질에 대한 의식은 저 자신이 근본적으로 자기기만을 벗어날 수 없음을 아울러 의식할 수밖에 없을 것이다.

본질에 대한 의식은 겉으로 드러나 보이는 모습, 즉 시간의 위력에 쓸려 한순간도 동일성을 유지하지 못하는 현상을 제거하고자 한다. 흔히 알려진바, 고대 그리스의 파르메니데스(Parmenides, 기원전 510~450)와 그를 이은 플라톤(Platon, 대략 기원전 428~348)이 그러했고, 근대의 사유를 연 데카르트(René Descartes, 1596~1650)가 그러한 의식을 추구했다. 현상을 한 꺼풀씩 벗겨 내는 과정을 거쳐 그 속으로 들어가면 마침내 더는 벗겨 낼 수 없는 단단하기 이를 데 없는 본질이 드러나리라고 믿고, 그 존재의 본질을 발견하여 마주하고 있음을 확인해 주는 증거를 발견된 그것의 불변성에서 찾았다. 그리고 그 본질들의 관계 역시 변하지 않는다고 여기고 그러한 불변의 관계를 파악하면 궁극적인 진리를 파악하는 것이라 여겼다. 아울러, 본질을 파악할 수 있는 인간의 능력을 이성이라 여겼고, 이성은 존재의 본질을 남김없이 명증하게, 말하자면 투명하게 파악할 수 있다고 여

겼다. 이성과 존재의 본질이 투명성의 원리에 따라 불변의 관계를 맺
는다고 여겼고, 이에 존재의 본질마저 이성에 따른 것이라 여겼다. 본
질에 따라 존재를 관통하는 이성을 로고스라는 이름으로 무한한 우
주를 관통하는 위력을 지닌 것으로 파악했고, 따라서 이성의 위력을
절대적인 신적인 위력으로 파악했다. 중세에 이르러서는, 그 신적인
이성의 위력이 인간이라는 존재에게 부여되어 인간의 이성과 신적인
이성이 상응하면서 투명하기 이를 데 없는 근원적 세계를 형성한다
고 믿었다.

그런데 만약 존재에서 아예 불변의 본질이 없다고 한다면, 그리
고 그 존재의 본질을 파악할 수 있는 이성이 근원적인 한계를 지녔다
거나 존재의 본질이 숫제 이성적이지 않다면, 이 모든 진리를 향한 사
유의 기획은 무산(霧散)·해체되고 만다. 말하자면, 운동과 변화가 그
치지 않고 이를 통해 만물이 엮여 서로에게 흘러들고 넘나든다면, 그
리고 이 사태가 존재의 근본이라면, 이성에 따른 투명성과 짝한 불변
성, 불변성에서 시작한 절대적 투명성은 존재를 왜곡하는 근원이 되
고 만다. 저 유명한 고대 그리스의 헤라클레이토스(Heracleitos, 기원
전 535~475)가 제시한 "만물은 흐른다"라는 언명은 이러한 사태를
압축해서 나타낸다고 할 것이다. 심지어 그는 "로고스"라는 말을 존
재론적으로 활용함으로써 이러한 사태가 필연적인 사실임을 못 박
았다.

존재론은 본래 만물의 정체를 알고자 하는 인간의 끊임없는 인
식의 욕망에서 비롯된다. 그런데 만물이 처음부터 정체가 없다면, 즉
마지막까지 다가가더라도 바닥이 없다면 어떻게 되는가? 존재가 마

치 양파처럼 속속들이 껍질들로 되어 있다면, 한순간의 동일성도 허용하지 않는 현상의 존재 방식이 존재의 근원에까지 관철될 것이고, 따라서 현상의 껍질들을 한 꺼풀씩 벗겨 나가는 이성적 사유의 작업은 무한 반복될 것이고, 지친 나머지 만물의 존재 앞에서 두 손 들어 항복하고 말 것이다.

존재 자체에 본질적인 바닥이 없음은 '존재론적인 심연'으로 부를 수 있다. 서양말에서 '바닥이 없음'은 고대 그리스말인 'ábyssos'에서 비롯된다. 이 말은 '바닥이 없음' 또는 '심대한 깊이'를 뜻한다. 존재론적인 심연은 명증의 원리를 바탕으로 영원불변한 본질의 존재를 믿고 추구하는 이성적 사유를 근본적으로 불가능하게 한다.

바닥이 없는 존재의 무한한 깊이는 아래로 내려갈수록 점점 더 어두워지고 시커멓게 색 아닌 색을 더한다. 그곳을 내려다보고 있노라면 또는 들여다보고 있노라면 인간의 시선이 지워지면서 무효하게 되면서 급기야 섬뜩한 느낌이 온몸으로 전해 온다. 그런 까닭에 존재의 심연은 우리 인간에게 더없이 위태롭다. 자칫 발을 헛디디어 미끄러져 빠져든 나머지 헤어날 수 없게 되면 어느새 그 불투명하기 짝이 없는 부조리한 존재에 물려 저 자신이 녹아 버리고 말 것이다. 묘한 일은 그런데도, 아니 오히려 그러하기에 우리 인간은 차라리 그 불투명한 존재의 심연 속으로 뛰어들고 싶은 욕망을 지닌다는 사실이다. 달리 말하면, 불투명한 존재의 심연은 우리 인간에게 매혹으로 다가드는 것이다. 우리는 이 매혹을 '존재론적인 매혹'이라 일컫고, 그 매혹에 빠져들어 휩쓸리고자 하는 충동을 '존재론적인 충동'이라 일컫고자 한다. 이 충동은 의식주를 중심으로 한 일체의 욕구와 인간관계에서 빚어지는 권력을 비롯한 사회문화적인 뭇 형태의 욕망을 벗어 버림으로써 그 대상과 아예 한 몸이 되고자 하는, 욕망을 넘어선 욕망 이다. 비록 환히 열린다는 점에서 그 방향이 반대이기는 하나, 만물과 하나가 되어 저 자신이 완전히 소실되는 도(道)의 경지를 추구하는 금욕주의적인 수행에서 그 대립적인 일면을 볼 수 있다.

저 바닥없는 무한 깊이 속으로 빠져들었으면 하는 강렬한 충동 이 발동하면서 그것에 휩싸이게 되면 죽음의 불안과 공포가 그 충동 의 강렬함 못지않게 소스라치게 들러붙는다. 그러니까 불투명한 존 재의 심연을 향해 차라리 뛰어들고자 하는 존재론적인 충동은 죽음 을 향한 심리학적인 충동을 수반한다. 이로 인해 존재론적인 충동은 광기의 형태를 띠게 된다. 여기에서 광기는 존재에 대한 불안과 존재 가 주는 매혹이 극단적으로 충돌하는 지점을 파고든다. 충동의 광기 가 잦아들 때 뒤늦게 다가오는바, 저 자신의 존재에 대한 존재론적인 사유가 길을 잃게 됨은 물론이다.

프로이트(Sigmund Freud, 1856~1939)는 친숙하면서도 친숙하기 에 오히려 낯설기 이를 데 없는 감정의 사태를 흔히 '두려운 낯섦'이 라 번역되는 'das Unheimliche'라 불렀다. 그러면서, "지적인 불확실성 이라는 개념은 두려운 낯섦이라는 감정 상태를 이해하고자 할 때는 어떤 도움도 주지 못한다"라고 말한다. 그가 1919년에 발표한 「두려 운 낯섦」이라는 글에서 한 이야기다.(프로이트, [1919] 2003. 419쪽) 프로이트가 지적한 '두려운 낯섦'은 불투명한 존재의 심연을 향한 존 재론적인 충동과 광기가 드러나는 적극적인 일면이다. 이 충동의 감 정은 이성적 사유를 불가능성의 늪으로 몰아가 허우적거리게 한다.

그럼으로써 이성을 내세운 일체의 지적·학문적 활동을 불가능할 뿐만 아니라, 무상(無償)한 쪽으로 한껏 밀어붙임은 물론이다.

하이데거(Martin Heidegger, 1889~1976)는 불안을 근본 기분이라 말하고, 불안이야말로 인간 사유를 존재론적인 영역으로 끌어들인다고 여긴다. 그러면서 불안에는 "하나의 두려운 낯섦"(ein Unheimliche)이 작동한다고 말한다. 그의 주저『존재와 시간』에서의 이야기다. 프로이트의 개념을 원용한 것이다. 그런가 하면, 크리스테바(Julia Kristeva, 1941~)는『공포의 권력』에서 프로이트의 '두려운 낯섦'이라는 개념을 더욱 미세하게 독창적으로 활용해서 '아브젝트'(abject)라는 개념을 제시한다. 그리하여 우리의 관점에서 보아, 존재론적인 심연에 따른 매혹과 충동을 그녀 나름으로 해석한다. 그녀는 "아브젝트는 주체를 유혹하고는 단숨에 전멸시키는 것이 사실이라면, 그것은 주체가 자기 바깥에서 저 자신을 인식하려는 헛된 시도에 지쳐 자신 속에서 불가능을 발견할 때 최고의 힘을 발휘한다"(크리스테바, [1980] 2001. 26쪽)라고 말한다. 주체가 바깥에서 저 자신을 인식한다는 것은 주체가 이성적인 반성을 통해 저 자신과 거리를 둔 반성의 상태에서 저 자신을 온전히 파악하고자 하는 것을 일컫는다. 그 이성적 반성에 따른 인식이 근원적으로 불가능함을 정확하게 발견할 때, 즉 주체가 저 자신의 존재에서 존재론적인 심연을 발견하고 거기에 뛰어들고자 하는 충동에 사로잡힐 때 최고의 위력을 발휘한다는 것이다. 존재가 근본적으로 '오염되어 있고' 그럼으로써 오히려 우리를 매혹한다는 생각은 크리스테바를 통해 매력적인 사유로 변모한다.

이리하여 우리는 존재가 근본적으로 바닥이 없어 심연의 입을 벌리고 있고, 그 검은 깊이에서 불투명성의 근원이 작동하고, 그런데도 우리는 그 불투명한 존재의 심연을 향해 목숨을 걸고서라도 뛰어들고 싶은 존재론적인 충동에 따른, 사유 아닌 사유, 사유를 넘어선 다른 사유를 획책한다는 점을 제시하게 된다.

§3. 절대 이성에 따른 존재와 인식의 명증

학문 활동을 제대로 하려면 자신이 책임질 수 없는 영역에 대해서는, 심각하게 말하면 자신의 목숨을 걸 수 없는 영역에 대해서는 사유의 입을 다물어야 한다. 그래서 나온 학문적 태도가 명증한 사태를 발견하여 그것을 진리로 받아들이고자 하는 태도다. 이 명증의 태도를 갖춘 자는 파악하지 않고는 견딜 수 없는 사유의 욕망을 일으키는 존재적인 사태가 근원적으로 명증하게 즉 투명하게 드러날 수 있음을 믿고, 아울러 그러한 존재론적인 사태를 명증하게 즉 투명하게 파악할 수 있는 인간 사유의 능력 즉 이성을 믿는다. 나아가 존재적인 사태와 이성의 작업이 남김없이 일치할 수 있고 일치할 수 있을 때 진리가 성립한다고 믿는다. 우리는 서양 중세의 대철학자 아퀴나스(Thomas Aquinas, 1225~1274)가 진리의 기준으로 정식화한 "사물과 지성의 일치"(adaequatio rei et intellectus)에서 이를 확인한다.

이 태도에 따르면, 학문을 위해서는 우선 나 자신에 의해 그리고 나아가 그 누구도 부정할 수 없는 뚜렷한 사태를 향해 최선을 다해야 한다. 그러니까 형이상학적인 사유의 욕망에 굴복한다든가 해서 그저 논리적인 가능성에 따라 가상적으로 설정할 수 있는 사태를 터럭도 지어내면 안 된다. 이는 인간 중심주의를 철저히 배격하는 태도다. 즉 일상의 삶에서 비롯되는 가치 중심의 태도를 철저히 내친다. 그래서, 인간에게 바람직한 것은 참이라고 하고, 불리한 것은 거짓이라고 하는 일체의 실용주의적인 태도를 배격한다. 요컨대, 인간의 묘한 습성이 추동하는 바람이나 희망에 지배를 받은 가운데 학문적인 사유를 수행해서는 안 된다는 것이다.

동물적인 본능에 따른 것이기도 한 인간의 묘한 습성 중 하나가 죽음으로부터의 도피 내지는 죽음을 극복하려는 노력이다. 이처럼 죽음을 넘어서고자 하는 데서 온갖 감상적(感傷的)인 사유가 발생하고, 또 죽음을 닮은 절망이나 권태에 따른 사유가 발생한다. 그러한 인간적인 감상에서 벗어나지 않고서는 도대체 올바른 학문적인 사유를 할 수 없다는 것이 바로 명증에 따른 학문의 태도다. 학문을 수행하는 데 있어서 지극히 냉철하고 냉엄한 태도가 요구되는 까닭이 여기에 있다. 이론의 가치중립성이라는 것도 바로 이러한 맥락에서 주장된다. 그리하여 예컨대 누군가가 가치 중립적인 이론은 불가능하다고 주장한다면, 그것은 학문의 존재 방식 자체를 건드리는바 위험할뿐더러 불경스럽기 짝이 없는 주장이다.

그러고 보면 명증의 원리는 탈(脫)-인간적인 혹은 반(反)-인간적인 학문 원리라 할 수 있다. 이 점에서 명증의 원리는 묘한 역설의 길로 접어든다. 결국에는 명증한 사태를 파악하고 그것을 바탕으로 학문적인 사유를 펼쳐 나가는 존재자가 인간이라는 사실만큼은 도대체 부정할 수 없기 때문이다. 그런데, 만약 학문적인 사유를 전개하는 인간 자체가 이미 어찌할 수 없는 '감상적인 오물'에 오염되어 있다면, 만약 그래서 학문적 사유를 하는 자의 시선 자체가 이미 그렇게 오염되어 있다면, 도대체 명증의 원리는 애당초 성립할 수 없는 노릇이다. 그래서 인간을 거울로 비유할 때 인간은 거울인 저 자신을 최대한 깨끗하게 닦아 내야 하고, 그런 다음 자신에게 비친 밝디밝은 사태를 파악해야 한다는 것이다. 이는 인간에게 진리를 파악할 수 있는 근본 능력 즉 이성이 본래부터 주어져 있다는 것이고, 그 이성이 자칫 각종 인간적인 감정의 욕망에 오염되기 쉽다는 것을 인정하는 것이고, 그래서 최대한 심혈을 기울여 감정의 더께를 완전히 벗겨 내어 순수한 이성을 확립할 수 있도록 노력해야 한다는 것이다.

이와 관련해서 학문과는 궤를 달리하지만, 『육조단경』에 서술된 저 유명한 혜능(慧能, 638~713)과 신수(神秀, 606~706)의 대결을 참고할 수 있다. 잘 아는 이야기다. 혜능은 나무장사를 하는 일자무식꾼이었다. 혜능은 나무를 팔다 여관방에서 하루를 묵게 된다. 옆방에서 『금강경』을 읽는 어느 중의 목소리를 듣고서 그 내용에 감탄한다. 여차여차 이야기 끝에 그 중에게 사랑하는 어머니를 맡기고 깨달음을 얻으러 5조 선사인 홍인(弘忍, 601~674)을 찾아가 배움을 청한다. 마침내 혜능이 게송의 대결을 통해 홍인의 수제자였던 신수를 물리치고 홍인에게서 계를 물려받아 육조 선사로서 선종(禪宗)을 일으키게 되었다는 이야기다. 신수가 진리를 파악하기 위해 거울과 같은 마음을 잘 닦아야 한다는 게송을 붙였을 때, 혜능은 닦고 말고 할 거울이 어디 있느냐고 응수하는 게송을 붙였다. 혜능은 아예 무(無)인 인간의 마음을 주장하고, 신수는 잘 닦으면 충분히 있는 그대로의 사태를 반영할 수 있는 인간의 마음이 있다고 주장한 셈이다.

명증의 원리란 것이 언뜻 보기에는 신수의 길을 요구하는 것 같지만, 달리 보면 오히려 혜능의 길을 요구한다. 말하자면, 명증의 원리는 구체적인 삶을 사는 인간을 넘어선 인간, 인간성을 다 빼 버린 인간, 이성적 사유를 발휘할 마음마저 벗어난 순수하기 이를 데 없는 이성적 사유 자체로서의 인간, 요컨대 인간이 아닌 인간을 요구하는 무서운 원리인 셈이다.

그렇다고 해서, 요구되고 달성된다고 믿는바 '인간을 넘어선 인간'의 존재는 결국 신적인 존재로서 등극하는 것은 결코 아니다. 명증의 원리는 우선 보기에는 반-인간적이지만 결국에는 극도의 인간주의를 추구할 뿐이라고 말할 수 있다. 여기에서 광기에 이르는 존재론적인 충동과는 전혀 다른 방향의 새로운 충동의 광기, 즉 인간을 아예 넘어서고자 하는, '지극히 명증한 사태'를 향한 또 다른, 이른바 학문을 향한 충동과 광기를 발견하게 된다. 이에 우리는 근본을 향해 나아가는 한, 크게 보아 그 어떤 사유도 그 어떤 명상도 존재론적인 충동을 벗어날 수 있는 길은 없다는 잠정적인 결론을 미리 제시하게 된다.

다들 잘 알다시피, 이러한 명증의 원리는 적어도 근대철학의 역사에서는 데카르트에서 비롯된다. 그가 말하는 명증은 명석 판명함(distinct et clara)이다. 명석함(clara)은 특정한 사유의 대상이 사유하는 나의 의식에 조금도 흐릿하지 않고 투명하고 분명하게 주어진다는 것이다. 그리고 판명함(distinct)은 사유하는 특정한 대상인 어느 하나가 다른 대상과 그 현존에 있어서나 그 본질에 있어서 뚜렷하게 구별된다는 것이다. 데카르트가 이른바 '방법적 회의'라는 사유의 전략을 구사하여 다른 모든 지각이나 추론에서의 판단을 명증하지 못한 것으로 제쳐 버리고 오로지 '나는 생각한다. 그러므로 나는 존재한다'라고 하는 판단만을 유일하게 명증한 것으로 파악하여 선언한 것은 너무나도 유명하다. 이는 '나는 생각한다' 혹은 '생각하는 자아'의 개념으로 정립되어 근대철학의 핵심축을 이룬다. 이는 신에게 할당했던 이성의 무한정한 인식 능력을 인간의 정신에 거두어들임으로써 인간에게 내외적인 일체의 세계를 깔끔하고 투명하게 확인할 수 있다는 자부심을 지니게끔 하는 기초가 된다. 그 이전 누구도 감히 생각하지 못한 철학적 사유의 감행이었다.

　이러한 데카르트의 선구적인 사유는 칸트에게 학문적 불안감과 그 극복의 계기를 제공했다. 칸트 이전에, 데카르트가 제시한 우주 기계론에 착안하여 뉴턴(Isaac Newton, 1643~1727)이 인간 몸을 포함한 일체의 물질적인 세계가 예외를 허용하지 않는 물리적인 법칙에 따라 완전히 투명하게 밝혀진다는 사실을 확립했다. 그 물리적인 법칙이 이성적임은 물론이다. 칸트는 뉴턴이 밝힌 투명한 이성적인 우주와 데카르트가 생각했던 인간 내적인 이성의 투명한 세계를 연결하고자 했다. 이에 칸트는 현상으로 나타나는 투명한 우주의 세계가 "초월론적인 통각"(transzendentale Apperzeption)의 이성적인 사유 활동에 따라 구성되는 것임을 건축가가 건물을 짓듯 이론으로 체계화했다. 여기에서 초월론적인 통각의 근본 정체는 "나는 생각한다"(Ich denke)였다. 그런데, 미리 말하자면, 아이러니하게도 칸트야말로 불투명한 존재의 심연을 사유할 수 있는 근본적인 실마리를 제공한 인물이다. 그 근본적인 실마리는 저 유명한 '사물 자체'(Ding an sich)와 '초월론적인 통각'이다. 이에 관해서는, 나중에 심중하게 고찰하게 될 것이다.

거칠게 말하자면, 근대 변증법적 사유의 대가인 헤겔(G. W. F. Hegel, 1770~1831)은 마침내 "절대지"(absolutes Wissen) 내지는 "절대정신"(absoluter Geist)을 내세웠다. 이야말로 명증한 존재를 앞세워 거기에서 벗어남이 없이 끝까지 이성적 사유를 밀고 갔을 때 도달할 수 있는 그 나름의 경지가 아닐 수 없는데, 그 바탕이 '생각하는 자아'임은 물론이다.

20세기 철학적 사유의 근본 줄기 중 하나인 현상학을 창시한 후설은 존재하는 일체의 것들이 필연적으로 인간의 의식과 지향적인 상관관계를 이룰 수밖에 없음을 그 나름 창조적으로 밝혔다. 그런데 그가 인간 의식의 근원으로 제시한 "순수 의식"(reines Bewußtsein) 또는 "순수 초월론적인 자아"(reines transzendentales ego) 역시 그 바탕의 정체는 '나는 생각한다'이다. 이는 후설 자신이 애써 강조하는 바이기도 하다.

일컫자면, 데카르트가 "나는 생각한다" 또는 "생각하는 자아"를 존재의 기초로서 제시하는 데 출발점이 된 명증의 원리는 거의 300여 년에 걸친 서양 근대의 모더니즘 사상을 관통하면서 그 기초로 작동한 것이다.

이러한 명증의 정신에는 인간을 넘어서서 객관적–초월적으로 명백한 사태 일반이 있다는 믿음뿐만 아니라, 그 명백한 사태를 명증하게 파악하는 정신의 인식 능력이 우리 인간에게 있다는 믿음이 깔려 있다. 이 두 믿음 중 어느 하나라도 잘못된 것이라면 명증의 원리와 그에 따른 학문적 태도는 애당초 성립할 수 없다.

그런데 '나는 생각한다'를 바탕으로 설립되는 명증의 정신에는 묘한 역설이 깔려 있다. 그 역설은 인간을 넘어선 지경에서 명백하다고 파악되는 사태 중 가장 근본이 되는 사태를 '나는 생각한다'라는 사태로 보는 것 자체에서 성립한다. '나는 생각한다'라는 사태는 실제로 생각하는 내가 도무지 어찌할 수 없는, 즉 인간으로서의 나를 넘어선 명증한 사태라는 것이다. 말하자면, 나라는 인간이 없이는 성립할 수 없는 '나는 생각한다'라는 사태가 나라는 인간을 넘어선 지경에서 명백한 사태로서 작동한다는 것이다. 어찌 역설이 아니겠는가.

이 역설의 꼬인 매듭을 풀기 위해, '나는 생각한다'라는 사태가 실제로 살아가면서 감각적인 경험을 하지 않을 수 없는 구체적인 개개인의 사정을 아랑곳하지 않는 이른바 초월론적인(transzendentale, transcendental) 영역에서 항구적으로 작동한다고 말하게 된다. 그리고 여기에서 한 단계 더 나아가 인간과는 독립해서 객관적-초월적으로 명백하게 존재한다고 여겨지는 사태 일반이 바로 이 초월론적인 작용인 '나는 생각한다'에 따라 구성 내지는 구축된다고 말하게 된다. 그리하여 인간을 벗어나 존재하는 명백한 사태 일반에 대한 믿음과 그것을 명증하게 파악할 수 있는 인간을 넘어선 인간의 정신 능력에 대한 믿음을 동시에 정당화하면서 둘 사이에 떼려야 뗄 수 없는 필연적인 상관관계가 작동한다고 말하게 된다. 요컨대, 본성상 인간 너머에서 작동하는 사유 주체와 본성상 인간 너머에서 존재하는 사태 일반이라는 대상이 명증을 바탕으로 짝을 이루어 완전하게 진리의 영역을 채운다는 것이다. 그리고 이 인간 너머의 영역에서 이루어지는 명증한 진리의 영역을 관통하는 것을 고대 그리스에서부터 내려오는 전통을 잊지 않고 이어받아 이성이라 일컫는다. 이는 앞서 말한바, 절대 이성을 있다고 말할 수 있는 일체의 존재를 아울러 포섭하는 궁극적인 원리로 제시한 헤겔에서 정점에 도달했다고 할 것이다.

이성이 관철되는 명증의 원리에 따르면, 존재하는 사태치고 근본적으로 명증하지 않은 사태는 없다. 만약 존재하는 사태가 근원적으로 명증하지 않고 불투명하게 주어진다면, 그것을 인식하는 인간의 능력이 부족한 탓이지 존재하는 사태가 명증하지 않기 때문은 아니다. 그래서 명증하게 존재하는 일체의 사태를 부족함이 없이 명증하게 파악할 수 있는 인간 능력을 인간 너머에서 찾았던 것이고, 그결과 예컨대 절대 이성을 내세우기에 이른 것이다. 그러고는 절대 이성을 인식과 존재 간의 명증한 일치를 가능케 하는 원리적인 위력으로 삼은 것이다. 존재하는 사태 일반을 관통하는 것도 절대 이성이고, 이를 인식하는 주체 일반을 관통하는 것 역시 절대 이성이어서 도대체 명증을 이탈한 탈-이성의 영역이란 아예 있을 수 없다는 것이다.

과연 그러한가? 존재와 인식이 그렇게 본질 필연적으로 명증할 수밖에 없고, 그 외 영역은 진정으로 현존한다고 할 수 없는 것인가?

§4. 실현 불가능한 이성의 욕망

다시 한번 학문을 뒷받침하는 명증 원리를 생각해 본다. 학문은 모름지기 사태를 명증하게 파악하여, 첫째로 그 사태가 생겨난 원인을 밝혀 설명할 수 있어야 하고, 둘째로 그 사태에 대한 설명을 통해 사태의 의미와 가치를 평가할 수 있어야 하고, 셋째로 그 의미와 가치가 인간의 삶에 어떻게 작동하여 어떤 효과를 낳을 것인가를 설명할 수 있어야 한다. 요컨대, 학문이란 모름지기 사태의 과정과 의미 그리고 그에 따른 실천적인 수행마저 명증하게 드러내어 밝힐 수 있어야 한다.

이러한 학문의 과업은 사태를 그 실질적인 내용에서 대상으로 삼는다. 이 과업을 성취하기 위해서는 반드시 학문 방법의 원리가 있어야만 한다. 이러한 방법의 원리를 찾기 위한 노력과 결과가 선결되어야만 비로소 사태의 내용에 관한 학문의 실질적인 작업에 돌입할 수 있다. 방법의 원리는 크게 두 가지로 나뉜다. 하나는 사태를 어떻게 인식할 수 있는가, 하는 사태에 대한 접근 방식에 관한 원리다. 예를 들어, 관찰과 실험에 따른 감각적인 경험을 활용할 것인가, 아니면 직관과 연역에 따른 이성적인 사유를 활용할 것인가를 둘러싼 이른바 경험론과 합리론의 대결은 사태에 대한 접근 방식에 관한 원리를 두고 일어나는 다툼이다. 그 외, 현상학이니 언어분석이니 구조주의니 체계이론이니 하는 등의 학문 방법론 역시 이에 해당한다. 다른 하나는 어떤 방식에 따라서건 접근해서 파악한 사태에 관한 내용을 어떻게 언어적으로 피력할 것인가에 관한 원리다. 이는 흔히 말하는 논리에 따른 원리다.

사태를 향한 접근의 원리건 사태의 언어적 구성을 둘러싼 논리적인 원리건 간에, 이들은 일차적으로 학문의 과업을 수행하는 인간의 주관적인 사유 능력에서 비롯한다. 이 일차적인 사유 능력으로 직관과 지성 그리고 이성을 들 수 있다. 직관은 사태에 대한 통찰을, 지성은 통찰한 것들의 분별을, 이성은 분별된 것들의 통일을 주업으로 한다.

　직관을 수행하는 데 동원되는 기초 능력은 감각들과 이 감각들을 통합하는 공통 감각이다. 공통 감각은 감각들을 결합하여 시공간적으로 배치하고 그리하여 확장성과 연속성을 지닌 감각적인 패턴으로 만들어 낸다. 이러한 패턴들이 선회하는 그 중심을 찾아내어 자성(自性)을 지닌 각각의 사물을 파악하는 인식 능력이 지각이다. 지각은 사물을 파악함과 동시에 감각을 통해 확보한 감각적인 내용을 사물에 속한 성격 즉 속성으로 파악한다. 그럴 때 판단이 성립한다. 이때 지각은 자신의 대상인 사물이 원리상 자신이 지닌 능력에 대해 독립된 이른바 객관적이면서 초월적인(transcendent) 존재임을 인식한다.

　인식 주체에 대립해서 성립하는 사물의 객관성과 초월성은 인간 주체가 짐짓 만들어 사물에 부가한 것이 아니다. 그것은 지각의 단계에서 주어지는바, 일컫자면 '존재적 강압'에 따른 것이다. 이 존재적 강압은 지각되는 사물이 지각하는 인식 주체에게 가하는 것이다. 이 존재적 강압은 사물의 성질이나 성격보다는 사물의 존재 자체가 인식 주체와는 별개로 성립할 수 있음을 적극적으로 알린다. 인식 주체가 사물을 지각할 때, 사물의 성질이나 성격 등의 내용은 인식 주체와 상관해서 지성적으로 성립한다고 판단할 수도 있다. 하지만, 사물의 존재 자체는 도대체 인식 주체와 상관해서 성립한다고 말할 수 없음을 알리는 것이 바로 존재적 강압이다.

　이 존재적 강압은 우리에게 대략 가해지는 것이 아니라, 우리의 존재 자체를 함입해 버릴 정도로 강력하게 가해진다. 예컨대, 지구 밖에 설치된 허블 망원경이나 이를 극복한 제임스 웹 우주망원경을 통해 주어지는 심대하고 광활한 우주의 저 화려한 모습을 보면서 저 우주가 우리 인간의 존재와 상관없이 객관적–초월적으로 존재한다는 사실을 어떻게 부정할 수 있을 것인가?

그런데 예컨대 라이프니츠(Gottfried Wilhelm Leibniz, 1646~1716)가 극미한 장소를 차지하는 정신인 '모나드'를 설정하고, 그 모나드들의 총괄이 우주라고 하고, 그 우주가 지각된 관념으로서 극미한 하나의 모나드에 총괄적으로 반영된다고 하고, 아울러 "모나드들은 어떤 것이 그 안으로 들어가거나 그 안에서 밖으로 나올 수 있는 창문을 가지고 있지 않다"(라이프니츠, [1686] 2010. 253쪽)라고 함으로써 하나의 모나드인 각자의 인간 정신이 도대체 자신 외부와 인식적인 관계를 맺을 수 없다고 했을 때, 그는 사물 자체가 객관적–초월적으로 존재할 수 없다는 사실을 선언한 것이다. 그는 지각하는 인간 정신에 강력하게 가해지는 존재적인 강압을 제대로 통찰하지 못했고, 통찰했을지라도 '가벼운 마음으로 일거에' 무시한 것이다.

존재적 강압에 순응한 자라면, 사물의 존재가 인식 주체에 대해 철저히 객관적–초월적임으로써 외부적이라 하지 않을 수 없다. 이에 논의의 맥락에 따라 온갖 형태로 나타나긴 하나, 일괄해서 말하자면 실재론 또는 유물론이라 일컫는 존재론적인 주장이 성립한다.

그런데 인간 주체에 대한 '사물의 외부성'은 사물의 존재에만 해당하지 않는다. 지각을 통해 사물에 대해 주어지는 감각적인 내용이 시공간적으로 확장성과 연속성을 띠고서 변화할 때, 그 과정에 따른 사태 역시 지각하는 인식 주체의 작용과 독립해서 일어난다는 강압이 그 사태의 전개 과정에서 주어진다. 사물의 존재가 인간 주체에 대해 갖는 외부성에 관한 강압이 '1차의 존재적 강압'이라면, 사물의 감각적인 내용이 지닌 외부성에 관한 이 강압은 '2차의 존재적 강압'이라 할 수 있다. 이는 지각 상황에서 사물에 속한 감각적인 내용의 변화 과정에 따른 사태들이 근본적으로 주체의 인식 능력과 독립해서 일어나고 따라서 인식 주체가 그 과정을 인위적으로 조정할 수 없다는 데서 분명하게 확인된다. 나중에 자세히 논구되겠지만, 이에 우리는 '사물 자체'와 더불어 '감각 자체'를 제시할 수밖에 없다.

　사물에서 주어지는 두 존재적 강압과 그에 따른 사물 존재의 외부성과 사물에 속한 감각 내용의 외부성은 한데 결합한다. 그리하여 천문학자가 망원경을 통해 우주에서 벌어지는 사건들을 파악할 때처럼, 인식 주체는 사물 세계에서 일어나는 사건들은 근본적으로 인식 주체와 무관하게 벌어진다는 사실을 지성적으로 확인한다. 그리하여 지성은 사물(들)에서 벌어지는 감각 내용의 변화는 저 초월적-객관적인 사물들 사이의 작용과 반작용을 통해 일어난다는 사실을 확인한다. 예컨대, 여름날 햇볕이 바닷물과 땅에 내리쬐는 것도, 그리하여 바닷물과 땅이 뜨거워지고 아울러 공기가 뜨거워지는 것도 그 사태를 지각하고 판단하는 인식 주체와 무관하게 일어나고, 그에 따라 기온이 올라가고 인식 주체의 몸에서 땀이 흥건히 배는 것도 근본적으로는 그 사태를 지각하고 판단하는 인식 주체와 무관하게 일어난다고 확인한다. 존재적 강압에 따라 도무지 부정할 수 없는 사물 존재의 근본적인 외부성에 대한 이러한 확인을 근대철학에서 흔히 "소박 실재론"(naive realism)이라 하면서 초월론적이니 구성적이니 하는 '고도의 인식론'을 통해 근본적으로 부정하고자 하지만, 그러한 고도의 인식론적인 사유야말로 알고 보면 존재적 강압을 제대로 통찰하지 못함으로써 고도로 소박한 것이다.

존재적 강압에 따라 지성은 하나의 사물이 다른 사물에 대해 가하는 이른바 힘의 존재를 확인하면서, 이 힘의 존재 역시 그 힘을 인식하는 인간 주체와 근본적으로 무관함을 확인한다. 지성은 지각으로부터 넘겨받은 사물이 지닌 초월성과 객관성이 사물 사이에서 작동하는 이 힘의 존재를 통해 더욱 분명하게 확인된다는 사실을 인정할 수밖에 없다. 여기에서 한 걸음 더 나아가 지성은 사물들에서 작동하는 힘들의 여러 성격과 방식들의 차이를 구분해서 분별한다. 이에 따라, 지성이 분별을 주업으로 하는 인식 능력이라 정의된다.

이렇게 분별된 여러 종류의 힘들을 각기 그 종류별로 나누는 지성의 원리들을 통일해서 사유하는 능력이 이성이다. 이성은 지각되는 일체의 사물들이 동일한 시공간적인 차원에서 전체적으로 질서를 갖춘 상태로 작용과 반작용을 연출하고 그에 따라 계속해서 새롭게 재배치됨을 확인한다. 말하자면, 이성은 사물 전체의 운동과 그에 따라 일어나는 사건 전체의 장(場)이 하나로 통일되어 있다고 여기고 이 통일을 전체적으로 관장하는 배후의 어떤 존재 내지는 원리가 있어야 함을 확인한다. 그리고 그 배후의 존재와 원리를 설정하고자 최대한 노력한다.

하지만, 이러한 배후 존재의 설정은 이성이 자의적으로 수행한 결과가 아니라, 궁극적으로 초월적–객관적인 사물과 힘의 압박에 따라 이루어진다. 우선 거칠게 제시하자면, 그 결과, 이성은 그 배후의 존재를 대체로 크게 물질, 생명, 의식 세 가지로 나눈다. 그리하여 이성은 물질에서 발휘되는 힘과 생명에서 발휘되는 힘 그리고 의식에서 발휘되는 힘의 성격이 다르고 그 작용 방식이 다르다고 인식한다. 그러면서 이성은 한 걸음 더 나아가 어떻게든 이 세 가지 배후의 존재들을 통일함으로써 객관적-초월적으로 존재한다고 여겨지는 일체의 것들 전체를 하나로 통일해서 인식하고자 한다. 이성은 이러한 자신의 인식적인 욕망을 실현하기 위해 최고도의 역량을 발휘하여 온갖 노력을 기울인다.

하지만, 이성이 자신의 이러한 욕망을 충족하는 것은 불가능하다. 만약 가능하다고 또는 심지어 이미 실현했다고 여긴다면,[1] 그것은 이성의 자기기만에 불과하다. 그 이유는 다음과 같다.

첫째, 이성은 자신이 배후의 존재들로 설정하여 지목한 물질, 생명 그리고 의식 중에서 저 자신이 의식의 활동에 속하고, 의식이 발휘되는 방식 중 하나임을 자인하지 않을 수 없다. 즉, 이성은 저 자신

---

1 여기에서 이성은 존재 전반의 통일을 위한 근본 원리로 삼기 위해 한 걸음 또 더 뒤로 파고 들어가 더 깊은 배후 존재를 설정하고자 한다. 하지만, 이 최종적인 배후의 존재를 설정하는 방식은 물질, 생명, 의식이라는 배후 존재를 설정하는 방식과 사뭇 다르다. 후자는 이성이 경험을 바탕으로 그 압박에 따라 경험의 한계 내에서 이루어지는데, 전자의 최종적인 배후의 존재는 아예 이성이 경험을 넘어서서 발휘하는 논리적 가능성에 따른 추정과 상상에 따라 이루어진다. 그리하여 전통적으로 부동의 원동자, 절대적 존재인 신, 근원적인 일자 등을 최종적인 배후의 존재로 설정하고, 이를 파악할 수 있는 절대 이성 또는 절대정신 등을 설정한다.
이러한 전자의 사유 작업을, 감각과 독립해서 최종적인 배후의 존재 자체를 직관하는 이성의 능력에 따른 것이라고 말한다면, 그것은 학문적인 양심을 어기는 자기기만에 불과하다.

이 의식이 발휘하는 힘 중 하나임을 자인하지 않을 수 없다. 그래서 이성은 의식이 자신을 '무한히' 에워싸는 바탕이자 지평임을 자인하지 않을 수 없다. 따라서 이성이 의식의 영역을 완전히 파악하여 손아귀에 쥐려 하는 순간 그 의식의 영역은 계속 더 물러나 확장되면서 이성을 절망케 한다.

의식의 영역에 속하는 감각 세세, 욕망과 정동 및 감정의 세계, 더군다나 욕망이 소용돌이치는 충동의 세계는 물론이고, 사실상 사유의 세계마저도 그 전모를 파악하는 일을 감당하는 것은 이성으로서는 애당초 불가능하다. 사유의 세계에서조차 그 막다른 골목에서 이성은 의식의 반성에 따른 무한 퇴행, 의식의 대자적(對自的)인 성격에 따른 점적(點的)인 무, 의식 내면의 심층에 따른 무의식, 그리고 수학적으로 열리는 무한의 무한 등을 만나 그 앞에서 좌초하고 만다.

둘째, 의식의 힘은 생명의 힘과도 다르고 물질의 힘과도 다르다. 힘은 기본적으로 인간 의식에 대해 초월적이고 객관적이다. 그래서 생명의 힘이 발휘되는 영역과 물질의 힘이 발휘되는 영역은 부분적으로나 부분적인 전체로서 그 현존에서는 의식의 대상이 될 수는 있으나 그 근원적인 내용에서는 의식의 대상이 될 수 없다. 끝없이 여분이 남아돌면서 의식을 절망케 한다. 이는 의식에 속한 이성에게 그대로 적용된다. 최고도로 날카롭고 명증한 사유의 힘을 발휘하는 과학적 이성조차 물질의 존재 자체에 이성적으로 결정할 수 없는 불확정성이 작동한다고 말하거나, 1초에 1조 번 이상 회전한다는 부피가 전혀 없는 '초끈'의 존재를 가설적으로 설정하는 '이론적 놀이'에 빠져들 수밖에 없다.

그리하여 마침내, 이성이 사물과 힘의 전체적인 배후를 확인하고, 그 배후의 존재를 일단 물질, 생명, 의식으로 크게 나눠 설정하고 그 전체를 아우르는 최종적인 일자로서의 존재를 설정하지만, 그러한 설정이 불완전하다는 사실을 이성 자신이 인정하지 않을 수 없다. 그런데도 일체의 존재를 아울러 이해하고 설명하고자 하는 이성 자신의 욕망을 포기하지 못한 탓에, 그러한 배후의 존재를 설정하고 심지어 그 배후의 존재가 어떤 방식으로건 확실하다고 여긴다면 자기기만이 아닐 수 없다.

배후 존재를 설정한 것이 애초 지각과 지성의 단계에서 초월적-객관적인 사물과 힘으로부터 주어진 존재적인 강압에 따른 것이라 할지라도, 그 존재적인 강압은 일체의 존재를 통일하고자 하는 이성의 욕망을 부추기지는 않는다. 그러한 이성의 욕망은 존재적인 강압에 따라 외부로부터 주어진 자극에 따라 생겨난 것이 아니다. 그 이성의 욕망은 이성 자신의 내부에서부터 생겨난 일종의 충동에 가까운 욕망이다.

말하자면, 일체의 존재를 통일하고자 하는 이성의 욕망은 존재적인 강압에 따른 것이 아니기에 존재론적으로 성취될 수 없다. 이에 이성으로서는 존재 자체가 자신이 도무지 감당할 수 없는 무작정한 우연성 즉 절대적 우연성을 지녔음을 '절대적으로' 인정하지 않을 수 없게 되고, 존재의 그 절대적 우연성 앞에서 '아연실색 무릎을 꿇고서' 자신의 무능력을 고백할 수밖에 없다. 그저 존재의 근원적인 모호함을 불투명하게 표상할 뿐이다.

그리하여 인간의 의식에서 발휘되는 인식을 위한 최고 능력인 이성은 자신의 욕망을 충족하기 위해 온 힘을 다해 어마어마한 전투를 치렀지만, 결국에는 이른바 '존재의 심연'을 망연하게 바라볼 수밖에 없고, 그 존재의 심연을 '불투명하게' 바라볼 수밖에 없는 일종의 '전쟁고아'와 같은 신세를 면할 수 없다. 그러나 이성은 일체의 존재를 통일하고자 하는 욕망을 저버릴 수 없고, 존재의 심연을 향해 곤두박질을 쳐서라도 그 실현 불가능한 자신의 욕망을 실현하고자 몸부림치게 된다. 이에 이성의 욕망은 존재의 심연을 향한 충동으로 급변한다.

§5. 칸트가 제시한 불투명한 심연의 존재

이성의 욕망이 가장 화려하게 펼쳐지는 영역은 학문, 그중에서도 보편학문이라 불리는 철학이다. 더 좁혀 말하면 형이상학이다. 그런데, 우리는 이성의 욕망이 궁극적으로 존재의 심연을 향한 충동으로 귀결한다는 생각에 이르렀다. 이를 이성의 왕국이라 할 수 있는 철학에 빗대면, 철학의 의식 역시 궁극적으로 존재의 심연을 향한 충동으로 귀결하리라는 예상으로 이어진다.

그러나 이성은 일체의 존재를 파악하려는 욕망을 포기하지 않는다. 일찍이 플라톤은, 『테아이테토스』에서 테아이테토스가 "선생님, 저는 이런 것들이 도대체 무엇인지 엄청나게 놀라고 있고, 때로는 그것들을 바라보다가 정말이지 현기증을 느끼기까지 합니다"라고 말하자, 소크라테스가 "놀라워하는 것, 이것이야말로 철학자의 상태이기에 하는 말이네. 이것 말고 철학의 다른 시작은 없으니까"라는 대화를 소개한다.(플라톤, 2013. 99쪽) 그러니까, 철학을 하는 사람이라면, 여기 이 테아이테토스처럼 '존재론적인 현기증' 또는 소크라테스가 말하는 '존재론적인 놀람'을 느껴 보지 않은 적이 없을 것이다. 어디 철학자뿐이겠는가? 선불교의 전통에서 전해 오는 "이뭐꼬?"의 화두 역시 그런 현기증과 놀람에서 내세우게 된 것임이 틀림없다.

라이프니츠는 아무것도 없어도 충분히 될 터인데, 하필이면 왜 이 모든 것들이 있는가, 하고서 존재의 우연성에 관한 근본 물음을 제시했다. 그런가 하면, 사르트르(Jean-Paul Sartre, 1905~1980)는 존재의 절대적인 우연성에 대한 당혹감을 심지어 느닷없이 게워 올리는 '구토'(Nausée)로 표현하기도 했다.

이처럼 존재는 그곳에서부터 달아나려고 하면 할수록 그 뜬금없는 우연성을 앞세워 오히려 우리를 더 강하게 기습한다. 우리로서는 이성을 내세워 그러한 기습에 최대한 대항하지 않으면 안 된다는 위기감에 휩싸인다. 말하자면, 이성이 일체의 존재를 파악하고자 하는 욕망을 짐짓 내세우는 것이 아니라, 존재 자체가 그러한 전(全) 포괄적인 이성의 욕망을 끝없이 부추긴다. 이에 인간 이성과 존재 사이에 대대적인 충돌이 연출된다.

이성이 존재에 대한 자신의 욕망을 실현하고자 저 자신을 온갖 방향으로 가다듬어 온 역사가 곧 철학의 역사라고 해도 과언이 아니다. 이는 물론 존재의 근원과 아울러 철학의 근본을 찾아 두리번거리는 관점에서 하는 이야기다. 존재를 향한 이성의 작업은 한꺼번에 마무리되지 않는다. 그래서 존재를 향한 철학 즉 존재론의 역사 전체를 아울러 이성의 작업이라 말하게 된다. 수없이 뛰어난 천재 철학자들이 존재론을 펼쳤는데도, 존재론은 여전히 마무리되지 않고 오히려 다양하게 만개한다. 게다가, 존재론의 역사를 보자면, 앞선 존재론들에서 미흡하거나 잘못이라 여겨지는 점들을 끌어내어 수정하고 보충하기도 하지만, 그렇다고 해서 일관된 방향으로 발전한다고 할 수 없다. 말하자면, 어느 특정한 관점에서는 뒤에 나타난 존재론이 앞선 존재론들에 비해 더 탁월하다고 할 수 있지만, 보편적인 관점에서는 전혀 그럴 수 없다. 존재에 관해 일체의 존재론들을 망라하여 그 탁월성 여부를 비교할 수 있는 보편적인 관점을 세우는 것조차 불가능함은 물론이다. 왜 그럴까? 존재가 계속 이성을 앞질러 발전하기 때문일까? 그게 아니라, 존재가 본성상 이성의 역량을 초과하기 때문이 아닐까?

이에 필자는 이성이 존재 앞에서 절망하면서도 존재를 향한 자신의 욕망을 포기할 수 없어 충동으로 급변하는 지경을 제시했고, 그 근원으로 존재의 심연을 제시했다. 하지만, 이성 앞에 존재의 심연이 드러나는 모습을 아직 기술하지 못했다. 말하자면, 존재의 심연이 이성에게 드러내는 그 불투명성 자체가 어떤 지경인지를 아직 기술하지 못했다.

존재의 심연이 이성에게 드러내는 불투명성을 가장 솔직하게 그리고 가장 간명하게 표현한 인물이 있다. 칸트다. 그는 "사물 자체"(Ding an sich)를 제시했고, 이를 통해 이성을 통해, 특히 경험을 일괄하는 이성을 통해 그것에 접근할 수 없다는 점을 적시했다. 칸트가 제시한 '사물 자체'야말로 존재의 심연과 그 불투명성을 가장 간명하게 표현한 일종의 탁월한 개념적 표현이라 할 것이다. 앞서 뉴턴과 관련해서 잠시 언급한 것처럼, 칸트는 우리가 지각능력과 지성 그리고 이성을 통해 확인할 수 있는 세계를 "현상계"(Phänomena)라 부르면서 이 현상계를 뉴턴이 남김없이 명증하게 밝혔다고 여겼다. 그러나, 칸트는 현상계에 포섭되지 않으면서 현상계가 성립하는 데 필연적으로 수반될 수밖에 없는 '사물 자체'의 세계를 이렇게 언급한다.

> 공간에서 직관되는 어떤 것도 사태 자체(Sache an sich)가 아니고, 공간은 사물들 자체에 어쩌면 고유할 노릇인 형식이 아니다. […] 우리가 외적인 대상들이라 부르는 것의 진정한 상대자(wahres Korrelatum) 즉 그 자체에서의 사물(das Ding an sich selbst)은 도대체 인식되지도 않고 인식될 수도 없으며 또 경험에서 전혀 물어지지도 않는다. (Kant, [1781] 1956. p. 73, A30)

> 우리가 우리 주관이나 감각 일반의 주관적인 성질들을 제거한다면, 공간과 시간에서의 객관들의 모든 성질과 모든 관계, 심지어 공간과 시간조차도 사라져 버릴 것이다. 그러니까 이 성질들과 관계들은 현상들로서 자신 자체로 현존할 수 없고 단지 우리 안에서만 현전할 수 있는 것이다. 그 자체로 그리고 우리의 감성의 일체의 수용성과는 분리된 대상들이 어떤 사정에 놓여 있는가는 우리에게 전적으로 알려지지 않는다. (같은 책, p. 83, A42)

칸트는 공간과 시간을 감성의 타고난, 그리하여 감성에 속한 형식이라 말한다. 감성은 현상의 대상이 나타나는 경험의 과정에서 첫 번째로 작동하는 심적 능력이다. 현상의 대상은 공간과 시간이라는 감성의 형식을 받아 경험에 나타난다. 이 현상으로서의 사물 또는 대상은 "사물 자체"(Ding an sich)가 감성을 촉발함으로써 서서히 형성되기 시작한다. 칸트의 저작에서 "사물 자체"는 "사태 자체", "대상들 자체", "객관 자체로서의 대상", 또는 여기 두 번째 인용문에서처럼 "우리의 감성의 일체의 수용성과는 분리된 대상들" 등으로 여러모로 달리 불린다. 사물 자체는 감성이 작동하는 데 필수적인 조건으로서 감성에 앞서 존재한다. 그래서 사물 자체는 공간적이지도 않고 시간적이지도 않다. 그뿐만 아니라, 우리로서는 사물 자체가 어떤 사정에 놓여 있는가를 전혀 알 길이 없다.

그렇다고 칸트가 말하는 사물 자체는 플라톤이 말하는 이데아와 같은 것이 전혀 아니다. ── 칸트는 사물 자체와는 정반대 방향에서 감각적 경험을 넘어서서 성립하는 순수 이성의 개념인 "초월적 이념"(transzendentale Idee)을 끌어내는 실마리로서 플라톤의 이데아를 잠시 언급해 활용한다. ── 사물 자체는 인식 주체에 대해 외적인 대상들이라 불리는 현상으로서의 사물들에 대해 "진정한 상대자"이기 때문이다. 즉, 사물 자체는 우리가 흔히 사물이라 부르는바 현상으로 나타나는 경험적인 사물과 '존재적으로' 접착해 있는 것으로 여겨지기 때문이다. 사물 자체가 분명 우리가 경험하는 사물에 의존해서 존재하는 것은 아니지만, 경험적인 사물이 사물 자체에 의존해서 존재하기 때문에 사물 자체가 그 현존에 있어 그것을 지각하는 우리의 경험과 아예 동떨어져 있는 것은 아니기 때문이다. 이는 칸트가 사물 자체에 대해, "우리는 그것들을 지각하는 우리의 방식, 즉 우리에게 고유한,

비록 각자 인간에게 속하기는 하지만 모든 존재자(Wesen)에게 필연적으로 속할 수 없는 그 방식 외에는 아무것도 알지 못한다"(같은 책, 83쪽, A42)라고 말한 데서, 특히 그가 굵은 글씨로 강조한 대목에서 잘 알 수 있다. 즉, 사물 자체에 대해 그 내용이나 사정에 관해서는 알 수는 없지만, 그것이 우리가 지각하는 사물의 배후에 접착해서 현존한다는 그 방식만큼은 알 수 있다는 것이다. 우리가 제시하는바 존재의 불투명성의 원리에 따라 해석하자면, 우리가 이성을 통해 경험적인 사물을 인식하지만, 이 인식 가능성은 사물 자체에 대한 원천적인 인식 불가능과 접착해 있다 할 것이다.

한 걸음 더 나아가 말하자면, 일상적인 지각이나 물리학적인 관찰을 통해 현상적인 사물을 인식할 수 있는 것은 인식할 수 없는 사물 자체에 대한 그 인식 불가능성이 뒷받침되어 있기 때문이다. 달리 말하면, 불투명한 사물 자체가, 투명하게 인식할 수 있다고 여겨지는바 경험적으로 현상하는 사물의 틈을 뚫고서 기묘한 방식으로 '얼굴을 내밀고' 있는 것이다. 얼굴을 내밀고 있다고는 하나, 칸트의 경우, 사물 자체는 인식되지 않고 생각될 뿐이다. 칸트는 인식함과 생각함, 그리고 인식됨과 생각됨을 철저히 구분한다.

그런데, 과연 경험적인 사물의 등에 들러붙어 불투명하게 얼굴을 내미는 사물 자체는 칸트의 말처럼 인식되지 않고 생각될 뿐인가? 경험적인 사물보다 오히려 섬뜩할 정도로 더 강력하게 인식되는 것이 아닐까?

그런데 칸트는 사물 자체를 운위하게 된 적극적인 계기를, 인식하고 사유하는 주체에서 찾는다. 그것은 객관적으로 주어지는 경험적인 하나의 사물이 다른 경험적인 사물들과 분리되어 독자성을 갖는 데 필요한 각 사물의 동일성을 뒷받침하기 위한 것이라 할 수 있다. 칸트는 경험적인 각 사물의 동일성을 두 방향에서 확보하고자 한다. 하나는 하나의 경험적인 사물을 뒷받침하는 사물 자체의 동일성이고, 다른 하나는 경험하는 주체의 항구적인 동일성이다. 제아무리 외부의 객관적인 사물이 사물 자체에 근거해서 동일성을 확보할지라도, 그 동일성을 인식하는 주체가 하나로 통일되어 있지 않다면, 객관적인 사물의 동일성이라는 표상과 그에 따른 개념이 성립할 수 없기 때문이다. 이에 칸트는 주체의 통일성을 뒷받침하기 위해 "초월론적 통각"(transzendentale Apperzeption)을 제시한다. 하지만, 이 초월론적 통각은 무슨 규정된 직관적인 내용을 지니고서 주어지는 것은 아니다. 초월론적 통각은 명증하게 인식되는 것이 아니라, 나라는 주체가 언제 어디에서 인식을 수행하건 그에 따라 발생하는 그때그때 생각하는 여러 잡다한(mannigfaltiges) 의식을 하나로 통일되도록 하는 데서 요청될 뿐이다. 미리 말하자면, 이 초월론적 통각은 불투명한 존재의 심연이 우리 인간 내부의 심층에서 작동한다는 것을 일러 주는 역할을 한다.

사랑하는 사람이 내 생일을 기념해 장미꽃다발을 보내왔다. 나는 아까부터 지금까지 그 장미꽃다발을 계속 보면서 여전히 같은 바로 그 장미꽃다발임을 전혀 의심하지 않는다. 그동안에 그 장미꽃다발은 대상적인 측면에서 동일성을 유지하는 것으로 인식된다. 그런데 그것을 계속 바라보고 있는 동안 나의 의식이 동일성을 유지하지 못하고 잡다하게 흩어진 의식의 상태라면, 나는 지속해서 동일한 나 자신을 의식하지 못할 뿐만 아니라, 저 장미꽃다발을 시간을 거치면서도 동일한 바로 그 장미꽃다발로 인식할 수도 없을 것이다. 이에 칸트는 외부에서 주어진 객관적 사물이 동일성을 유지하려면 저쪽 사물의 배후에서는 사물 자체가 작동해야 하고, 그와 동시에 이쪽 주체의 배후에서는 초월론적 통각이 동시에 작동해야 한다고 여긴 것이다. 이때 초월론적 통각은 사물 자체와 마찬가지로 규정된 직관적인 내용을 지니지 않는다. 칸트는 이를 아래와 같이 분석해서 말한다.

> 이 대상은 우리에게 더는 직관될 수 없는 것이고, 따라서 비경험적인, 즉 초월적인 대상(transzendentale Gegenstand)=X라고 부를 수 있을 것이다. [⋯] 이 개념은 전혀 아무런 규정된 직관도 포함할 수가 없고, 그러므로 인식의 잡다에서, 이 잡다가 하나의 대상과 관계 맺는 한에서, 마주칠 수밖에 없는 바로 그 통일성에 관계할 것이다. 그러나 이 관계 맺음은 다름 아니라 의식의 필연적인 통일, 그러니까 잡다를 하나의 표상으로 결합하는 마음의 공통 기능을 통해 잡다를 종합하는 의식의 통일이다. (같은 책, p. 159, A109)

여기에서 아무런 규정 내용을 허용하지 않기에 X라고 표기할 수밖에 없는 초월적인 대상은 물론 사물 자체다. 그리고 잡다(다양, 또는 다수)를 하나의 표상으로 결합하고 종합하는 의식의 통일은 바로 초월론적 통각이다. 굳이 말하자면, 초월론적 통각은 현실적으로 경험하면서 각종 의식을 발동하는 의식 주체인 나 자신의 사물 자체라 할 수 있다. 내가 인식 주체로서 현실적으로 지각하는 객관적인 대상에 관련한 사물 자체가 '초월적인(transcendent) 사물 자체'라면, 이때 현실적으로 작동하는 나의 잡다한 의식의 통일에 관련한 초월론적 통각은 '내재적인(immanent) 사물 자체'라 할 것이다.

이 둘, 즉 사물 자체와 초월론적 통각이 마주쳐 관계해야만 경험적인 사물들의 각각의 동일성이 성립한다. 그러니까, 사물 자체와 초월론적 통각이 서로 마주하고서 대립하는 두 극(極)으로 작동함으로써 그 사이에서 경험적인 사물이 각각 하나의 통일된 대상으로 성립해 주어지는 것이다.

보편적으로 확대해서 말하면, 현상계로 인식되는 이 세계는 우리가 경험하는 사물들과 그 관계들과 상태들 및 사건들의 총괄인데, 이 현상의 총괄인 세계 전체가 객관적인 초월의 방향에서는 사물 자체(들)에, 그리고 주관적인[2] 내재의 방향에서는 초월론적 통각에 둘러싸여 있는 셈이다. 지각되는 현상의 사물 세계가 명증의 영역이라면, 이를 둘러싼 사물 자체와 초월론적 통각의 세계는 불투명성의 영역임은 물론이다.

그런데 초월론적 통각이라는 존재는 현실적으로 살아가면서 인

---

2 '주관'(subject) 또는 '주관적인'(subjective)은 '주체' 또는 '주체적인'으로 달리 번역할 수도 있다. 필자는 평소 후자로 번역해서 쓴다. 이는 필자가 평소 우리 인간의 활동에서 인식보다 실천(행동)이 더 근본적이라고 여기고, 실천의 활동을 나타내는 데는 한자 말의 뜻에서도 알 수 있듯이 '주관'보다 '주체'가 더 유효하기 때문이다. 하지만, 특별히 인식 주체가 강조되면서 특히 인식 대상의 객관성과 대비되는 측면이 강할 경우 그 '주관성'(subjectivity)을 고려하여 '주관' 또는 '주관적인'이라 쓰는 것이 좋다고 여겨진다. 여기에서 칸트의 존재론을 논한다고 할 수 있지만, 칸트의 존재론이 워낙 그의 인식론에 함입될 정도로 약하고, 그래서 이 대목에서 인식적인 측면을 고려할 수밖에 없기에 '주관적인'이라고 표기한다. '주체적인'이라고 말한다고 해서 큰 문제가 있는 것은 물론 아니다.

식하고 생각하는 구체적인 '나'가 아니다. '나'라는 존재의 동일성을 가능케 하는 원리적인 조건으로 작동할 뿐이다. 그래서 칸트는 이 초월론적 통각을 "순수하고 근원적이며 전변(轉變) 없는 의식"일 뿐이라고 말한다.(같은 책, p. 156, A107) 그러니까, 반복해서 말하지만, 이 초월론적 통각은 전혀 인식의 대상이 아니고 그 존재를 규정할 수 있는 내용을 갖지 않고, 사물 자체와 마찬가지로 불투명한 심연을 노출한다. 다만, 사물 자체가 객관 쪽에서의 불투명한 심연이라면, 초월론적 통각은 주관 쪽에서의 불투명한 심연이다. 거칠게 말해도 괜찮다면, 칸트는 이 둘을 합해서 예지계(Noumenon)라 일컫는다. 그리고 이 예지계에 둘러싸여 있으면서 결국 판단으로 이어질 지각되는 여기 이 세계를 현상계(Phänomenon)라 한다. 그러니까, 우리의 관점에서 보자면, 칸트가 말하는 예지계는 다름 아니라 진리와 무관한 존재의 불투명한 심연의 영역에 해당하고, 현상계는 진리를 염두에 둔 투명한 인식의 영역에 해당한다고 하겠다.

이를 존재의 차원으로 옮겨 말하자면, 칸트는 명증하게 인식되는 현상계가 심연처럼 불투명하기 짝이 없는 예지계에 둘러싸여 있음으로써 현존 가능하다고 말하는 셈이다. 그렇다면, 명증한 세계는 불투명한 심연의 세계의 위력에 휩싸여 뒷받침되고 있는 셈인데, 그런데도 과연 명증한 세계가 근본적으로 성립할 수 있을 것인가? 또 명증한 세계 속에 불투명한 심연의 세계가 얼굴을 내밀듯이 배어나지 않을 수 있을 것인가? 칸트는 그 길을 묘하게 에둘러 간다. 그것은 우리가 불투명한 심연의 세계로 명명하는 곳을 순수 이성이 저 나름의 이른바 규제적인 이념의 세계를 펼치는 곳으로 뒤바꾸는 것이다.

그리하여 그는 저 엄청나고 화려한 『순수이성비판』이란 책을 구축할 수 있었다.

　아무튼 우리는 "현상적인 사물에는 사물 자체가 그리고 현상적인 사물을 인식하는 현실의 나에는 초월론적 통각이라 일컫는 일종의 '깊은 시커먼 구멍'이 각각 뚫려 있다"라고 말하게 되고, 현상적인 사물이 '구멍'인 사물 자체에 빨려드는 측면을 지녔기에 온전하게 성립할 수 없고, 인식하는 현실의 내가 '구멍'인 초월론적인 통각에 빨려드는 측면을 지녔기에 온전하게 성립할 수 없다고 말하게 된다. 아울러 칸트가 말하는 현상적인 사물은 불투명한 심연으로서의 사물 자체를 숨긴 채 드러내고 있고, 인식하는 현실의 내가 불투명한 심연인 초월론적인 통각을 숨긴 채 드러내고 있다고 말하게 된다. 그리하여 마침내, 우리는 칸트야말로 근대철학에서 '불투명한 심연의 철학'을 탁월하게 전개한 첫 번째 인물이라 말하게 된다.

　그런데, 이성은 도대체 불투명한 심연의 영역을 견딜 수 없어 한다. 심리적인 실용의 측면에서 보자면, 불투명한 심연의 존재는 외부에서 주체에 공격을 가하여 우리의 삶 자체를 불안하게 만들고, 그 불안이 주체 내부로 파고들어 죽음의 필연성에 대한 상념을 강화함으로써 우리를 안팎으로 불안하게 만든다. 이러한 불안의 심리는 근원적으로 존재 자체에 대한 불안, 말하자면 '존재론적인 불안'에 바탕을 두고 있다.

　이러한 존재론적인 불안을 존재론적 사유의 기초로 삼음으로써 20세기 철학을 좌지우지했던 인물이 하이데거임은 널리 알려져 있다. 하이데거가 필자처럼 칸트의 사물 자체와 초월론적 통각을 불투명한 심연으로 여김으로써 불안을 찾아낸 것은 물론 아니다. 나중에 살피게 되겠지만, 하이데거는 우리 인간이 뜬금없이 여기 이 세계에 "내던져짐"(Geworfenheit)을 존재 구조로 해서 우리의 존재를 파악하고, 우리 인간이 그 뜬금없는 내던져짐에서 근원적으로 불안을 느낀다고 말한다.

불투명한 심연의 존재를 파악해서 해결하고자 하는 이러한 하이데거의 존재론적인 전략은 크게 보면 칸트의 존재론적인 전략과 닮았다. 그 핵심은 두 인물 모두, 그 속에 '뛰어듦으로써' 저 자신의 존재가 '녹아 버리는 한이 있더라도' 그 불투명한 심연의 존재 자체로 '뛰어들고자 하는 충동'의 영역을 거부했다는 점이다. 두 인물 모두 저 불투명한 심연의 존재를 확인하자마자 분명 엄청난 '존재론적인 양심'이 발동했을 터인데도, 이를 과감하게 어기고 뒤돌아서서 다시 인간 존재의 품에 안기고 만다.

이 대목에서 갑자기 이야기의 중간을 잘라 들어가고 싶어진다. 우리는 나중에 비록 불투명한 존재의 심연으로 뛰어들지는 않더라도, 그 심연을 끌어올리는 직관의 방책을 통해 그 존재의 심연에 함께 불투명하게 녹아드는 길을 보게 될 것이다. 하지만, 그 길은 하이데거와는 다른 방식으로, 칸트가 밟은 길과 닮은 모습을 보이게 될지도 모른다.

끊어진 이야기를 다시 잇는다. 그리하여 하이데거는 "기초 존재론"(fundamentale Ontologie)이라는 이름 아래, 인간이 저 자신의 존재를 무에 근거한 최고도의 자유와 일치하는 이른바 "실존"(Existenz)으로 끌어올리는 위력을 통하지 않고서는 "존재자"(das Seiendes)를 넘어선 저 가장 불투명한 "존재"(das Sein)로 나아갈 길이 없음을 선언했다. 이를 거창하게 설파한 책이 바로 그가 1927년에 발간한 『존재와 시간』(Sein und Zeit)이다. 이에 관해서는 나중에 자세히 살피게 될 것이다.

한편 칸트는 저 자신이 가장 독보적으로 제시해 보인 저 불투명한 심연의 존재에 파고들어, 말하자면 두 극 즉 사물 자체와 초월론적인 통각 중에서 인간 쪽의 극인 초월론적인 통각의 심연을 파고들어 순수 이성의 이른바 "초월적 이념들"(transzendentale Ideen)의 세계를 구축해 낸다. 그 대신, 사물 자체의 심연에 대해서는 순수 이성에 따른 자연 내지는 우주의 이념 세계를 활용하여 그 속으로 해소해 버리는 방식을 취한다.

칸트는 순수 이성의 사유를 이끄는 근본 원리가 "모든 조건 일반의 무조건적인 종합적 통일"(die unbedingte synthetische Einheit aller Bedingungen überhaupt)임을 적시한다. 여기에서 '조건 일반'은 지성을 발휘할 때 준수해야 할 규칙들이다. 칸트는 그 규칙들을 아무런 제약 없이 하나로 종합해서 통일하고 싶은 사유의 욕망을 발휘하는 것이 순수 이성이라는 생각을 깔고 있다. 이 대목에서 그는 저 유명한 "순수 이성의 건축술"이라는(Kant, [1781] 1956. p. 748, A832) 말을 제시한다. 이성이 계속 위로 올라가면서 무엇들이건 그것들을 종합 통일하는 원리를 찾아, 마치 무슨 하나의 거대한 건물을 건축하듯이 전 포괄적인 사유의 체계를 이루고자 함을 제시한 것이다. 이 종합 통일하는 원리가 바로 저 앞에서 말한 순수 이성의 "초월적 이념들"이다.

칸트는 그 초월적 이념을 세 부류로 나눈다. 첫째는 온갖 방식으로 사유하는 주체들을 절대적으로 통일한 "영혼"이고, 둘째는 현상의 모든 사물이 나타날 수 있는 조건들을 절대적으로 통일한 "우주"이고, 셋째는 어떤 대상들을 사유할 때 그 사유의 조건들을 절대적으로 통일한 "신"이다.(같은 책, p. 365 참조) 여기에서 절대적으로 통일한다고 했을 때 그 절대성은 전혀 제한 없이 타당하다는 점에서 무한성을 함축한다.(같은 책, p. 358, A326)

그런데 칸트는 영혼, 우주, 신 등의 이념에 일치하는 대상은 경험 안에서는 나타날 수가 없다고 말하면서(같은 책, pp. 549~550, A327~328 참조) 그것들에 무슨 실체라거나 객관적 실재성을 부여하는 잘못을 저질러서는 안 된다고 말한다. 그리하여 그 자신 이전의 각종 형이상학의 오류를 비판한다. 그렇다고 해서 이 이념들을, 경험적인 대상들을 설명하는 데 필요한 단순한 전제로서만 이해해서도 안 된다고 말한다. 그게 아니라, 이 이념들은 이성이 모든 경험적 대상에 체계적인 통일성을 부여하는 데 필요한 규제적 원리라고 말한다.(같은 책, p. 634, A681~682 참조) 칸트는 여기에서 심오하고 화려한 형이상학을 펼침으로써, 말하자면 영혼과 우주와 신이 사물 자체와 초월론적 통각과 연결해서 성립한다는 것을 보임으로써 불투명한 심연의 존재 앞에서 불안해하는 자를 위무하고자 한다. 하지만, 그 위무는 한 편의 장엄한 철학적 연극일 뿐, 제대로 된 불투명한 존재의 심연이 지닌 실재성의 생산에 이르지는 못한다.

저 두 극의 불투명한 심연의 존재가 현상계를 에워싸고 있는 한, 과연 현상계에서 나타나는 경험적인 사물들과 사태들을 어떻게 전적으로 통일해서 체계적으로 이해할 수 있을 것인가? 그런데 칸트는 초월론적 통각에서 열리는 불투명한 심연의 경지를 맞이하여 최대한 논리적 가능성을 활용한 사유를 펼친다. 그리하여 일체의 것들을 통일해서 체계로 만들고자 하는 이성의 욕망을 충족할 수 있는 순수 이성의 초월적 이념의 세계를 건립한다. 말하자면, 불투명한 심연의 존재를 이성을 통한 인간의 욕망을 충족하기 위한 원리로 '미련 없이' 바꾸어, 결국에는 그 욕망의 결실인 이성에 따른 학문 즉 참된 형이상학으로서의 철학을 위한 수단으로 활용한 뒤 내버리는 토사구팽의 방식을 취한다.

칸트는 사물 자체가 시공간을 넘어서고 따라서 인과 관계의 계열을 넘어선다는 점을 활용하여 순수 이성에 따라 우주(자연)를 보게 되면 자연(우주) 안에서 자유가 성립한다는 점을 제시하고, 이 자유가 인간이라는 자연을 통해 발휘된다는 점을 다시 활용하여 도덕 형이상학의 기초를 얻는다. 그리하여 이제 초월적 이념들은 규제적 원리를 넘어서서 실질을 가장한 전혀 새로운 존재의 세계로 들어선다.

칸트는 도덕 형이상학을 통해 인간 행위의 자율성과 자유 및 양심을 확보하고 이를 선험적으로 규제하는 무조건적인 선의지를 확보한다. 이는 『실천이성비판』의 작업이다. 그런가 하면, 『판단력 비판』을 통해 경험적 인식의 세계를 넘어선 미감적인 판단의 가능성을 확보하여 미와 숭고를 제시하고, 순수 이성이 우주의 합목적성을 궁구하는 과정을 거친 끝에 우주 전개의 목적을 뒷받침하는 신을 제시한다. 하지만, 선의지나 미와 숭고 그리고 우주의 합목적성에 따른 신을 건립함으로써, 보편성을 향한 상승의 사유가 발휘하는 욕망을 충족하는 형이상학적인 화려함을 자랑할 뿐이다.

진정 불투명한 심연의 존재와 제대로 맞닥뜨리려면 하강의 사유를 최고도로 밀고 내려가야 한다. 그럼으로써 특수성과 개별성을 지닌 경험적인 지각의 층을 뚫고 내려가 사물 자체와 버무려진 감각 자체의 영역으로 파고들어야 한다. 칸트는 이 그치지 않는 하강의 사유의 길을 열 수 있는 실마리를 발견하고서도 학문을 뒷받침하는 선험적 종합판단의 기초를 찾는 일에 매진함으로써 그 실마리를 짐짓 무시한다. 거기에는 이전의 경험주의가 사물을 감각적 관념의 다발로 만들어 제거해 버린 데 대한 사유에서의 적개심이 덧칠되어 있기도 했다.

이제 우리는 칸트가 '초월론적 감성학'을 전개하면서 제시할 수밖에 없었던 사물 자체의 문제로 되돌아가고자 한다. 애당초 사물 자체야말로 불투명한 심연의 존재를 일러 주는 근본적인 지시물이기 때문이다.

앞서 살핀 것처럼, 칸트에 따르면, 사물 자체는 경험적으로 인식되는 현상의 사물에 대한 "진정한 상대자"로서 거기에 딱 들러붙어 있다고 할 수밖에 없다. 그런데 사물 자체는 경험되지 않고 그저 생각되기만 한다는 것이 칸트의 설명이다. 이 두 설명이 과연 논리적으로 일치한다고 할 수 있는가? 그리고 칸트에 따르면, 초월론적 통각 역시 내가 그때그때 지성을 발휘하여 지각적으로 인식하고 생각하건 순수 이성을 기반으로 순수하게 생각하건, 그러한 나의 의식들에 딱 들러붙어 있다고 할 수밖에 없다. 그런데도 칸트는 이 초월론적 통각이 경험되지 않고 생각되기만 한다고 말한다. 이 두 설명 또한 서로 일치할 수 없다.

이에 우리로서는 사물 자체와 초월론적 통각이 그저 생각되기만 하는 존재가 아니라, 경험되기도 하는 존재라고 말하면서 그 말의 실질을 위한 길을 찾았으면 한다. 다만, 이때의 경험은 칸트가 말하는 개별적이고 특수한 감각적 직관에 따른 경험과는 사뭇 달라야 할 것이고, 논리적인 가능성에 의존한 형이상학적인 사유의 경험과는 더욱 달라야 할 것이다. 보편성과 특수성 그리고 개별성 등의 논리적 양화를 적용할 수 없는, 뭔가 독특한 경험이어야 할 것이다.

사물 자체는 짐짓 일부러 생각하니까 생각의 대상으로 주어지는 것이 아니라, 생각하지 않을 수 없도록 하는 존재적인 강압 때문에 생각할 수밖에 없는 필연적인 사유의 대상이다. 더욱 이론적으로 표현하자면, 사물 자체는 사유 주체에 '존재론적인 강압'을 강력하게 행사하는 존재다. 하지만, 아무리 사유를 심오하게 전개하더라도 사물 자체에 관해 그 개념적인 규정들을 알아낼 길이 없다. 그래서 필자는 칸트가 제시한 사물 자체에 대해 '불투명한 심연의 존재'라 이름을 붙였다. 그와 아울러 지금 여기에서 실제로 생각하는 나는, 나 자신 속 또는 나 자신의 배후에서, 사물 자체와 양극을 이루면서 사물 자체가 가하는 존재론적인 강압을 충분히 받아 내는 초월론적 통각과 같은 순수하고 근원적인 의식을 떠올리지 않을 수 없다. 따라서, 칸트가 초월론적 통각을 제시한 것은 '존재론적인 강압'에 따라 어쩔 수 없이 그렇게 한 것이지, 순전히 논리적인 요청에 따라 상상해서 짐짓 일부러 그렇게 한 것은 아닌 셈이다. 초월론적 통각을 떠받치는 '나는 생각한다'라는 사태가 짐짓 일부러 생각한 것이겠는가? 데카르트가 '나는 생각한다'라고 했을 때, 그렇게 말하지 않고서는 견딜 수 없는 인식에 관련한 '존재론적인 강압'을 따랐다 할 것이다. 이 존재론적인 강압은 특히 사물 존재의 근원적인 외부성을 일러 준다. 따라서, 존재론적인 강압에 따라 설립된 초월론적인 통각 역시, 비록 역설적이긴 하지만 사유 주체인 나의 존재가 근원적인 외부성을 띤다는 것을 일러 준다. 즉 내가 내 속에서 나를 구축하지 않고, 나를 벗어난 데서 내가 구축된다는 사실을 일러 준다.

만약 철학적 사유의 천재였던 칸트가 사물 자체가 갖는 불투명한 심연의 정체 그리고 초월론적 통각이 갖는 불투명한 심연의 정체를 파악하고자 노력했더라면 어떤 일이 벌어졌을까? 모르긴 해도 감각 자체의 정체를 파악하고자 했을 것이다. 왜냐하면, 그가 감각을 사물 자체가 감성을 촉발함으로써 생겨나는 것으로 설정했고, 초월론적 통각의 통일성에 따른 종합을 요구하는 애초의 원천적인 잡다를 바로 감각의 잡다로 파악하고 있기 때문이다. 이에 우리는 칸트가 잡아챈 '감각의 잡다'를 실마리로 삼아 불투명한 심연의 존재를 경험할 수 있는 길을 열고자 한다.

§6. 불투명성의 근원, 감각 사물의 영토

'사물 자체'의 불투명성이 현실 초월적이라면, '감각 자체'의 불투명성은 현실 내재적이다. 하지만, 불투명성과 관련한 이 초월성과 내재성은 딱 부러지게 결정되어 구분되지 않는다. 사물 자체와 감각 자체는 불투명성을 매개로 서로에게 오가면서, 이른바 '그 자체'로서의 독자성을 상실함으로써 실제로 사물과 감각이 혼연히 결합하기 때문이다. 말하자면, 사물은 감각으로, 감각은 사물로 존재하기 때문이다.

이에 관해서는, 나중에 다시 자세히 살피게 되겠지만, 몸의 현상학으로 그야말로 독보적인 철학자인 메를로-퐁티(Maurice Merleau-Ponty, 1908~1961)의 '살'(la chair, the flesh)의 존재론이 문제 설정에서나 해결의 방도를 찾아가는 데서나 그리고 나름의 해법을 제시하는 데서 가장 유력하다 할 것이다.

만약 칸트가 사물 자체와 감각 자체의 근원적인 결합을 염두에 두었더라면, 사물 자체가 공간과 시간을 넘어서 있기에 감각 자체도 공간과 시간을 넘어선 것으로 고찰했을 수도 있었을 것이다. 『순수이성비판』에서 '감각 자체'(Empfindung an sich)를 운위하는 대목은 없다. 그렇다고 이 말로써 지시할 수 있을 법한 대목이 없는 것은 아니다. 칸트가 공간과 시간을 감성의 주관적이고 선험적인 형식으로 본다는 점은 널리 알려진 사실이다. 그리고 그가 공간을 외적 직관의 형식으로, 시간을 내적 직관의 형식으로 여긴다는 점도 다 알려진 사실이다. 일단 외적 직관의 형식인 공간에 주목할 필요가 있다. 이는 외부의 경험적인 실재로서 주어지는 사물을 지각할 때, 그 근본 형식은 공간이지만, 공간의 형식을 받아 일차적으로 정돈되어 나타나는 것은 사물이 아니라 감각의 잡다이기 때문이다.

감각은 이런저런 방식의 감각적 직관(sinnliche Anschauung)과 관계함으로써, 공간과 시간에서 하나의 현실적인 것(eine Wirklichkeit)을 나타내는 바의 것이다. 감각이 일단 주어지면, (대상을 규정함이 없이, 감각이 대상 일반에 적용될 때 지각이라고 일컬어진다) 감각의 잡다(die Mannigfaltigkeit der Empfindung)를 통해 상상(Einbildung)에서 많은 대상이 조성될 수 있다. 그 많은 대상은 상상을 벗어난 데서는 공간 또는 시간에 어떤 경험적인 자리도 갖지 않는다. (Kant, [1781] 1956. p. 402, A374)

칸트가 말한 이 대목을 나름으로 적절히 분석하면 '감각 자체'를 운위할 수 있는 실마리를 잡을 수 있다. "감각의 잡다"는 공간과 시간의 형식을 띠고 있다. 그런데, 이 감각의 잡다는 외부 대상의 지각과 상관없이 "상상"에서 "많은 대상"이 조성될 수 있다고 말하고 있다. 이때 상상에서 조성되는 많은 대상은 과연 어떤 종류의 것일까? 이에 답하기 위해서는, 먼저 상상이 무엇인가를 생각할 필요가 있다.

파자(破字)해서 보면, 'Einbildung'은 'Bild' 즉 '그림' 내지는 '상 또는 흔히 이미지'라고 일컫는 것에 'ein –' 즉 '집어넣나' 내지는 '안으로 들어가다'라는 것이 결합해 형성된 낱말이다. 그러니까 상상은 이미지를 집어넣어 떠올리는 의식의 활동이다. 감각의 잡다에서 이미지를 떠올린다고 할 때, 이 이미지가 바로 상상에서 조성되는 대상이다. 그런데, 이 이미지의 떠올림은 의식의 능동적인 활동에 따라 이루어지는가, 아니면 의식의 수동적인 활동에 따라 이루어지는가? 칸트의 인식 논리에 따르면, 후자다. 감각의 잡다가 시공간적인 일정한 질서를 갖춤으로써 "감각적인 직관"이 이루어진다거나 이것이 "상상력"(Einbildungskraft)의 활동에 따른 "도식"(圖式, Schema)으로 정돈되는 과정은 모두 의식의 수동적인 활동에 따른 것으로 보아야 마땅하다. 왜냐하면, 의식의 능동적인 종합은 "실체와 속성"을 위시한 12가지 범주를 형식으로 해서 자발적으로 개념화이 작용을 하는 "지성"(Verstand)이 작동할 때 이루어지기 때문이다. 이는 칸트가 감각의 잡다를 담당하는 "감성"(Sinnlichkeit)을 "수용성"(Rezeptivität)이라 규정하는 데서도 알 수 있다.

상상력에 의한 '직관의 도식화'는 요즘 말로 하면 '패턴'을 이루는 것이다. 패턴은 시간이 흐름에 따라 여러모로 변형되는 이미지들이 저 스스로 결합하여 다소 윤곽이 희미한 방식으로 통일성을 이룰 때 생겨난다. 그런데, 이러한 패턴이 이루어지기 전에 감각의 잡다가 최초로 시공간적으로 정돈되는 단계에서 주어지는 대상 자체는 감각적인 이미지다. 비록 상상을 통한 것이기는 하나 이 감각적인 이미지가 그 자체로 따로 주어지는 사태에 의식이 몰입할 수 있다. 우리로서는 이를 중시함으로써 칸트의 인식론에서 '감각 자체'를 확보할 수 있음을 확인한다. 그리고 이 감각 자체가 사물 자체와 떼려야 뗄 수 없이 비밀스럽게 결합해 있음을 확인하고자 한다. 칸트는 감각론에서 다음과 같은 말을 한다.

> 우리가 대상들에 의해 촉발되는(affiziert) 방식으로 표상들을 얻는 능력(곧, 수용성)을 일컬어 감성이라 한다. […] 우리가 대상에 의해 촉발되는 한에서, 대상이 표상 능력에 미치는 결과가 감각이다. 감각에 의해 대상과 관계 맺는 그런 직관은 경험적이라 일컫는다. [그리고] 경험적 직관의 무규정적 대상을 현상이라 일컫는다. (같은 책, p. 63, A19~20)

여기에서 "감성이 대상들에 의해 촉발된다"는 것을 어떻게 해석해야 할지가 워낙 복잡하다. '촉발한다'는 것은 '긁는다'로 쉽게 바꾸어 읽을 수 있다. 못으로 벽을 긁으면 흠집이 생겨나는 것과 비슷하다. 감성이 대상에 의해 촉발되면 감각 즉 감각의 잡다가 형성된다. 이를 공시적으로(共時的, synchronisch) 보아 원리적인 구조를 분석한 것으로 볼 것인가, 아니면 발생적으로(發生的, genetisch) 보아 실제의 단계를 분석한 것으로 볼 것인가에 따라 엄청나게 차이가 난다. 이에 관한 칸트의 설명은 없다. 전자로 보게 되면, 여기에서 말하는 '촉발하는 대상'은 경험적 현상으로서의 대상이 된다. 그리고 후자로 보게 되면, 그것은 '사물 자체'가 된다. 우리로서는 후자의 경우로 보고자 한다. 그것은 감성이 촉발되기 전의 '촉발하는 대상'을 생각할 수 있고, 그럴 때 이 대상은 감각의 잡다가 아예 생기기도 전의 것으로서 우리의 인식 활동이 아예 작동하지 않은 상태에서 존재한다고 해야 하기 때문이다.

여기에서 우리는 사물 자체가 맨 처음 감성을 촉발하여 감각의 잡다가 최초로 만들어지는 지경으로 거슬러 올라간다. 이 지경은 그 감각의 잡다가 일정하게 통일성을 갖춘 사물의 성질을 나타내는 것이라 아예 상상조차 할 수 없는 단계의 원초적인 지경이다. 이 원초적인 지경에서 주어지는 감각의 잡다를 우리 나름으로 '감각 자체'라 부를 수 있다.

그런데 못으로 벽을 긁어 흠집이 났을 때, 그 흠집은 정확하게는 아니라 할지라도 못이 어떤 종류의 것인가를 일러 주는 지표로 기능한다. 이에 빗대자면, 이 근원적인 감각 자체는 사물 자체가 근본적으로 어떤 존재 방식을 띠는가를 짐작하도록 한다. 말하자면, 감각 자체에 사물 자체의 얼굴이 드러난다. 이렇게 보게 되면, 칸트로서는 감당할 수 없는 기묘한 일이 발생한다. 칸트에 따르면 사물 자체는 공간과 시간과 전혀 무관하게 존재한다. 그런데 만약 감각 자체가 사물 자체의 얼굴이라면, 전혀 그런 것은 아니라 할지라도 일정하게나마 감각 자체도 공간과 시간을 벗어나는 태세를 취하게 된다. 이를 확대하게 되면, 사물 자체와 감각 자체가 동연적(同延的)으로 한데 결합해 있다고 말하게 된다. 여기에 우리는 '감각 사물'이란 기묘한 낱말을 붙여 활용하게 된다.

그러기는 워낙 어렵지만, 우리 인간이 공간과 시간을 벗어나게 되면, 아연한 일종의 몰입 내지는 도취를 경험하게 된다. 이 경험은 칸트가 말하는 경험과는 전혀 다른 경지의 것임은 물론이다. 이 경험은 지성과 상상력을 염두에 둔 감성에 의한 것이 아니다. 도대체 그 정체를 알 수 없는 경험으로서 우리가 아예 감당할 수 없는 경험이다. 이는 감각 자체를 통해 일종의 괴물과 같은 사물 자체가 온몸을 에워싸면서 관통하듯이 난입해 들어오는 지경이다. 이 경험에 대해 우리로서는 '불투명한 존재의 심연에 대한 충동'이라는 이름 외에 다른 이름으로 지칭할 길이 없다.

만약 칸트가 이러한 지경을 깊이 염두에 두고 문제 삼았다면, 그의 탁월한 철학적 천재성을 발휘함으로써 공간과 시간을 감성의 형식이라고 아예 선험적으로 못을 박지 않고, 공간과 시간이 감각 자체에서 어떻게 생성되는가를 고민했을 수 있었을 것이고 이를 성찰하여 전혀 새로운 철학을 우리에게 선사했을 수 있었을 것이다.

바로 이같이 감각에서 어떻게 공간과 시간이 생겨나는가를 밝힌 인물은 후설이다. 그는 칸트가 사망하고 55년이 지난 뒤 태어나, 100년이 되었을 즈음 이른바 현상학(現象學, Phänomenologie)이라는 새로운 철학적 사유의 길을 열어 20세기 철학에 엄청난 영향을 미쳤다. 그 근본은 바로 감각의 "원초성"(原初性, Primordialität)이었다. 이는 감각을 모든 인식에 대한 최초의 근원으로 여기는 것이다. 하지만, 후설 역시 이 감각의 존재 자체에 관해서는 제대로 논구하지 않았다. 이 책의 2부에서 필자 나름으로 본격적으로 살펴보겠지만, 후설의 현상학에서 감각의 존재 자체는 인식에서의 근원적인 불투명성을 일으키는 근본 요인으로 작동할 것이다.

칸트의 비판적 초월 철학(kritische transzendentale Philosophie)에서 파악할 수 있는바 사물 자체의 존재가 갖는 불투명성과 후설의 순수 초월 현상학(reine transzendentale Phänomenologie)에서의 파악할 수 있는바 감각 자체의 존재가 갖는 불투명성을 한데 결합해서 고민하게 되면, 감각 사물의 존재 자체에서 불거지는 불투명성과 심연이라는 문제 영역에 들어서게 된다.

감각 사물의 존재 자체에 집중했던 인물은 메를로-퐁티다. 그는 지각에 관한 그 나름의 탁월한 현상학적인 사유를 통해 독창적으로 이 문제 영역을 확보한다. 하지만, 우리처럼 칸트와 후설의 인식론에서 감각 사물의 존재 자체라는 문제 영역을 확보하지는 않는다. 나중에 2부에서 본격적으로 살피게 되겠지만, 그는 사물과 몸의 관계를 봄과 보임의 신비한 교환 관계를 통해 해석하면서 그 결과 감각 사물의 존재를 발견하고 그것을 "감각 덩어리"(le masse du sensible)로 표현했다. 그리고 이를 근거로 해서 "살"(la chair)이라고 하는 온 존재의 근본 원소(元素)를 설정하여 존재론을 펼친다. 필자로서는 "감각 덩어리"의 '덩어리'(masse)에서 사물성을 포착했고, 이를 아예 사물로 변경해서 필자 나름으로 '감각 사물'이란 개념을 얻게 되었다.

고백하건대, 필자는 대학에 입학하자마자 빛과 사물과 뇌의 교환적인 신비에 빠져 허우적대면서 오랫동안 시달렸다. 그 문제는 이러했다. 고등학교 시절 배운 바에 따르면, 빛이 외부의 사물에 반사되어 나의 망막을 자극하고 망막이 빛을 전기로 변환해서 시신경을 통해 뇌로 보내면, 뇌에서 전기를 색을 비롯한 감각적인 성질들과 그 성질들과 결합한 사물로 변환한 뒤 그 사물을 외부로 투사해서 지금 현실적으로 보고 있는, 예컨대 저 장미꽃과 저 별 그리고 저 광막한 우주가 인식적인 대상으로 성립한다는 것이다. 그렇다면, 내가 저쪽 멀리 있는 우주 전체가 본래 나의 뇌 속에 있다고 해야 하는데, 어떻게 해서 도무지 부정할 수 없이 저 멀리서 객관적으로 현존한단 말인가? 이 문제는 거의 50년이 지난 지금까지도 해결하지 못하고 있다. 이 문제를 해결하기 위해 지금도 한국연구재단에서 연구지원금을 받아 연구하고 있다.

아무튼, 이 문제를 풀기 위해 대학원에 들어가면서 후설의 현상학에 몰두했다. 그가 제시한 "노에마"(Noema)라는 개념이 왠지 문제 해결의 강력한 실마리가 될 것이라 예감했기 때문이다. 하지만, 후설이 펼쳐 보이는 의식의 무진장한 세계와 맞닥뜨리면서 특히 그의 관념론의 경향 때문에 더욱 혼란에 빠졌다. 이 혼란을 극복하기 위해, 연구하기로 마음먹은 철학자가 메를로-퐁티였다. 메를로-퐁티가 몸과 행동을 중심으로 지각을 풀어 나가는 데 매혹되었고, 그 막바지에서 그가 제시한다고 여겨지는 '감각 사물'의 존재를 확인하고서는 '아! 바로 이거다. 이를 실마리로 삼으면 내가 시달려 온 오랜 존재 문제를 해결할 길을 얻을 수 있음에 틀림이 없다' 하고서 무릎을 치면서 환호했다. 특히, 그가 제시한바, 보는 몸과 보이는 사물 간에 이루어지는 "봄"과 "보임" 사이에서 이루어지는 전반적인 "환위"(換位, le renversement)와 "교직"(l'entrelacs)과 "교차"(le chiasme)는 일찍부터 시달려 온 빛과 사물과 뇌의 상호교환적인 작용에 따른 신비의 문제를 해결할 수 있는 비전을 마련해 주었다. 하지만, 앞서 말한 것처럼, 그렇다고 이 신비의 문제를 풀어냄으로써 해결한 것은 아니었다. 다만, 왜 풀어낼 수 없는가를 정확하게 확인하는 방식으로 해결할 길을 모색할 뿐이었다. 이에 마련한 화두와 같은 개념이 '존재의 불투명성과 심연'이었다. 그러니까, 필자가 이를 근본적으로 문제 삼게 된 중요한 계기 중 하나는 메를로-퐁티의 '살 존재론'이었던 것이다.

메를로-퐁티는 세잔의 철학적인 회화 세계에 흠뻑 빠져들어 그의 살 존재론에 적극적으로 반영했다. 필자로서는 메를로-퐁티의 철학을 알기 위해 세잔의 회화 세계를 가늠해야 했고, 세잔의 회화 세계를 가늠하기 위해서는 서양 미술사를 공부해야 했다. 그 성과로 국내의 여러 유력한 미술관들에서 미술의 세계를 철학적으로 분석해 해설하는 강의들을 누차 했다. 그리고 2007년 리움 미술관에서 개최한 '앤디 워홀 전'에 비평문을 써서 싣는 짓을 하기도 했다. 결국에는 홍익대학교 미술대학원에서 6년간에 걸쳐 '회화론'이라는 과목을 맡아 강의했고, 서울대학교 조소과 대학원에서 4년간에 걸쳐 '현대 조각 담론'이라는 과목을 맡아 강의했다. 그 과정에서 무엇보다 사물의 존재에 관심을 집중한 필자로서는 '미니멀리즘'과 '개념미술'의 매력에 빠져들었다.

그 와중에 일찍이 필자는 『미술 속, 발기하는 사물들』(2007)을 저술·발간했었다. 앞서 말한 리움 미술관에서 개최한 '앤디 워홀 전'의 비평문을 청탁받은 것이 모르긴 해도 이 책 넉분이라 여기고 있다. 이 책에서 세잔을 비롯한 여러 작가의 작품들에서 발견되는 인식론과 존재론적인 측면들을 해설했다. 마땅히 거기에는 저 유명한 "레디-메이드"(ready-made)라는 전대미문의 예술 장르의 개념을 창안하면서 그에 따른 작품들을 제작했고, 이를 통해 20세기 후반 팝아트와 미니멀리즘 그리고 개념미술의 발흥에 근본 아이디어를 제공했던 마르셀 뒤샹(Marcel Duchamp, 1887~1968)의 천재적인 예술 세계에 대한 해설이 들어 있다. 그 제목은 '마르셀 뒤샹, 사물 자체를 향하여'였다. 거기에서 필자는 남자 소변기를 뒤집은 데 'R. Mutt 1917'이라는 글귀를 쓴, 레디-메이드 작품 「샘」(Fountain, 1917)에 관해 이렇게 피력했다.

홀연히 '소변기'라는 도구로서의 이름을 벗어 버린다. 그 말은 이제 아무런 소용이 없어진다. 그렇다면 소변기가 아니고 도대체 무엇이란 말인가? 도대체 무엇이라고 말할 수 없는 지경이다. 굳이 말하자면, 하나의 발가벗은 존재다. 전시장의 이것은 도구 관계 속에서 입고 있던 모든 옷가지를 홀랑 벗어 버리고 만다. 옷가지들이란 바로 편리하게 배설하고 싶어 하는 인간의 욕구와 맞물린 도구 관계 속의 규정들이었다. 그래서 이제 이 '소변기 아닌 소변기'는 발가벗은 사물 그 자체라고 말할 수밖에 없다. (조광제, 2007. 127~128쪽)

필자로서는 뒤샹이 '발가벗은 사물' 또는 '날것 그대로의 사물'을 관람자들에게 보여 주고 싶어 했다고 진단했다. 그러면서 비록 맥락이 다르긴 하지만, 뒤샹이 칸트가 걸려 넘어진 '사물 자체'를 너무나도 손쉽게 드러내 보였다는 말을 덧붙였다. 그런데, 뒤샹은 놀라운 말을 우리에게 전한다.

내가 힘껏 밝히고자 하는 사항은, 레디-메이드를 선택함에 감성적인 쾌감이 아무런 구실도 못 하였다는 사실이다. 레디-메이드의 선택은, 항상 시각적인 무관심성이라는 반발심에 토대를 두며 그와 동시에 세련되었건 조야하건 심미적 취미라는 것을 전면적으로 거부하며 […] 급기야는 전신마취에 토대를 둔다. (리히터, 1994. 143~144쪽)

이같이 레디-메이드의 선택에서 감성적인 쾌감이 아무 역할도 못 하게 하고 항상 시각적인 무관심성에 기초하면서 심리적 취미를 전적으로 거부한다는 것은 칸트가 미감적 판단을 위해 요구한 사항들을 넘어선다.
　칸트는 미감적 판단을 위해서는 개념적-규정적 인식을 벗어나야 할 뿐만 아니라 이해(利害)에 대한 무관심성(Interesselosigkeit)을 유지해야 한다고 했다. 그래야만 사물의 배치에서 주어지는 순수한 형식만을 대상으로 삼을 수 있고, 거기에서 미감적인 취미 판단이 이루어진다고 했다.

그런데 뒤샹은 이해의 무관심은 물론이고 시각적인 무관심마저 요구한다. 시각적인 무관심은 색채나 형태에 따른 구조적인 형식을 아예 무시한다는 것이다. 그러니까, 예를 들어 '남자 소변기'의 하얀색이나 소변기의 형태는 아예 무시한다는 것이다. 이렇게 되면, 표현주의적인 감정이나 형식주의적인 구도에 따른 심미적 취미를 말 그대로 전면적으로 거부하게 된다. 그렇다면, 과연 무엇을 제시하고자 한 것인가? 색과 형태를 제거한 사물 자체를 제시한 것일 수밖에 없다.

가장 놀라운 대목은 "급기야는 전신마취에 토대를 둔다"라는 것이다. 테아이테토스의 '존재론적인 현기증'을 불러올리면서 그보다 한 수준을 더한다. '전신마취'는 탈(脫)-주체성의 극단이다. 이는 사물 자체와 마주한 주체마저 사물로 변환한다는 것으로 읽을 수 있다. 사물과 사물의 마주침이다. "나는 생각한다"(ego cogito)에서 시작된 근대적 사유에서 핵심은 반성을 통해 무한한 깊이의 의식 내부로 파고드는 데서 성립하는 주체의 절대적인 내부성이다. 그런데 사물과 사물의 마주침에서 '탈-주체성'은 전혀 그 반대인 절대적인 외부성이다. 그러니까, 뒤샹의 존재론은 근대적 사유를 일거에 무너뜨리는 존재의 외부성을 극적으로 제시한 셈이다.

'존재의 외부성'이란 낱말은 주체로서는 도대체 감당할 수 없는 '존재의 불투명성'과 그에 따른 '존재의 심연'을 다소 밋밋하게 표현한다. 뒤샹이 말하는 전신마취는 존재의 심연을 바라봄으로써 아연 일체의 의식을 놓아 버리는 경지, 말하자면 존재론적인 충동에 휩싸

임이 아닐 수 없다.

그런데 뒤샹이 제시한 "시각적인 무관심"이 마음에 걸린다. 필자로서는 '사물 자체'만 노리는 것이 아니라, 사물 자체가 '감각 자체'와 한데 결합한 이른바 '감각 사물'을 노리는데, 만약 뒤샹이 말한 시각적인 무관심을 극단적으로 해석하면 '감각 자체'를 근본적으로 부정한 셈이 되고, 그렇게 되면 뒤샹의 '레디-메이드'에서 필자가 노리는 '감각 사물'을 확보할 수 없기 때문이다. 하지만, 뒤샹이 전시한 「샘」은 개념미술에서 말하는 비가시적인 순수 개념과는 달리 색 감각을 통해 번연히 눈에 보인다. 다만, 그 색의 특정한 성격을 아예 염두에 두지 않을 뿐이다. 그래서 필자로서는 뒤샹의 레디-메이드, 특히 「샘」에서 오히려 '색 자체'에 이은 '감각 자체'를 확보하였다.

그러니까, 뒤샹이 말한 "전신마취"의 경험은 저 앞에서 칸트의 감성학을 원용하여 '감각 자체'와 '사물 자체'의 존재 교환을 맞닥뜨릴 때 주어지는 저 특이한 경험을 그야말로 고스란히 보여 준다고 할 것이다. 이리하여 필자가 제시하고자 하는 불투명성과 심연의 존재론은 그 시발에 있어서 칸트의 '사물 자체'와 메를로-퐁티의 '감각 덩어리'에 대한 사유뿐만 아니라, 뒤샹의 '레디-메이드'에 대한 사유에 크게 빚지는 셈이다.

§7. 감각 자체와 더불어 지각되는 개별 사물을 무시한 사유들

철학사에서 '감각 자체'라는 말은 등장하지 않았다. 그런데 '감각 자체'의 존재야말로 이성을 앞세운 철학적 사유를 비틀거리게 만드는 근원이다. "눈을 뜨고 조금만 둘러봐도 온갖 색들이 넘쳐난다." 이 문장에서 '색' 대신에 '사물'을 바꿔 끼워 넣더라도 아무 문제가 없다. "눈을 뜨고 조금만 둘러봐도 온갖 사물들이 넘쳐난다." 이렇게 같은 문장에서 그 개념이 전혀 다른데도 '색'과 '사물'을 바꿔 끼워 넣더라도 아무 문제가 없는 것은 다른 이유도 있겠지만, 적어도 직접적인 시각 영역에 있어서 색과 사물이 구분되지 않기 때문이다.

전반적으로 보면, 색은 감각 중에서 우주의 크기를 총괄할 정도로 가장 넓은 외연을 지녔다. 그리고 색을 바탕으로 선과 형태, 흐름과 멈춤, 리듬과 동세, 표면과 깊이, 어둠과 밝음, 결여와 충족, 단단함과 불가 침투성 등이 확인된다. 색은 촉감이나 소리 또는 냄새와 맛 등의 감각과 비교할 수 없을 정도로 근원적인 감각이라 할 수 있다. 무엇보다도 색은 사물이 인식 주체에 대해 갖는 객관성과 초월성 및 외부성을 떠받치는 위력을 발휘한다. 그래서 '감각'이라고 할 때, 이는 '색'을 중심으로 해서 성립하는 개념이라 해도 무방하다. 그러니까 우리가 '감각 사물'이라 할 때, '색 사물'로 읽어도 크게 문제가 되지 않는다. 하지만 '감각 사물'이란 말이 더 적절하다.

존재론적 사유의 역사에서 출발점은 감각을 통해 지각되는 사물이었다. 이 사물은 경험적인 사물로 불리기도 하고 현상의 사물이라 불리기도 했다. 지천에 온통 널려 있는 것들이 바로 이 사물이다 보니, 아주 쉽게는 존재 전체는 바로 사물들의 총합 내지는 총괄로 여겨진다. 기본적으로는 사물이 개별성을 띠지만, 존재를 사물들의 총합이라 여길 때에는 사물들 사이의 뭇 관계들도 존재에 포함된다고 생각하기도 했다. 그것은 개별적인 사물이란 빨리 변하건 느리게 변하건 변하기 마련이고, 그 변화의 원인을 사물들 사이의 관계에서 찾을 수밖에 없다고 여겼기 때문이다.

가장 시원적인 존재론적 사유는 변화하는 —— 옛 그리스 사람들은 '변화'보다 '운동'을 선호했고, 변화는 운동에 속한다고 생각했다 —— 개별 사물을 그 변화에 역점을 두어 참다운 존재로 인정하지 않으려는 경향을 보였다. 그래서 변화하지 않는 존재 또는 원리를 찾아 개별의 사물들 아래, 개별의 사물들 사이, 또는 개별의 사물들 너머를 헤집고 다녔다. 아래건 사이이건 또는 너머이건, 이러한 사유의 과정에서 지각되는 개별 사물에서 필수적으로 확인되는 색을 비롯한 감각 자체는 존재의 반열에서 가장 미천한 존재로 밀려나기 일쑤였다. 감각은 개별의 사물보다 더 빨리 더 쉽게 변하는 것으로서 경험되기 때문이다.

그리하여 존재론적인 사유의 역사를 보자면, 기본적으로 지금 당장 지각되는 개별 사물의 현존(現存, existence)보다 그 사물의 본질(本質, essence)을 존재론적인 자격에 있어서 훨씬 우월한 것으로 여겼다. 그리하여 개별 사물의 본질을 개별 사물을 넘어서서 존재하면서 개별 사물을 근본적으로 규정하는 것으로서 여겼다.

첫 번째로, 지각되는 개별 사물의 본질을 개별 사물들 너머에서 찾고자 하는 사유의 판면을 살펴보자. 여기에서는 개별 사물들의 본질은 때로는 아예 '존재'(ousia)라 불리기도 하고, 때로는 '형상'(形相, eidos)이라 불리기도 하면서 불변하고 영원한 것으로서 존재론적인 위세를 떨쳤다. 플라톤의 저 유명한 '이데아' 사상이 여기에서 나온다. 이 형상 위주의 사유는 개별 사물들 너머에서 진정한 존재를 찾으려 하는 데서 성립하는 것으로서 더욱더 위로 상승하면서 플라톤의 경우 '선의 이데아'를, 그리고 유일신을 믿는 종교의 신학에서는 '신'을 참다운 근원적인 존재로 믿게 된다. 플라톤에 앞서 파르메니데스가 주장한 나누어지지 않고 운동(변화)하지도 않고 심지어 사유와 완전히 하나를 이루는 전체로서의 일자(一者)인 존재가 이러한 사유의 기초가 된다. 스피노자(Baruch de Spinoza, 1632~1677)처럼 존재하는 개별 사물이건 그것들에 대한 관념들이건 이 모두를 포괄하는 자연을 신이자 실체로 보는 것 또한 이같이 개별 사물들 너머에서 참다운 존재를 찾는 사유를 펼친 것으로서, 여기에서도 역시 감각은 제대로 다루어지지도 않은 채 방치된다.

두 번째로, 지각되는 개별 사물들 아래를 치고 들어가 그 바닥을 훑어 개별 사물의 본질을 찾는 사유의 판면을 살펴보자. 첫 번째의 사유 판면이 현실 초월적인 사유의 판면이라면, 이 두 번째의 사유 판면은 현실 내재적인 사유의 판면이라 할 것이다. 이 역시 감각을 낮게 평가하여 존재론적인 자격에서 열등한 것으로서 치부한다.

맨 먼저 아리스토텔레스의 경우, 개별 사물의 현존을 개별 사물의 본질보다 더욱 우월한 것으로서 보긴 했으나, 개별 사물을 기체(基體, hypokeimenon)와 속성(屬性, symbebēkos)이라는 두 계기를 통해 파악하면서, 기체를 개별 사물의 실체성(實體性, substance)을 보장하는 것으로 보고, 속성을 감각적인 성질들로 여기면서 말 그대로 감각을 기체로서의 개별 사물에 속한 성질로 보아 부차적인 것으로서 낮추어 보았다. 말하자면, 개별 사물들 아래로 내려가 훑음으로써 감각을 일종의 껍질로 보아 거두어 내고 그 아래의 기체를 참다운 존재 즉 실체로 본 것이다.

널리 알려져 있다시피 다른 한편으로, 아리스토텔레스는 개별 사물이 형상(eidos)과 질료(質料, hylē)의 결합이라는 생각을 펼쳤다. 여기에서 형상은 개별 사물의 본질로서 위에서부터 개별 사물을 규정하는 것이고, 질료는 개별 사물을 아래에서부터 지지하여 그 개별의 현존을 보장한다. 질료는 지각되는 개별 사물을 실질적으로 형성하는 개별화의 원리로 작동하는 것으로서 그 자체 감각으로 된 것은 결단코 아니다. 이러한 질료는 철학사를 통해 물질이란 이름으로 보편적으로 개념화한다. 아리스토텔레스 이전의 데모크리토스(Democritos, 기원전 약 460~370)에 이어 아리스토텔레스 이후 등장한 에피쿠로스(Epicouros, 기원전 341~270)가 개별적인 원자를 존재의 근본 원소로 보는 것은 물질을 개별화의 원리로 삼은 유물론의 시초라 할 것이다. 이를 이어받아 근대에서부터 체계를 잡기 시작하여 현대에 이르기까지 가장 명확한 존재론으로 자리 잡은 물리학적 사유는 지각되는 개별 사물에서 일체의 감각적 성질을 제거해 버린다. 그 아래로 치고 들어가 오로지 물질적 입자, 에너지, 파동, 질량, 힘, 속도, 가속도 등의 관계만을 다룬다. 물리학은 유물론적 사유를 확고하게 뒷받침하는데, 그 외 철학적인 유물론 역시 지각되는 개별 사물들 아래로 치고 들어가 본질을 찾으려는 사유라 할 것이다.

또 다른 방식으로 개별 사물들의 아래를 치고 들어가 그 바탕에서 진정한 본질적 존재를 확보하려는 생명 철학의 사유를 들 수 있다. 베르그송(Henri Bergson, 1859~1941)이 그 대표자다. 베르그송은 개별 사물을 유동체(le fluide)로 보면서 그 독자적인 역동성에 주목한다. 그리고 개별 사물의 바탕에서 개별 사물의 유동적인 역동성을 가능케 하는 생명(la vie) 또는 생명성(la vitalité)을 끌어낸 뒤 심지어 개별 사물은 존재하지 않고 생명의 작용들만 있다고 말한다.(베르그송, [1907] 2005. 371쪽 참조) 그런 까닭에, 지각되는 개별 사물에서 외연으로 펼쳐지는 색 감각을 도외시하고 생명에서 비롯되는 비가시적인 "순수한 질"을 강조한다.(베르그송, [1889] 2001. 174쪽 참조)

세 번째로, 지각되는 개별 사물들 사이를 치고 들어가 그 틈에서 본질을 찾으려는 사유의 판면이 있다. 이는 크게 두 가지로 나눌 수 있다.

하나는 지각되는 개별 사물들 사이에서 일어나는 작용과 반작용의 틈을 뚫고 들어가 온 우주의 존재가 힘으로 되어 있다고 여기는 사유인데, 그 대표 인물로 니체(Friedrich Nietzsche, 1844~1900)를 들 수 있다. 그는 이 세계를 시작도 끝도 없는 거대한 힘의 바다라고 말한다.(니체, [1885] 1998. 606쪽 참조) 니체는 인간의 삶에서 성욕의 황홀에 따른 감각과 이를 바탕으로 도취에 의한 관능, 그리고 이러한 도취를 최고도로 끌어올린 예술이 삶의 처음이자 끝임을 강조하는데(같은 책, 474, 504쪽 참조) 이는 전신적인 감각을 높이는 것이라 할 수 있고, 따라서 한편으로 감각을 중시한 것이라 할 수 있다. 하지만, 이 감각은 지각되는 개별 사물과 한 몸이 되다시피 한 외부의 감각은 아니다.

다른 하나는 지각되는 개별 사물의 실재성을 부차적으로 보고 그 개별 사물들 사이의 관계 및 그 관계들의 관계를 근원적인 실재로 보는 사유다. 이 사유는 동일성보다 차이를 근본으로 보는 모든 존재론적인 사유에서 나타난다. 이는 어쩌면 가장 현대적인 사유 방식이라 할 수 있을 것인데, 소쉬르(Ferdinand de Saussure, 1857~1913)가 각 기호의 의미인 기의(signifié)가 다른 기호들의 감각적인 소재인 기표(signifiant)들 사이의 차이들을 끌어모은 데서 성립한다고 주장한, 이른바 기호학적인 구조주의에서 비롯한다고 할 수 있다. 들뢰즈(Gilles Deleuze, 1925~1995)가 제시한, 존재한다고 말할 수 있는 일체의 것들이 리좀(rhizome) 방식으로 연결되어 존재한다고 말한 것이나, 라투르(Bruno Latour, 1947~2022)가 제시한, 인간 행위자뿐만 아니라 비인간적인 환경적인 사물이나 도구 및 사회 조직 등이 행위자로 작동하면서 크게 연결망을 형성해서 작동한다는 이른바 '행위자 연결망 이론'(actor-network theory; ANT) 역시 이러한 사유 방식에 해당한다고 할 것이다. 그 외, 존재 전체를 하위의 여러 기능적인 체계를 갖춘 하나의 거대한 체계로 보고, 각 하위 체계들이 폐쇄성을 띠면서도 서로를 환경적인 지평으로 삼아 변동한다는 루만(Niklas Luhmann, 1927~1998)의 '사회 체계이론'(soziologische Systemtheorie)도 이에 속한다고 할 것이다. 그 연원을 따지고 올라가면, 이처럼 지각되는 개별 사물들 사이의 관계에서 벌어진 틈을 뚫고 들어가 수행하는 사유는, "전체는 부분에 앞선다"라는 명제로 요약되는 헤겔의 변증법적 사유에 이르게 될 것이다.

이렇게 지각되는 개별 사물들에 대해 그 아래, 그 위, 그 사이 등으로 파고 들어가 그것들의 본질 내지는 원리 또는 진상을 파악하고자 한 여러 사유 방식들을 거칠게나마 요약한 것은 철학적 사유가 얼마나 어떻게 지각되는 개별 사물들이 지닌 존재론적인 위상을 가볍게 보는가, 그에 따라 지각되는 개별 사물들의 현존을 여실히 일러 주는바, 감각이 지닌 존재론적인 위상을 또 얼마나 어떻게 아예 무시하는가를 보이기 위한 것이다.

그런데 위에서 소개하지 않았지만 지각되는 개별 사물과 그 현존을 여실히 일러 주는 감각을 색다른 방식으로 왜곡한 사유들이 있다. 근대 영국의 경험주의가 그 대표적인 사례다. 경험주의는 진리를 파악하기 위한 올바른 방법을 제시하는 데서 시작된다. 그 선구자인 프랜시스 베이컨(Francis Bacon, 1561~1626)은 『신기관』이란 책을 통해 관찰과 실험을 과학 탐구의 기본적인 방법으로 그리고 귀납법을 보편적인 명제를 확보하기 위한 논리의 장치로 내세운다. 관찰의 목적이 귀납의 확률을 높이기 위해 지각되는 개별 사물들과 사건들의 사례를 최대한 많이 수집하는 데 있다면, 실험은 개별 사물들과 사건들을 반복해서 재현함으로써 귀납적인 결론을 객관적으로 입증하는 것이 목적이다. 관찰과 실험이 철저하게 지각되는 개별 사물들에 대한 감각적인 경험을 중시함으로써 이루어지는 것은 물론이다.

베이컨의 감각적인 경험 위주의 인식론을 이어받은 로크(John Locke, 1632~1704)는 인간이 갖는 모든 지식이 감각적인 경험을 통해 이루어진다는 사실을 강하게 주장한다. 인간이 타고나는 아무 관념도 없는 "흰 서판"(tabula rasa)으로서의 마음을 갖고 태어난다는 것이다. 그는 감각적인 경험을 통해 지각되는 개별 사물에 대해 감각적인 단순 관념들이 마음에 생기고 그 관념들이 마음에서 연합함으로써 사물과 관계에 대한 복합관념이 생긴다고 말한다. 『인간 지성론』

에서의 이야기다. 그는 감각 기관을 통해 생겨나는 단순 관념과 마음의 욕망에서 생겨나는 감정의 단순 관념들을 열거하기도 하고, 실체나 양태 그리고 관계에 관한 같은 복합관념을 제시해 설명하기도 한다. 하지만, 우리로서는 그가 제시한 지각되는 개별 사물에 대한 복합 관념을 이루는 단순 관념들과 이 단순 관념들을 통해 알려지는 개별 사물에 속한 성질들을 구분한 것에 주목한다. 잘 알려져 있다시피, 그는 사물의 제1성질을 알리는 전충성(塡充性), 연장(延長), 형상(形狀), 운동/정지, 수와 같은 단순 관념들과 제2성질을 알리는 색, 밝음과 어둠, 맛, 냄새 등의 단순 관념들을 구분한다. 그러면서 제1성질을 알리는 단순 관념들의 복합으로 형성되는바 사물에 대한 관념은 외부에 객관적으로 현존하는 사물이 있을 뿐만 아니라 그 사물이 지닌 성질들을 알리는 반면, 제2성질을 알리는 단순 관념들의 복합으로 형성되는바 사물에 대한 관념은 마치 객관적으로 현존하는 사물에 속한 성질들을 알리는 것 같지만 실은 마음속에만 현존하는 감각적인 관념일 뿐이라고 설명한다. 여기에서 가장 문제가 되는 것은 첫째, 색 현존의 객관적인 외부성을 전적으로 부정하고, 둘째, 그럼으로써 색을 통해 지각되는 개별 사물들에 대해서도 그 객관적인 외부성을 부정하고 그 배후에 있는 색과 무관한 물리적인 사물에 대해서만 객관적인 외부성을 인정한다는 점이다.

그런데 눈만 뜨면 분명 저 바깥에 현존하는 것으로 주어지는 색에 대해서뿐만 아니라, 겉뿐만 아니라 속속들이 색으로 되어 있으면서 저 바깥에 현존하는 것으로 주어지는 저 지각되는 개별 사물에 대해 객관적인 외부성을 인정하지 않는 것이 과연 가능한가? 하얀 쌀밥을 먹을 때, 하얀 쌀밥을 먹는 것이 아니라 아무런 색도 지니지 않은 어떤 유기물을 섭취하는 것인가? 하얀 쌀밥을 이빨로 씹어 으깼다고 해서 그것들의 색이 없어지고 그것들이 위로 들어가 액체의 분말이 된다고 해서 색이 없어지는가? 길 가다가 보도로 침범해 오는 빨간 자동차를 보고 놀라 옆으로 비켜날 때, 과연 그 빨간색 자동차-사물에서 아무런 색도 지니지 않은 물리적인 사물을 간접적으로 인지함으로써 그렇게 놀라 옆으로 비켜나는가? 하물며 마음속에 생긴 빨간 색의 관념을 통해 아무런 색도 지니지 않은 물리적인 사물을 간접적으로 인지함으로써 그렇게 놀라 옆으로 비켜나겠는가? 내가 방에서 나가 문을 닫으면 내 방 안에 현존하는 수많은 책과 책상 및 재떨이 그리고 컴퓨터와 자판기는 아무도 보는 자가 없으니 순식간에 색을 벗어 버린 순수 물리적인 사물들로 될 것인가, 그리고 내가 문을 빼꼼히 열자마자 내 방 안의 이 모든 것들은 갑자기 색을 띤 사물로 돌변할 것인가? 모르긴 해도, 이러한 물음들에 관해 로크는 결코 제대로 설명할 수 없을 것이다.

그런 까닭에서인지 알 수는 없으나 로크를 이은 경험론자인 버클리(George Berkeley, 1685~1753)는, "존재하는 것은 지각된 것이다"라고 직역해야 하겠으나 그 내용을 살려 "사물은 지각된 관념이다"라고 해석할 수 있는 저 유명한 "Esse est percipi"라는 명제를 제출했다. 그 존재론적인 귀결로 보자면, 지각되는 개별 사물을 "관념들의 다발"(bundle of ideas)로 바꿈으로써 외부에 그 어떤 객관적인 사물도 없고, 그래서 우리가 먹는 밥이나 저 멀리 공중에 솟아 있는 뭉게구름이나 산봉우리조차 우리의 마음속에 있을 뿐이라는 황당한 주장으로 이어진다. 이는 흔히 경험론자와 대립하는 합리론자로 여겨지는 라이프니츠가 온 우주가 정신으로서 존재하는 모나드로서의 나 속에 지각된 관념으로 현존한다고 말하는 것과 흡사하다. 이 두 인물 모두 신을 끌어들여 억지로라도 인간 마음을 벗어난 사물의 객관성을 확보하려 했지만, 그렇더라도 그 사물은 도대체 신의 마음 — 혹은 정신 — 을 벗어나지 못하기에 궁여지책에 불과한 것이다.

이 대목에서 혹자는 유식 불교에서도 사물이 마음 밖에 존재한다고 생각하는 것은 실은 마음속의 상에 불과한 것에 속되게 잘못 이끌린 탓에 진실을 벗어나 헤매는 미망(迷妄)이라고 하지 않는가? 하고서 반문할지 모르겠다. 또, 불교에서 중론 또는 중관 사상을 제시한 나가르주나(龍樹, 약 150~250) 역시 모습이 있는 것이건 모습이 없는 것이건 모두 없다고 주장하지 않았는가? 하고서 반문할지 모르겠다.

급기야 '위대한 종합의 철학자' 칸트가 등장했다. 잘 알려진 대로, 칸트는 감각을 통해 지각되는 사물의 객관적인 외부성을 인정했다. 그러나 첫째, 그 객관적인 외부성이 펼쳐지는 현상의 장(場)이 인식 주체의 감성이 선험적으로 갖춘 시공간의 형식에 따라 구성되어 투사된 결과물이고, 둘째, 개개 사물의 실체성이 인간 주체의 지성이 선험적으로 갖춘 '실체와 속성'이라는 범주적 형식에 따라 구성되어 투사된 결과물이고, 셋째, 마침내 전반적으로 보아 감각을 통해 지각되는 개개 사물의 실체성과 객관적인 외부성이 감성과 지성을 거느린 초월론적 통각의 구성과 투사에 의해 그처럼 객관적으로 외부에 실재하는 것처럼 여겨진다고 주장했다. 이리하여 칸트는 이른바 초월론적인(transzendentale) 방식으로, 말하자면 인식 주체의 내부를 인식 주체의 외부로 변환해 투사하는 방식으로 감각을 통해 지각되는 개별 사물의 실체성과 외부성에 대한 근거를 제시했다. 이는 어쩌면 철학적인 사유의 능력을 최고로 탁월하게 발휘했다고 할 수 있다. 달리 말하면, 철학적 사유 능력을 한계에까지 밀어붙여 발휘했다고 할 수 있다. 하지만, 그런 만큼 '최고도의 기만 술책'을 발휘했다고 할 수밖에 없다. 그것은 그가 제시할 수밖에 없었던 '사물 자체'를 통해 알게 모르게 고백하듯이 드러난다.

칸트의 후계자라 할 수 있는 헤겔과 셸링(F. W. J. von Schelling, 1775~1854)은 칸트가 남긴 존재론의 암초인 '사물 자체'의 문제를 극복하고 그럼으로써 칸트의 '기만 술책'을 폭로함과 동시에 극복하고자 했지만, 그 방법을 스피노자가 제시한 무한한 존재 전체로서의 신적인 실체 개념을 가져와 활용함으로써, 역시 감각을 통해 지각되는 개개 사물의 객관성과 외부성을 부분적인 양태로 전락시키는 데서 벗어나지 못하고 만다. 말하자면, 지각되는 개개 사물의 객관성과 외부성이란 절대 이성을 발휘하는 절대정신에 이르지 못한 미숙한 정신의 중간 단계에서 나타나는 일종의 착각에 따른 것이고, 궁극적으로는 참다운 존재로서의 실재성을 지니지 않는 것으로 취급되고 만다.

그러고 보면, 그렇게 세계적으로 뛰어난 사상가들이 번연히 저 바깥에서 한껏 '눈을 부릅뜨고서' 보는 나를 힘껏 노려보는바 안팎으로 색으로 가득 찬 상태로 지각되는 저 개별 사물들 즉 감각 사물의 현존을 왜 이토록 '목숨을 걸고서라도' 부정하려 하는지 정말 알다가도 모를 일이다. 존재론적인 사유의 여정을 위해 분명 지금 여기에서 색으로 지각되는 개별 사물에서 출발했을 것이다. 그런데 왜 다들 거기에서 출발할 수밖에 없는 그곳의 엄연한 현존을 저주하듯이 부정하고 아예 다시 돌아올 기미조차 보이지 않는가? 참으로 기묘한 일이다. 감각 사물이란 존재가 워낙 신묘한 탓에, 그 불투명한 심연을 두려워할 수밖에 없었고, 그래서 결단코 되돌아오고 싶지 않은 탓은 아닐까?

감각을 통해 지각되는 개개 사물은 우리가 태어나면서부터 죽을 때까지, 삶을 위한 모든 욕구와 죽음을 향한 모든 욕망에 있어서조차 빠짐없이, 언제 어디서든 한순간도 어떤 방식으로건 마주하지 않을 수 없고 싸우지 않을 수 없는 필연적인 것들이다. 지혜를 사랑함이 철학이라고 할 때, 궁극적으로 그 지혜는 감각을 통해 지각되는 이 사물들의 위력을 어떻게 선하게 활용함으로써 그 부작용을 극복할 것인가에 관한 것이라 할 것이다. 무엇보다도 사랑하건 증오하건 함께 살아야 하는 사람들이 이미 늘 감각을 통해 개개의 사물들로 경험되기에 더욱 그러하다. 21세기 오늘날처럼, 온갖 물질적–정신적 산물들로 인해 삶의 환경이 제아무리 무한 복합으로 복잡성을 더해 갈지라도 그 기초는 이미 늘 감각적으로 지각되는 개개의 사물들임에는 틀림이 없다.

하지만, 앞서 개략적으로 살펴본 것에 불과하지만, 수많은 위대한 철학자들의 사유를 보아 알 수 있듯이, 감각을 통해 지각되는 개개의 사물은 그들에게 어쩌면 '괴물'처럼 다가들었음에 틀림이 없다. 누구라 할 것 없이 어떻게 그것 즉 감각 사물의 현존을 애써 외면하고 무시할 수 있는 방책을 도모하느라 심혈을 기울였고, 그런데도 도모한 그 방책들에 대해 각자 서로 합의할 수도 인정할 수도 없는 처지에 놓인 데서도 이를 가늠할 수 있다.

§8. 감각 사물

"산은 산이고, 물은 물이로다."(山是山, 水是水) 현대 한국이 낳은 최고 의 선사(禪師)로 꼽히는 성철(性徹, 1912~1993)이 조계종 종정으로 취 임하면서 제시한 것으로 알려진 화두(話頭)다. 그는 눕지 않고 벽에 기대지도 않은 채 고요하게 수행에 정진하는 장좌불와(長坐不臥)를 8년 또는 10년 동안 한 것으로 알려져 있다. 거기 암자에 아예 철조망 을 쳐 자신도 나가지 않을 뿐만 아니라, 선 수행을 방해하는 외부의 누구도 들어오지 못하게 했다고 한다. 필자는 철학을 업으로 한다고 는 하지만 단 하루도 본격적인 선 수행을 해 본 적이 없다. 그런데도 성철 선사의 이 화두가 갑자기 떠오른다. 과연 그 오의(奧義)가 무엇 일까? 성철 선사는 무엇을 크게 깨달았기에 이 화두를 사바(娑婆)의 삶을 사는 대중에게 알렸을까?

　산은 산이다, 그렇다면 돈(화폐)은 돈일까? 누군가 찾아와서 성 철 선사에게 "스님, 저에게도 화두 하나를 주십시오"라고 간청했다. 그러자 성철 선사는 "당신에겐 돈이 화두인데, 다른 무슨 화두가 필요 한가?" 하고서 '기를 죽여' 돌려보냈다는 일화가 있다. '과연 저 화두 가 무슨 뜻일까?' 하고서 필자 나름으로 혼자 곰곰이 생각해 보았다.

　산을 개발하는 자도 있을 것이고, 산이 웅장하여 숭고미를 간직

한 탓에 요산(樂山)의 취미를 즐기는 자도 있을 것이고, 건강을 유지하려면 등산만큼 좋은 것이 없다 하여 수시로 산을 찾는 자도 있을 것이고, 무슨 뜻으로 그러는지 모르지만, 목숨을 걸고서 세계 최고(最高)의 산봉우리들을 차례로 '점령'하는 산악인도 있다.

이들에게 산은 각기 다른 의미와 가치를 지니는 셈이다. 그런데, 그 모든 의미와 가치를 빼 버리면 어떻게 되는가? 그렇다면, 인간의 욕구 또는 욕망에 관련한 일체의 관계와 그에 따른 일체의 의미와 가치를 아예 빼 버리는 셈인데, 그렇더라도 과연 산을 볼 수 있을까? 아니, 그렇다면 산을 생각하는 것마저 사유를 매개로 산과 인간의 관계에 들어서는 것이니, 산을 아예 생각하지 않는 지경에 이르렀을 때, 그때 산이 진정 산이지 않겠는가? 분명 산을 보는데도 욕망과 감정은 물론이고 순수한 사유조차 완전히 제거한 지경에서 산을 볼 수도 있을 듯한데, 과연 그때 보이는 산은 무엇인가?

저 앞에서 서술했던 마르셀 뒤샹이 떠오른다. 다시 풀자면, 소변기를 보는데, 갑자기 전신마취가 왔기에 그 소변기를 '레디-메이드'라는 전대미문의 장르의 예술로 승화시켰다고 했다. 그가 레디-메이드를 처음 발상했던 때는 1912년경이었다. 성철 선사가 태어난 해다. 테이아이테토스의 '존재론적 현기증'이나 뒤샹의 '전신마취'의 경지와 성철 선사의 대오(大悟)의 경지를 쉽게 비교할 수는 없다. 하지만, 감각 사물을 제시하는 나로서는 두 인물 모두 자신이 바라보는 대상은 물론이거니와 급기야 자신의 몸이나 마음마저 일종의 감각 사물로 느끼는 단계를 거쳤으리라 짐작한다.

감각 사물은 눈에 보이고 손에 잡힌다. 즉 감각 사물은 말 그대로 감각되는 사물이다. 부연(敷衍)이 될지 모르지만, 이를 한 단계 더 밀고 들어가 말하면, 감각 사물은 오로지 감각될 뿐인 사물이다. 오로지 감각될 뿐인 사물은 지천에 널려 있다. 분명 개별적으로 다가오는 것 같지만, 오로지 각각이 감각될 뿐이기에 각각의 개별성을 유지함이 존재론적으로 크게 의미를 지니지는 못한다. 감각은 본성상 떨리면서 흐른다. 그리하여 감각은 리듬을 형성하면서, 춘추시대 성인(聖人)으로 알려진 노자(老子)가 말했다는 "화광동진"(和光同塵)의 지경에 이른다. 동양의 고대 사상에 아예 미숙하여 늘 부끄러움을 느끼는 필자다. 화광동진을 흔히 빛이 자신을 감추고 티끌과 동화된다는 뜻으로 새기는 모양이다. 그런데 필자로서는 전혀 엉뚱하게도 빛과 화합하여 티끌과 하나가 된다는 뜻으로 읽고 싶다.

앞서 간략하게 풀이한 바 있지만, 신경생리학으로 보자면, 빛이 없이는 색이 드러날 길이 없다. 사물의 표면 구조에 따라 온갖 다양한 파장을 지닌 빛들이 미세하게 반사되고, 그 반사된 빛들이 망막을 거쳐 역시 미세하기 이를 데 없는 다양한 파장을 지닌 전자기파로 바뀐다. 전자기파가 뇌의 뉴런들을 거치면서 조율되어 정체불명의 '뇌 속의 색'으로 바뀐 뒤, 기기묘묘하게도 그 '뇌 속의 색'이 빛을 반사했던 본래의 사물에 투사되어 아예 그 사물에 딱 들러붙어 버린다. 그리하여 마침내 '사물 속의 색'이 된다. '뇌 속의 색'은 색이라 할 수 없다. 하지만, 그렇다고 순전히 전자기파라고도 할 수 없다. 빛과 뇌 그리고 본래의 사물은 철저히 그 존재를 숨기고, 오로지 '사물 속의 색', 달리 말해, 이제까지 우리가 논의해 온 감각 사물만이 드러난다. 이때 감각 사물은 '색 사물'이라 달리 부를 수도 있을 것이다.

여기에서 갑자기 사유를 크게 확대하여 일체의 존재에 대한 지식이 바로 이 감각 사물을 근거로 해서 생겨난다고 말할 수밖에 없는 지경에 이른다. '일체의 존재에 대한 지식'에 따른 존재들, 예컨대 물리학적인 지식에 따른 빛과 물질 및 에너지 그리고 질량과 속도 및 가속도 등은 그리고 신경생리학적 지식에 따른 망막, 시신경, 뉴런, 신경회로 등은 적어도 인식론의 관점에서 보자면 철저히 감각 사물의 존재에 근거하고, 그래서 다시 되돌아와 감각 사물로 환원되어 마땅하다. 여기에서 궁극적으로 문제가 되는 것은, 이러한 존재들을 확인하는 그야말로 탁월하고 신비하기 이를 데 없는 인간의 사유와 이러한 존재들이 인식적으로 근거하고 있는 감각 사물의 관계다.

우리는 사유를 통하되 감각 사물들을 근거로 해서 그 너머, 그 아래, 그 사이를 헤집고 들어가 감각 사물과 전혀 다른 성격을 지닌 온갖 존재들을 때로는 상상해 내고 때로는 추론해 내고 때로는 확인한다. 여기에서 우리는 상상하고 추론하고 확인하는 우리의 사유, 특히 과학적인 사유가 진정 존재하는 존재들을 파악하는 데 필요충분하다고 여긴다. 그래서 심지어 파르메니데스는 일찍이 "존재와 사유는 같다"라는 말까지 했고, 중세에는 "진리는 지성과 사물의 일치다"라는 원칙을 제시하기도 했다. 과연 그런가? 과연 우리의 사유가 존재에 대해 그처럼 무소불위의 지배적인 능력을 지녔는가? 만약 우리의 사유가 본래 그런 능력을 갖추지 못했다면 어떻게 되는가? 감각 사물들을 제외한 일체의 존재들은 갑자기 사유의 구성물에 불과한 것으로서 허공에 뜨게 된다.

이러한 필자의 생각은 분명 회의주의적이다. 하지만, 그것은 사유에 대해 근본적으로 회의한다는 점에서는 회의주의적이지만, 그런데 감각 사물의 존재에 내한 확신을 유지한다는 점에서는 결코 회의주의가 아니다. 이 대목에서 누군가는 감각 사물의 존재에 대한 당신의 확신 역시 당신의 사유에 따른 것이 아니냐, 그러니까 당신의 주장에 따르면, 당신이 그토록 집착하는 감각 사물의 존재 역시 사유의 구성물에 불과한 것으로서 허공에 뜨게 되는 것 아니냐, 따라서 당신은 일체의 존재 전반에 대한 회의주의자가 아니냐, 하는 공격을 가할 것이다. 그러면서, 존재 전반을 허공에 뜬 사유의 구성물로 여기는 당신의 존재 자체는 어쩔 것이냐, 당신의 사유 자체만은 허공에 뜨지 않은 진정한 존재로 남겨 놓아야 하는 것 아니냐, 하는 공격을 덧붙일 것이다. 이렇게 되면, '나는 생각한다'라는 데카르트의 명제로 되돌아가 '사유하는 자아'만을 근본적인 존재의 지반으로 남겨 놓게 된다. 역시 존재에 관한 담론은 만만치 않다.

하지만, 만약 이 모든 담론을 전개하고 있는 나 자신마저 궁극적으로 감각 사물에 불과하다고 말하면 어떻게 되는가? 마르셀(Gabriel Marcel, 1889~1973)이나 메를로-퐁티가 제시한 "나는 내 몸이다"라는 말을 믿고, 그 '나의 몸'이 궁극적으로 특이한 감각 사물임을, 특히 그야말로 특이한 감각 사물인 뇌와 신경 장치들을 갖춘 감각 사물임을 믿게 되면 어떻게 되는가? 묶어 말하면, 여기 감각하는 감각 사물인 몸과 저기 지천으로 널려 있어 감각되는 감각 사물 사이의 만남과 얽힘만이 원천적이면서 동시에 궁극적인 존재의 영역으로 정립될 것이다. 필자는 이를 믿는다. 그래서, 예컨대 윌슨(Edward O. Wilson, 1929~2021)이 저 유명한 『통섭』이란 책을 통해 제시한바, 인간 활동을 통한 일체의 결과물, 예컨대 종교건 인문학적인 지식이건 예술 작품이건 간에 모두 물리학적인 지식과 그에 따른 존재로 환원될 수 있어야 한다는, 일컫자면 '물리학주의'를 전적으로 배격한다. 그렇다고 물리학적인 지식을 전적으로 배격하는 것이 물론 아니다. 물리학적인 사유와 지식은 원천적인 궁극적인 존재인 감각 사물, 특히 감각 사물의 일종인 우리 인간의 뇌가 얼마나 신묘한 역량을 지닌 존재인가를 일러 주는 역할을 하기 때문이다.

앞서 §6에서 개략한 데서 알 수 있듯이, 그동안 수없이 많은 철학자와 지식인들은 분명히 감각 사물에서 출발하여 그들의 사유를 펼치게 되었는데도, 감각 사물들의 너머, 아래, 사이를 헤집고 들어간 뒤, 감각 사물 세계의 그야말로 초월적인 바깥으로 아예 나가 돌아오지 않거나, 그 반대로 감각 사물 세계를 그야말로 의식 내재적인 속으로 집어넣은 뒤 내놓지 않거나 했다. 한마디로 말해 비유컨대, "산은 산이고, 물은 물이다"라는 깨달음을 아예 놓치고 있다.

성철 선사의 이 화두는 그에 의해 처음 제기된 것이 아니다. 이 화두는 중국 송나라 때 청원유신(青原惟信, ?~1117) 선사가 제시한 "산은 산이고, 물은 물이다. 산은 산이 아니고, 물은 물이 아니다. 산은 단지 산이고, 물은 단지 물이다"(山是山, 水是水, 山不是山, 水不是水, 山只是山, 水只是水)에 연원을 두고 있다. 더 구체적으로 풀면, "30년 전 참선을 하기 전에는 산을 보니 산은 곧 산이고, 물을 보니 물은 곧 물이었다. 그 뒤, 노승(老僧)을 만나 선법(禪法)을 깨치고 보니 산은 산이 아니고, 물은 물이 아니었다. 더욱 정진해 불법의 깊은 뜻을 확철대오(廓撤大悟)하고 난 지금은 그 전처럼 산은 다만 산일 뿐이고 물은 다만

물일 뿐이다"이다. 선불교에서 말하는 '확철대오'는 수행하는 가운데 그동안 쌓였던 번뇌와 그 어떠한 생각도 자각도 사라지고 캄캄한 상태에서 환하게 빛을 발하면서 순간적으로 깨치는 것이라고 한다. 알 수 없는 일이다.

선불교에서 추구하는 깨달음의 경지는 여러 단계가 있고 그에 따라 여러 이름으로 불리는 모양이다. 어정쩡하게 몇 가지 관련 서적을 뒤적였을 뿐인 불교학 내지는 불교 철학에 초심자인 필자는 그 깨달음의 경지를 알 길이 없다. 제아무리 다양한 방향으로 사유를 발휘한다고 하더라도, 사유를 아예 넘어서서 자신을 포함한 만물의 진리를 직관으로 깨친 자의 말을 사유로써는 이해할 길이 없기 때문이기도 할 것이다. 그래서 필자로서는 청원유신 선사의 저 공안(公案)을 화두로 삼아 견성성불(見性成佛)할 마음을 내기보다는 감각 사물을 설명하는 비유의 방책으로 삼고자 할 뿐이다.

"산은 산이다"라고 했을 때, 산으로 보이는 사물을 '산'이라고 단적으로 규정한 것이다. 이 규정은 감각적인 지각을 통해 저 사물을 '산'이라는 형상(形相) 내지는 본질을 적용해 사유 속에 개념으로서 거두어들이는 것이다. 즉, '산'이라는 규정을 받은 저 감각적인 사물 아래로 파고 들어가 그 본질을 찾아내고서는 그 본질이 감각되지 않기에 사유의 대상인 개념으로 바꾸어 사유 속으로 거두어들이는 것이다.

하지만, 사유의 주체는 개개의 개념은 다른 개념들과의 관계를 떠나서는 바로 그것으로서의 자성(自性)을 지닐 수 없음을 알게 되고, 각각의 개념이 다른 개념들과의 관계에서 비롯되는 대타성(對他性)

과 그 대타성에 따른 차이가 없이는 자성조차 성립할 수 없음을 알게 된다. 개념을 통해 지시되는 본질 역시 마찬가지임을 알게 된다. 이에 존재하는 일체의 본질들이 시공간적인 연결망을 형성하고 그 연결망 속에서만 존립한다는 것을 알게 되면서, 그 연결망의 양적인 무한성, 질적인 전체성, 시공간적인 생성에서의 근원과 절대적인 역량의 위력 등을 생각하여, 예컨대 순수 존재, 부동의 원동자, 신, 우주적 생명, 절대정신, 최초의 카오스 등을 설립하게 된다. 즉, 감각적인 사물 너머에서 그 참다운 존재를 찾는다. 그리하여 이제 "산은 산이 아니다"라는 지경에 다가선다.

그런데도, '산인 산'이건 '산이 아닌 산'이건, 단적으로 원소로 규정되건 전체로서의 연결망에 따라 규정되건, 하나의 사물 자체가 지닌 힘으로써 저 스스로 규정되건 아니면 절대적인 위력에 의해 그 하나의 사물로 규정되건 간에, 지금 당장 본질에 의해 규정되건 시초의 근원에 의해 규정되건, 규정 관계를 벗어나지 않기는 마찬가지다. 그와 더불어 부분으로서건 전체로서건, 시초에서건 지금 당장에서건, 감각적인 사물의 근원적인 본질을 알고자 하는 사유가 발휘되긴 마찬가지다. 이때, 그 사유가 개별 주체에서 발휘되건 보편적인 주체 일반에서 발동되건 상관이 없다. 그리하여 감각적인 사물의 참다운 존재 즉 그 진리가 사유 주체의 손아귀에서 벗어나지 못한다는 것을 깨닫는다. 사유 바깥에 있다는 것도 알고 보면 사유 안에 있고, 사유 바깥이 제아무리 무한하게 뻗어 나갈지라도 사유의 의식이 더 빠른 속도로 그것을 따라잡아 그 사유 바깥의 바깥에서 감싸 쥐고 만다는 사실을 깨닫는다.

그런데 한 걸음 더 내딛게 되면, 개별적인 의식의 사유를 넘어서서 제아무리 사유의 바깥을 그 바깥에서 감싸 쥐는 초월적인 심지어 절대적인 의식의 사유로 나아갔다 한들, 사유 주체의 의식 자체를 벗어나지 못하는 한, 산이 산이건, 산이 산이 아니건 무슨 소용이 있겠는가 하는 또 다른 초월적 상념에 휩싸인다. 그리하여 바로 그 초월적 사유 자체를 벗어나야 한다는 열망에 사로잡힌다.

그리하여 오히려 당장 주어진 감각적인 사물을 어떤 방식으로건 넘어서고자 하는 일체의 사유의 행각을 오히려 그치고 멈춘다. "그칠 줄 알고 나면 자리를 정하게 된다."(知止而后有定) 중국의 고전 『대학』의 한 글귀다. 일체의 규정과 사유를 멈춘다. 그저 지극히 쳐다볼 뿐이다. 그런데도 끝내 남아도는 것이 바로 저 '산'이라고 일컬었던 감각적 사물이다. 그래서 다시 "산은 산이다"로 완연히 돌아오게 된다. 하지만, 이미 산은 산이 아닌 채 산이기에 '산'이라는 이름을 붙였을 뿐이다. 기실 저기 '감각 사물'이 들이닥칠 뿐이다. 일찍이 원효(元曉, 617~686) 선사가 말한, 어쩔 수 없이 말을 쓸 뿐 진상은 말을 허용하지 않는다는 "불립문자"(不立文字)의 지경이 열릴 뿐이다. 일체의 존재가 곧 무라거나 아예 없다는 "색즉시공"(色卽是空)이나 "일체개공"(一切皆空)의 원리가 힘을 발휘할지라도, 그 "없음" 또는 "텅 빔"(空)은 기실 마음과 사유의 의식에 대한 말일 뿐, 진정 끝내 남아도는 '감각 사물'을 일컫는 것이 아니라고 할 것이다. 만약 그 없음이나 텅 빔이 감각 사물에 대해 하는 말이라면, 그것은 감각 사물이 일체의 규정과 의미 및 가치를 제거한 상태임을 일컫는 것이라고 할 것이다.

사유가 제대로 활동하게 되면, 그 사유는 끝내 사물의 본질을 향한 것이다. 만약 사물의 본질이 아니라 곧이곧대로 그저 있을 뿐인 사물의 현존을 맞닥뜨리면 그 앞에서 사유는 멈출 수밖에 없다. 사물의 현존은 저 바깥의 감각을 통해 적시된다. 저 바깥의 감각을 마음속에 그려진 내적 표상에 따른 관념에 불과하다고 말하게 되면, 저 바깥에 현존하는 사물조차 마음속에 그려진 또 하나의 내적 표상에 불과한 관념에 불과하다고 말하게 될 것이고, 그래서 "산은 산이 아니다"라는 말로써 기염을 토하게 될 것이다. 주관적(subjective)이건 초월론적(transcendental)이건 모든 종류의 관념론이 그러하다. 하지만, 눈을 뜨자마자 광막한 깊이로 열린 공간을 가득 채운 저 바깥의 감각은 내가 마음을 먹는다고 그 현존은 물론이고 그 질적인 내용을 터럭이라도 바꿀 수 없다. 그래서 저 바깥의 감각을 통해 그 현존을 과시하는 사물 역시 내 마음으로써 한 터럭도 손댈 수도 바꿀 수도 없는 것이다. 그래서 저 바깥에 현존하는 감각과 사물은 '한 몸' 즉 감각 사물로서 일체의 본질적인 규정을 벗어 버린 채 일체의 의식을 아랑곳하지 않는 형세로, 즉 어떻게 할지라도 의식의 대상이 될 수 없는 형세로 절대적으로 굳건하게 버티고 선 것이다. 그리하여 불립문자의 지경에서 다만 산인 산으로 절대적으로 버티고 선 것이다.

　감각 사물의 절대적인 현존은 제아무리 탁월하고 신묘한 의식으로도 그 존재의 정체를 알 길이 없다. 그래서 감각 사물은 그 절대적으로 분명한 현존에도 불구하고 더없이 불투명하기 이를 데 없는 궁극적인 시작이자 끝으로서 그 깊이를 가늠할 수 없는 심연일 수밖에 없는 것이다. 넓게 보아, 바로 이러한 감각 사물이 지닌 저 불투명한 심연의 존재에, 마치 거미줄에 걸려든 나비처럼 여러모로 발버둥을

치는 사유가 바로 현상학적인 사유라 할 것이다. 그래서 현상학의 사유는 사유로서의 저 자신을 그치고 멈출 수밖에 없는, 이른바 자기 공격의 위험을 무릅쓰는 일종의 충동으로서의 사유라 할 것이다.

2부

불투명성의 현상학

1부에서는 감각 사물을 철학적 화두로 삼아 그 불투명한 심연의 존재를 파고들어 가는 길을 우리 나름으로 모색했다. 이제, 2부에서는 여러 탁월한 현상학자들의 사유를 밟아 감으로써 그런 우리 나름의 그 길 찾기가 과연 알게 모르게 어떤 현상학적인 나침반을 활용했는가를 살펴고자 한다. 철학적 사유는 물론이고 그보다 앞서 직각의 경험 또는 체험에서 미묘한 지점을 섬세하게 포착하는 데 탁월한 현상학자들의 '보고서'에서 필자의 입맛에 맞는, 그러니까 불투명한 심연의 존재를 은근히 드러내는 대목들을 끄집어내어 논의를 전개하려 한다.

I. 후설: 불투명성의 실마리

후설은 새삼 소개할 필요가 없을 정도로 유명하다. 그가 현상학을 최초로 일구었다는 것은 널리 알려져 있다. 현상학은 "사태 자체로"(Zu den Sachen selbst)라는 철학적 사유를 위한 구호에서 알 수 있듯이, 형이상학적이거나 신학적인 교설뿐만 아니라 일체의 철학책을 참고하지 않고, 사유하는 자 스스로 직접 눈에 보이는 사태를 다각적으로 있는 그대로 살펴 순수하게 기술함으로써 이루어지는 철학이다.

이러한 후설의 현상학은 그 정신을 이어받은 탁월하고 창조적인 제자 및 영향을 받은 철학자들에 의해 '현상학적 존재론', '현상학적 미학', '현상학적 사회학' 등을 형성하는 데 기초적인 방법론으로서 크게 힘을 발휘했다. 많은 영향력 있는 학자들이 나서서 그의 현상학과 유식 불교를 중심으로 한 선불교의 사상과 비교하고, 마르크스주의를 현상학에 견주어 재평가하는 작업을 했었다. 21세기에 접어들면서는 독창적인 인지과학자로 학계에 크게 영향을 미치고 있는 바렐라(Francisco J. Varela, 1946~2001)에 의해 '신경현상학'이라는 신생 학문을 통해 크게 부활하고 있다.

후설이 쓴 책은 그 수를 헤아릴 수 없을 정도로 많지만, 지성 계에서 그를 우뚝 세워 명성을 떨치게 한 책은 1900~1901년에 출간한 『논리 연구』(*Logische Untersuchungen*)이다. 그리고 그가 본격적으로 현상학을 펼친 책은 1913년에 처음 출간한 『순수 현상학과 현상학적 철학의 이념들』(*Ideen zu einer reinen Phänomenologie und phänomenologischen Philosophie*)이다. 학술 대중을 위해 현상학적 사유를 요약 정리해 보인 책은 1929년에 파리에서 강연한 내용을 정리해 펴낸 『데카르트적 성찰과 파리 강의』(*Cartesianische Meditationen und Pariser Vorträge*)다. 그리고 그의 말년의 사상을 담아 1937년에 출간한 『유럽 학문의 위기와 초월론적 현상학』(*Die Krisis der europäischen Wissenschaften und die transzendentale Phänomenologie*)은 철학 외의 여러 학문에 크게 영향을 미쳤다.

후설 현상학에 관한 이 개략적인 소개는 그야말로 예비적인 참고 사항에 불과하다. 이러한 개략적인 내용은 세간에 널리 알려진 것이지만, 우리가 논하고자 하는 '불투명성의 현상학'과 직접 관련은 없다. 하지만, 후설이 현상학을 통해 불투명한 심연의 존재를 가늠케 한 실마리를 제공했다는 사실만큼은 미리 기억했으면 한다.

§1. 후설의 명증성 원리

현상학 운동 전반에 관한 책으로는 스피겔버그(Herbert Spiegelberg,

1904~1990)의 『현상학적 운동 I, II』(최경호·박인철 옮김, 이론과실천, 1991/1992)가 탁월하지만, 후설 현상학에 관해 한국어로 된 저서 중 최고의 저서는 한전숙 선생님이 쓰신 『현상학』(민음사, 1996)이라 할 것이다. 이 책은 후설의 현상학에 대해 "선험적 현상학"과 "생활세계적 현상학"이라고 하는 서로 상당히 다른 모습의 두 철학이 후설 현상학 전체에서 긴장 관계를 이루면서 관철되고 있음을 밝힌다. 우리가 문제 삼고 있는 명증과 불투명성이라는 주제에서 보면, 이는 명증의 철학과 불투명성의 철학이 긴장 관계를 유지하면서 후설 철학 전반을 가로지르고 있다는 것으로 해석될 수 있다 할 것이다. 미리 말하자면, 만약 그러하다면, 후설이야말로 20세기 유럽대륙 철학의 두드러진 특성이라 할 수 있는 불투명성을 가장 먼저 심오하게 고민했던 인물이라 할 수 있다. 물론, 1부 §5에서 밝힌 것처럼, 그 선구적인 인물은 칸트다.

1) 후설의 명증성 정의

후설은 "엄밀학"(strenge Wissenschaft)으로서의 철학을 이념으로 내세운 것으로 유명하다. 이는 후설이 1911년 『로고스』지(誌) 창간호에 실은 긴 논문의 제목이기도 하다. 후설에 따르면, 이 철학의 이념은 철학이 시작할 때부터 줄곧 추구되었으나 한 번도 실현을 보지 못한 것으로 진단된다.(한전숙, 1996. 59~60쪽 참조)
    엄밀학으로서의 철학을 구축하기 위해 후설이 가장 먼저 내세우는 원리는 말썽 많은 "무전제성의 원리"(Prinzip der Voraussetzungslo-

sigkeit)다.(Husserl, [1901] 1980. p. 19) 그 내용은 "미리 주어진 어떠한 것도 받아들이지 않고 전해져 내려오는 어떠한 것도 그 출발점으로 삼지 않으며 아무리 위대한 대가라도 그 명성에 의해 현혹되지 않는" 것이다.(Husserl, [1911] 1971. p. 340) 그리고 이를 위한 방법론적인 조치가 바로 그 유명한 "에포케"(Epoche) 내지는 "현상학적–초월론적 환원"(phänomenologische-transzendentale Reduktion)이다. 후설은 이러한 환원을 수행하기 위한 지침으로서 "원리 중의 원리"를 내세운다.

> 모든 원리 중의 원리: 원본적으로(原本的, originäre) 부여하는 모든 직관이 인식의 권리 원천이다. 우리의 '직각'에 원본적으로(말하자면, 그 생생한 현실성에서) 제시된 모든 것을 주어져 있는 바로 그대로 —— 더구나 오로지 그것이 거기에 주어져 있는 한계 내에서만 —— 받아들여야 한다. (Husserl, [1913] 1950. p. 52)

데리다는 후설이 제시한 이 "원리 중의 원리"가 일종의 형이상학적인 전제를 은폐하고 있는 게 아닌가 하고서 의심한다. "우리는 현상학적인 형식을 띤 이러한 경계(警戒)가 이미 그 자체 형이상학에 의해 요구되는 것이 아닌가를 묻게 될 것이다."(Derrida, [1967] 1983. p. 3) 데리다는 인식과 인식론이라는 관념 자체가 형이상학적인 것이 아니냐 하는 식으로 후설을 물고 늘어진다. 그러면서 현상학적인 비판의 원천이 바로 형이상학적인 기획 자체라고 말한다.(같은 곳 참조) 이러한 데리다의 후설에 대한 비판은 나중에 더 자세히 다루게 될 것이다. 일단 후설이 제시하는 현상학적인 원리에 대해 얼마든지 근본적인 비판이 가능하다는 이야긴데, 일단 넘어가도록 한다. 미리 말하자면, 후설의 이러한 기획이 사실은 후설 자신에 의해 이미 상당 정도 훼손되면서 문제를 일으킨다.

아무튼 후설이 말하는 "원리 중의 원리"에서 가장 중요한 대목은 "원본적으로 생생하게 현실적으로 주어진 것에 대한 직관"이 곧 모든 인식의 권리 원천이라는 것이다. 그런데 후설의 에포케 또는 현상학적-초월론적 환원에 따르자면, 이렇게 주어진 것은 결국 다름 아니라 "순수 자아"(reines Ego) 내지는 "순수 의식"(reines Bewußtsein)의 영역이다.

에포케는 의식을 벗어나 있는 저 바깥의 초월적인 세계의 존재에 대해 충분히 의심할 수 있다고 해서 그 존재론적 내지는 인식론적인 힘을 중지시킨다. 그 이유는 의식 초월적인 세계는 순수 객관적인 세계인데, 그렇게 순수 객관적인 세계에 대한 나의 인식은 그에 앞서 그러한 인식을 가능케 하는 근원적인 의식 체험을 바탕으로 해서만 성립하는 것으로 여겨지기 때문이다. 후설은 이 근원적인 의식 체험을 "현상학적 잔여"(phänomenologische Residuum)라 한다.(Husserl, [1913] 1950. 33절) 그것은 나의 의식과 앞으로 초월적 실재로서 인식될 수 있는 근원적인 소재들 즉 질료(Hyle)가 구분되지 않은 채 하나의 흐름으로 함께 존재하는 의식의 순수 내재적인 영역이다. 그 명칭만 보면 이 영역이 무엇인지 이해하기가 대단히 어렵겠다 싶지만, 알고 보면 그다지 어렵지 않다. 후설의 설명에 따라, 다음과 같은 조치를 수행하면 대략 그 윤곽이 드러난다.

일단 몸을 중심으로 한 나 자신의 위치를 완전히 삭제한다. 그리고 감각적으로 주어지는 시각적인 장면을 주시한다. 그러면서 개념적으로나 언어적으로 아는 게 아무것도 없다고 생각한다. 그렇게 되면, 멍하니 바라보기만 할 뿐인 상태로 돌입하게 된다. 그러면서 색과 모양을 중심으로 한 엄청난 감각적인 내용이 충만하게 나의 의식을 가득 채우고 있음을 파악하게 된다. 그리하여 감각된 내용이 나의 의식을 완전히 채움으로써 둘이 제대로 구분되지 않은 상태가 된다. 그 상태에서는 기실 나와 나 아닌 것의 구분이 없이, 그저 감각적인 내용만 가득 찬 것으로 의식될 뿐이다. 의식하는 나와 의식되는 충만한 감각적 내용을 가까스로 구분할 수 있을 정도이다.

이 영역은 어떤 것이 다른 어떤 것에게 주어져 있는 것이 아니다. 의식되는 내용이 의식을 가득 채우고 있는 꼴이라, 말하자면 의식이 의식 자신에게 주어지는 꼴이다. 그래서 후설은 이를 일컬어 "자기 소여성"(Selbstgegebenheit)에 따른 가장 내밀한 순수한 의식 체험이라고 한다. 그리고 후설은 이 자기 소여성을 "명증"(Evidenz)의 기초로 삼는다.

후설은 이 순수한 의식 체험의 가장 내밀한 영역을 일컬어 "내실적(內實的) 의식의 영역"(Sphäre des reelles Bewußtseins)이라 일컫는다. 그리고 이 내실적 의식의 영역에서 이 영역을 벗어난 곳에 통일된 대상을 구성해 내는 의식 작용이 발휘되어 작동함으로써 이른바 의미를 지닌 대상인 "노에마"(Noema)가 구성된다고 말한다. 그리고 이때 의식 작용을 "노에시스"(Noesis)라고 일컫고, 이 노에시스가 노에마를 구성하고 자신이 구성한 노에마를 대상으로 삼는다고 해서, 이 노에시스를 "지향적(指向的) 의식"(intentionales Bewußtsein)이라 일컫는다. 그래서 노에마는 지향적 의식의 대상이 된다. 아울러 이 대상들이 펼쳐지는 영역을 "지향적 영역"이라고 말한다. 이때 의식이 갖는 근본 성격을 "지향성"(Intentionalität)이라 일컫는데, 이는 의식은 항상 지향적 의식으로서 지향적 대상인 노에마와 떼려야 뗄 수 없는 필연적인 상관관계를 맺음을 일컫는다.

그리고 우리는 일상 속에서 의미 구성체인 바로 이 노에마들을 생활의 대상으로 삼는다고 말한다. 다만, 우리는 이를 특별히 자각하지 못한 채 그렇게 의미를 띤 대상들이 본래 의식 바깥에 실재한다고 믿는데, 후설은 이러한 믿음을 "자연적 태도"에 따른 믿음이라고 말한다. 후설이 말하는 에포케는 바로 이러한 자연적 태도의 믿음이 어떻게 어디에서 생겨났는가를 알기 위해 "괄호로 묶어" 작동하지 못하게 함으로써 자기 소여적인 명증한 영역으로 파고 들어가기 위한 철학적인 반성, 즉 현상학적인 반성이다.

아무튼, 후설은 지향적 의식에 의한 노에마의 구성에 따라 자기 소여성의 영역을 확대해서 설정한다. 즉, 순수 내실적인 의식 영역뿐만 아니라 지향적인 의식의 영역 역시 자기 소여적인 것으로서 명증을 띤다는 것이다. 이렇게 말한다.

가장 넓은 의미에서 명증은 지향적 삶의 일반적인 근원적 현상을 가리킨다. 즉 그 명증은 […] 스스로 거기에, 직접 직관적으로, 원본적으로 주어진다는 궁극적인 양상 속에서 사실과 사태, 보편성과 가치들 등이 '스스로 드러나고', '자기 자신을 표출하고', '자기 자신을 주는' 아주 탁월한 의식방식이다. […] 자아에 대해 말하자면, 이것은 혼란

되고, 공허하게 미리 생각하면서 어떤 것을 향해 생각하는 것이 아니라, 그것 자체에 가까이서 그것 자체를 직관하고, 보고, 통찰하는 것이다. […] 명증은 지향적 삶 일반에 본질적인 근본적 특징을 가리킨다. (Husserl, [1929] 1963. 24절, pp. 92~93)

말하자면, 명증은 의식 작용인 노에시스와 의식 대상인 노에마 간의 필연적인 상관관계의 본질이라는 이야기다. 여기에서 명증하다는 것은 물론 의식이 대상을 명증하게 인식할 때 그 인식의 성격을 가리킨다. 그렇다면, 어떤 사태가 명증하지 못하다는 것은 의식이 대상에 정확하게 적중하지 못한 상황을 일컫는다. 그래서 명증하지 못한 의식은 대상을 잘못 파악하여 인식에서 오류를 범할 수밖에 없다. 그러니까 명증은 지향성과 직결되는 것이다. 그런데 만약 의식이 제아무리 지향적인 힘을 발휘하려고 해도 근본적으로 그럴 수 없는 사태가 의식에서 발생한다면, 그 사태는 근본적으로 불투명하다고 해야 할 것이다.

2) 충전적 명증성과 필증적 명증성

그런데 후설은 명증성을 크게 "충전적 명증성"(adäquate Evidenz)과 "필증적 명증성"(apodiktische Evidenz)으로 나눈다. 우선 충전적 명증에 대해 후설은 이렇게 말한다.

지금 철학적 성찰의 입구에 서 있는 우리는 무한정하게 많은 학문 이

전의 경험들에서 명증들을 갖고 있다. 이것들은 다소 완전할 뿐이다. 여기에서 말하는 불완전성은 보통 사실 혹은 사태가 스스로 주어짐에서 불충분하고 일면적이고 상대적으로 덜 명료하고 덜 명확한 것을 말한다. 따라서 이는 경험에 아직 충족되지 아니한 예단과 덧붙여 생각한 요소들이 부착되어 있음을 뜻한다. 그래서 완전함은 [서로] 일치하는 경험들을 계속 종합해 나가는데, 그 과정에서 덧붙여 생각한 내용들이 현실적으로 충족되는 경험으로 나아가는 것이다. 완전성에 상응하는 이념은 충전적 명증일 것이다. 그런데 이 경우, 그 이념이 원리적으로 무한한 것 속에 놓여 있는지 어떤지는 미해결인 채 남아 있다. (같은 책, p. 55 [국역본은 53쪽])

후설이 말하는 경험에 대한 충전적 명증은 정말이지 무지막지한 명증이다. 숨겨져 있는 부분이라고는 전혀 없다고 여겨지는 경험을 이념으로 한 명증, 경험들이 정합적인 일치를 보이면서 계속 결합해 가는 과정을 통해 점점 더 강하게 충족되는 명증, 그러나 그 결합의 과정이 무한히 진행되어야 하는지조차 알 수 없는 명증이 바로 충전적 명증이다. 명증을 추구하긴 하나 과연 달성될 수 있는가가 극히 의심스러운 명증이다. 이 충전적 명증은 암암리에 근원적인 불투명성을 포함하고 있다 할 것인데, 이는 우리가 주시하는 바다. 이에 반해, 후설은 필증적 명증에 대해서는 나름대로 자신감을 보인다.

필증적 명증은 그 명증적 사실이나 사태 속에서 단순히 일반적인 그 존재의 확실함만이 아니라, 동시에 비판적 반성을 통해 그 사실 또는 사태가 존재하지 않음이 절대로 생각될 수 없다는 것, 따라서 [그것들에 대해] 생각할 수 있는 모든 의심을 근거 없는 것으로서 미리부터 배제한다는 것이다. (같은 책, p. 56)

요컨대, 필증적 명증은 도대체 존재하지 않을 수 있다는 의심을 조금도 할 수 없는 사실 혹은 사태의 필연성을 말한다. 데카르트가 명석 판명함으로서의 명증을 내세워 결국은 학문의 제1원리 '나는 생각한다'를 그러한 명증한 사실로 내세웠을 때 그것은 필증적 명증이지 충전적 명증은 아니다. 이는 저 앞에서 칸트가 내세운 '초월론적인 통각'이 불투명성을 매개로 '사물 자체'와 연계되는 데서 알 수 있다. 초월론적인 통각은 '나는 생각한다'를 바탕으로 해서 성립한다. 그런데 초월론적인 통각이 불투명하다는 것은 곧 '나는 생각한다'라는 사태 자체가 그 존재에 있어서 불투명함을 말한다. 그러니까 데카르트가 '나는 생각한다'라는 사태를 명증적이라고 했을 때, 그 명증은 충전적 명증이 아니라 필증적 명증이다.

후설은 학문에서는 충전적 명증보다는 필증적 명증이 훨씬 더 중요하다고 말하면서 충전적 명증이 없는 가운데서도 필증적 명증은 주어질 수 있다고 말한다.(같은 책, p. 55 참조) 하지만, 우리가 보기에도 벌써 이 두 명증은 떼려야 뗄 수 없는 관계로 엮여 있다. 어떤 사태가 아직 망라해서 주어지지도 않았는데 어떻게 그 사태가 확실하게 존재한다고 단연코 말할 수 있으며, 존재하지 않는다는 것을 결코 의심할 수 없다고 단연코 말할 수가 있겠는가? 비록 접근법이 다소 다르긴 해도, 그래서 한전숙 선생님은 이렇게 말한다.

그러나 충전성은 대상이 '남김없이 주어짐'을 필요로 하는데 이렇게 대상이 남김없이 있는 그대로 파악되면, 이렇게 파악된 대상이 '아니다, 사실은 존재하지 않는다'라든가 '혹시 잘못 파악된 것이 아닌가'라고 의심하게 된다든가 하는 일은 일어날 수가 없으니 필증적이라고 할 수 있는 것이다. 따라서 충전성과 필증성이라는 두 규정은 명증한 동일한 사태의 서로 다른 면에서의 특징지음이지, 형질 도식에서와 같이 둘 중 어느 하나라도 결여할 수 없다는 그런 관계에 있는 두 요소가 아니다. (한전숙, 1996. 143쪽)

후설은 충전적이지 않은데도 필증적일 수 있다고 말하지만, 통시적인 관점에서 보면, 궁극적으로 충전적이라야만 필증적일 수 있는 것이다.

§2. 후설의 명증에 대한 물음

후설이 말하는 명증 특히 필증적 명증에는 진정으로 존재하는지 그렇지 않은지에 대한 관심이 아주 적극적으로 표명된다. 존재함과 존재하지 않음에 대한 집요한 관심이 명증 원리에 있어서 핵심이다. 그런데 명증이라는 개념 자체에 이미 함축된 것은 그런 존재함과 존재하지 않음에 대한 판별을 의식, 특히 이론적인 의식이 한다는 것이다. 그러면서 후설은 충실하게 존재한다고 말할 수 있는 것은 근원적으로 그리고 궁극적으로 의식 자신이라고 말한다.

여기에는 의식의 폐쇄성이 작동한다. 무언가가 존재한다거나 혹은 존재하지 않는다는 것에 대한 궁극적인 기준이 명증적으로 의식되느냐 아니냐이기 때문에, 의식은 저 자신의 존재함을 여타 다른 것들이 존재함의 기준으로 삼는 데서 도저히 벗어날 수가 없는 것이다.

이에 우리는 의식을 기준으로 삼아 무언가가 존재한다거나 존재하지 않는다고 하는 것에 집착하는 철학적인 태도의 동기를 문제 삼지 않을 수 없다. 말하자면, 다음과 같은 물음을 던질 수 있다. 존재하면 어떻고, 존재하지 않으면 어떤가? 본래부터 존재함에 존재하지 않음이 뒤섞여 있고, 존재하지 않음에 존재함이 뒤섞여 있다면 어쩔 것인가? 결국, 의식을 통해 존재함에 집착하는 것은 의식 자신의 영원한 존재에 대한 욕망 때문은 아닌가? 의식에게 그러한 욕망이 생겨난 것은 본래 의식이란 것이 존재함과 존재하지 않음을 왔다 갔다 하는 것이기 때문에 그러한 것 아닌가?

예컨대, 하이데거가 존재(das Sein)를 존재자(das Seiendes)와 구분했을 때, 존재자에 대해서는 존재한다거나 또는 존재하지 않는다는 술어를 쓸 수 있지만, 존재 자체에 대해서는 그러한 술어를 쓸 수가 없다. 이러한 하이데거의 입장에 관해서는 나중에 더 상세히 논할 기회가 있겠지만, 아무튼 하이데거가 존재에 대해 존재한다거나 존재하지 않는다거나 하는 이분적인 사태를 넘어서 있다고 논설할 수 있었던 것은 우리가 제시한 위 물음들에 대한 고찰을 실마리로 삼은 결과라 할 것이다.

이러한 하이데거의 존재론에 따르면, 무엇인가에 대한 의식이 명증하게 존재하는가에 따라 그 무엇의 존재가 명증한 것으로 드러난다고 할 때, 의식은 존재자에 해당하고, 따라서 의식을 다른 존재자들이 존재하는가 아닌가에 관한 기준으로 삼음은 근원적이지 못하다. 그래서 하이데거는 후설이 의식의 근본 성격으로 제시한 지향성을 부정한다.

결과적으로 보면, 후설이 의식의 존재를 다른 모든 것의 존재 여부에 대해 궁극적인 기준으로 삼음으로써, 그는 이미 의식을 포괄하면서 의식 너머에서 설립될 수 있는 존재의 가능성을 처음부터 차단한 것이다. 이는 후설이 '엄밀학으로서의 철학'이라는 철학의 이념, 즉 그 무엇에 의해서도 그 누구에 의해서도 흔들릴 수 없는 철학을 내세운 데서 비롯한다. 말하자면, 이는 그가 이 철학의 이념을 실현하고자 하는 절실한 바람과 강인한 의욕을 지녔던 것이고, 그래서 처음부터 철학적 사유를 하는 의식의 명증을 추구한 데서 비롯한 것이다.

그러나, 우리로서는 출발점에 있어서 엄밀한 학문으로서의 철학을 처음부터 염두에 두지 않았거니와, 또 그러한 철학이 진정 존재의 정체를 근본적으로 확인하는 데 필요충분한 길이 될 수 있다고 생각할 수 없었다. 철학, 특히 존재론이 존재의 정체를 근본적으로 확인하고자 하는 데서 출발하지만, 존재는 얼마든지 철학적 사유 너머에서 작동할 수 있는 것이다. 그래서, 우리로서는 굳이 명증한 의식에 따라 명증하게 주어지는 존재에 머물 수 없고, 오히려 명증을 추구하는 의식이 감당할 수 없는 불투명한 존재의 심연을 만날 수밖에 없을 수도 있음을 각오했다.

§3. 후설의 고뇌

학으로서의 절학, 진지한, 엄밀한, 더+나 필승적으로 엄밀한 학으로
서의 철학 —— 이 꿈은 깨어졌다. (Husserl, [1934~1937] 1962. p. 508)

후설의 이 말은 현상학 연구가들 사이에서 정말이지 너무나 의
견을 분분하게 만들었다. 그 논제는 꿈이 깨어진 당사자가 후설이냐
아니면 후설 이전의 유럽 철학이냐 하는 것이다. 이 논제를 극적(劇
的)으로 만드는 쪽은 전자의 해석이다. 그런데 후자 쪽의 해석에 손을
들면서도 후설은 결국 그 꿈을 실현하지 못하고 말았다는 것이 한전
숙 선생님의 판단이다. 제3의 견해치고는 정말 멋진 견해다. 말하자
면, 설사 꿈이 깨어지지 않았다 할지라도 역시 꿈은 꿈에 불과했다는
것이다. 따지자면, 이는 전자의 해석과 크게 다르지 않다.

후설은 왜 엄밀한 학문으로서의 철학에 대한 꿈이 깨졌다고 했
을까? 그것은 후설이 필승적인 명증만으로는 도무지 해결할 수 없는
충전적 명증이 아울러 확보되어야만 그러한 철학을 실현할 수 있다
고 생각했는데, 명증을 보장하는 의식의 "자기 소여성"만으로는 감당
할 수 없는 근본적인 체험들을 이전부터 발견했기 때문이다. 이 발견
은 후설의 철학적 사유에서 뒤늦게 찾아온 것이 아니라, 사실은 처음
부터 작동하고 있었다. 이에 관한 몇 가지 사안들을 우리 나름으로 제
시하자면 다음과 같다.

1) 몸과 순수 의식과의 관계: 순수 의식은 도대체 몸이 없이는

그 자체로 존립할 수 없음을 깨닫게 된다. 하지만, 바야흐로 일체의 통일적인 대상들을 지향적으로 구성해 낼 순수 의식을 기반으로 할 때, 몸은 충전적으로는 말할 것도 없고 필증적으로도 충분히 주어지지 않는 것이었다. 그러나 조망 (Perspektive)이 없이는 순수 의식에 주어지는 질료가 성립할 수 없고, 아울러 노에시스와 질료가 근원적으로 혼입된 내실적 의식이 성립할 수 없다. 조망은 오로지 몸의 운동에 따라서만 성립하기 때문이다.

2) 내적 시간 의식에서의 원인상(Urimpression): 후설은 시간이 어떻게 저 근원적인 의식에서 구성되는가를 분석하고 기술함으로써 내적 시간 의식의 근원적 종합(Ursynthesis)을 내세운다. 그리하여 저 오래된 아우구스티누스(Augustinus, 354~430)가 제시한 영혼과 시간의 결합에 따른 의문을 현상학적으로 풀어낸다. 그런데, 내적 시간 의식의 근원적 종합에서 출발점이 되는 원인상의 현존은 그야말로 근원적인 우발성을 내보이는데, 후설은 그 존재에 대한 분석을 아예 내버려 두다시피 한다. 이 문제는 후설의 현상학 전체를 위태롭게 할 정도로 그 '현상학적인 불투명성'이 강하다. 왜냐하면, 시간은 일체의 존재와 사건들이 그 속에 포섭되어 흘러가는 "절대적 의식류"(絶對的 意識流, absoluter Bewußtseinsstrom)를 가능케 하는 근본 형식이고, 절대적 의식류는 후설의 현상학에서 존재 전체를 전(全) 포괄적으로 완전히 포함하는 것으로서 그의 존재론을 마무리하는 역할을 하는데, 그렇게 원인상의 존재가

근원적으로 불투명하면, 시간이 근원적으로 불투명해지면서, 절대적 의식류의 존재론적인 불투명성이 노현되기 때문이다.

3) 지평의 문제: 대상이든 대상을 인식하는 자아든 간에 그것들은 한없이 연장되면서 거의 무한에까지 연결되는 지평 속에서만 의미를 띤다는 것을 깨달았다. 말하자면, 무한정한 연결망을 바탕으로 하지 않고서는 객관적인 영역에서나 주관적인 영역에서 제대로 된 인식과 그에 따른 존재 의미가 성립할 수 없다는 것을 깨달았다. 따라서, 무엇을 대상으로 하건, 그것에 대한 충전적 명증을 확보할 수 없음이 확인된 것이다.

4) 수동적 종합의 문제: 애초 명증은 의식이 저 자신에게서 의미 있게 대상화되어 올라오는 것들을 선험적인 사태로 파악하고, 그것들을 얼개로 삼아 인식과 존재 전반의 형식 및 내용의 본질을 찾아 규정할 수 있음을 보이고자 했다. 그런데 후설은 의식이 말 그대로 의식적으로 발동되기도 전에 이미 의식이 어찌할 수 없는 데서 대상적인 무엇인가가 저 스스로 이미 일정한 통일성을 갖추면서 다가와 오히려 의식을 수동적으로 만든다는 것을 발견했다. 대상에 대해 의식이 수동적인 한에 있어서 의식에서의 명증이란 한계를 지닐 수밖에 없는 노릇이었다.

5) 습성(Habitualität)의 기체(基體, Substrat)로서의 모나드적인 자아 문제: 후설은 체험하는 자아에 대한 지평의 필연성, 즉 자아의 작용은 시공간적으로 지평적일 수밖에 없이 체험된다는 것을 발견했다. 이때 체험하는 의식은 저 자신 통일성을 지

닐 수 없는 지평적인 의식일 수밖에 없다. 이렇게 되면, 자아는 그저 동일한 극(極)에 불과한 것이 아니라, 철저히 침전된 습성과 발생적 역사를 지닌 구체적인 자아가 된다. 후설은 이를 "모나드적 자아"라 했다. 이 구체적인 자아는 이미 본질 필연적인 얼개만으로는 결코 파악해 낼 수 없는 자아다. 그래서 본질상 명증하게 그 본질적 내용을 드러낼 수 없는 자아다. 후설이 모나드적인 자아의 선험성을 파악해서 구축해 낼 수 있으리라 생각했지만, 결국에는 이 모나드적인 자아는 명증을 바탕으로 하는 이성적인 선험만으로는 파악될 수 없다.

6) 생활세계의 문제: 후설에서 생활세계는 이성에 의해 본질적으로 구축되는 이념적인 세계가 결코 아니다. 구체적으로 몸으로 지각하면서 사는 세계이고, 모든 종류의 의식 체험들이 그 안에서 이루어지지 않으면 안 되는 문화적인 세계다. 그러니까 생활세계는 그 어떤 이론적인 의식이나 반성의 의식으로라도 근본적으로 다가갈 수 없는 존재 영역이다. 말하자면, 의식이 거기에 다가가면 그 다가가는 의식 아래로 계속 가라앉거나 의식 뒤로 계속 물러서면서 더 거대한 순환의 고리를 그린다. 말하자면, 명증을 추구하는 이성에게 불투명하게 다가오는 것이 생활세계인 것이다. 그래서 후설이 이제 이성적인 의식에 본질 필연적으로 다가오는 명증한 영역보다 몸과 감정과 습성과 문화 및 역사 등이 뒤엉켜 있는 생활세계에서의 명증을 말하는데, 정확하게 말하면 이는 존재가 본래 불투명하다는 근원적인 사실만큼은 필증적인 명증성을 갖는 데

반해, 충전적 명증성은 근본에서 불가능하다.

이렇게 열거되는 내용은 후설의 현상학에서 도대체 무시할 수 없는 근본적인 사태들이다. 그 공통된 귀결은 존재와 존재에 대한 의식 체험은 첫째, 이성적으로 반성해서 명증하게 파악할 수 없다는 것, 둘째, 그래서 존재에 관해서는 학문의 이성적인 체계로써 담아 낼 수 없다는 것, 셋째, 존재에 대한 의식 체험이 오히려 그 의식 체험을 넘어서는 존재의 영역이 있음을 일러 준다는 것, 넷째, 따라서 의식 체험은 근본적으로 의식만으로는 감당할 수 없는 일종의 깊은 구멍, 즉 불투명한 심연에 대한 체험을 포함한다는 것이다.

§4. 원인상의 원초적인 불투명성

방금 열거한 후설 현상학에서의 불투명성을 품은 여섯 가지의 사안 중에서 가장 근원적인 문제는 바로 시간 구성에서의 "원인상"의 문제다.

후설이 제시하는 현상학적 사유의 원칙은 직접 근원적으로 현전하는 감각의 내용을 인식의 원천으로 삼아 기술해야 한다는 것이다. 이는 저 앞 §1의 1)에서 인용한, "모든 원리 중의 원리: 원본적으로(原本的, originäre) 부여하는 모든 직관이 인식의 권리 원천이다"라는 언명에서 정확하게 표현된다. 그래서 그의 사유 체계에 '현상학'이라는 이름을 붙인 셈이다.

이 원본적으로 부여하는 직관에서 가장 근원적인 내용이 바로 원인상이다. 후설은 지각되는 사물이 시간의 형식을 띠는 것은 그 사물과 의식의 근원적인 관계에서 시간이 구성되고, 그리하여 사물이 시간의 형식을 띠고서 현존하는 것으로 주어진다고 생각한다. 이때 '사물'이라고 일컫는 것은 의식의 근원적인 소재(Stoff)인 순수 내실적인 질료를 근거로 사후에 사물이라 부를 수 있는 통일된 대상이 노에시스의 작용에 의해 구성된 뒤에 상층의 지향적인 의식에서 그 충분한 의미를 띠고서 나타나는 것이다.

이러한 사물을 일구어 내는 지향적 의식의 작용이 작동하는 데 미리 선결되어야 하는 것이 내적 시간 의식이 수행하는 근원적 종합 즉 가장 근원적인 수동적 종합이다. 이 종합은 질료가 현전하는 기초적인 사태인 "현출들"(顯出, Erscheinungen)의 수준에서 이루어진다. '현출들'은 극미한 차이를 내보이면서 순식간에 변전(變轉)해 나가는, 의식에서 벌어지는 근본 영역이다. 후설은 이를 "현출하는 시간"(erscheinende Zeit)이라고도 하고 "현출하는 지속 자체"(erscheinender Dauer als solche)라고도 한다.(Husserl, [1917] 1964. p.5 참조)

후설은 이 현출들을 수학자로서의 경력을 살려 그 극미한(infinitesimale) 무한소의 지경으로 파고 들어가 분석하고 기술함으로써 의식의 근원적 종합에 따른 시간의 구성을 설명한다. 여기에서 가장 중요한 의식의 작용이 순간적인 "파지"(把持, Retention, 되잡기)와 "예지"(豫持, Protention, 미리잡기)다. 파지와 예지는 작용이면서 내용이다. 즉 되잡는 의식의 작용이면서 동시에 되잡은 감각적 상(象)이다.

예지는 미리 잡는 의식의 작용이면서 동시에 미리 잡힌 감각적 상이다. "초월론적 자아의 근원적인 기능"에 따라 의식의 가장 내밀한 영역에서 이루어지기 때문에 이렇게 의식 작용과 의식 내용이 미분화되어 나타나는 것이다.

그런데 이 파지와 예지는 모든 의식이 어쩔 수 없이 지니는 작용 방식이다. 그런데 의식은 무엇을 되잡고 무엇을 미리 잡는가? 바로 원인상이다. 이 원인상은 극히 짧은 "시간 길이"(Zeitlang)를 지니고서 현출하는 감각 내용이다. 후설은 의식의 되잡기에 관해 귀로 듣는 멜로디를 예로 들어 이렇게 말한다.

> 소리는 시작하고 그친다. 그리고 그 속에서 소리가 시작하고 그치는 그 전체 지속의 통일성(Dauereinheit), 즉 전체 경과의 통일성은 끝남을 향해 계속 멀어져 사라짐(Vergangenheit) 속으로 "옮겨진다". 이러한 뒤로 가라앉음(Zurücksinken) 속에서 나는 그 소리를 여전히 꼭 "쥐고" 있다. [말하자면] 나는 "파지" 속에서 그 소리를 ["아직도"(noch)] 지니고 있다. (Husserl, [1917] 1964. pp. 24~25)

여기에서 "파지 속에서 그 소리를 아직도 지니고 있다"라고 할 때, 그 소리는 극미한 순간에서 들리는 "원인상"으로서의 소리다. 또 후설은 이렇게 말한다.

> 근원적인 모든 구성하는 과정은, 다가올 것 자체(das Kommende als solches)를 [일단] 공허하게 구성하고 파악하면서 [원인상에 의해] 충

족되는 예지들(Protentionen)에 의해 생생하게 된다. 그러나 재기억
(Wiedererinnerung)의 과정은 기억하는 방식으로 이러한 예지들을 새
롭게 한다. (같은 책, p. 52)

의식에서 예지는 재기억을 지평으로 해서 일어난다. 계속 이어
지는 파지에 파지를 거듭하면서 점점 더 뒤로 멀어지면서 기억(Erin-
nerung)이 형성되고, 이 기억이 수동적으로 의식에서 다시 어렴풋이
살아나 재기억이 된다. 그리고 극미한 순간에 당장 주어지면서 지나
가는 원인상들이 이어질 때, 지금 당장 충족되는 원인상에 이어 곧 원
인상으로 나타날 것으로 순간 전에 미리 잡히는 예지상(豫持象)은 지
금 당장 충족되는 원인상을 모티브로 삼아 재기억을 지평으로 해서
형성된다.

원인상을 중심으로 파지상들과 예지상들이 내적 시간 의식의 근
원적인 종합에 의해 하나의 지속으로 이어질 때 비로소 현재가 처음
으로 구성된다. 후설은 이를 "근원 현재"(Urgegenwart)라고 한다. 그
리고 암암리에 '재기억⇄기억⇄파지⇄원인상⇄예지⇄예상'의 종합
에 의해 이루어지는 현재를 "생생한 현재"(lebendige Gegenwart)라고
한다.(Held, 1966. p. vii 이하 참조) 이 생생한 현재가 흔히 우리가 일상
적으로 현재라고 부르는 것이다.

자, 이러한 후설의 시간 구성에 관한 기술적(記述的)인 설명
에서 원인상(Urimpression)이 근원이자 원초적인 중심임을 쉽게
알 수 있다. 파지와 예지는 원인상의 "변성"(Wandlung) 내지는 "변
양"(Modifikation)에 따라 생겨나기 때문에 원인상에 환원해서 설

명될 수 있다. 그러나 원인상은 도대체 환원할 곳도 없고 환원할 수도 없다. 말하자면 원인상은 절대적인 현전이다. 이는 "지속하는 대상의 '산출'이 시작되는 데는 '원천 지점'이 있는데, 그것은 원인상이다"(Husserl, [1917] 1964. p. 29)라거나 "원인상은 절대적으로 변경되지 않은 것이고, 더 이상의 모든 의식과 존재에 대한 원천(Urquelle)이다. 지금이란 말을 가장 첨예한 의미로 받아들이는 한, 원인상은 그 지금이란 말이 지적하는 것을 내용으로 갖는다"(같은 책, p. 67)라는 후설의 말에서 곧이곧대로 언명된다. 그리고 "하나의 시간 대상은, 그것이 아직 계속해서 새롭게 나타나는 원인상들 속에서 산출되는 한에서, 지각된다(내지는 인상적으로 의식된다)"(같은 책, p. 39)에서 알 수 있듯이, 이 원인상은 마치 알 수 없는 곳에서 끊임없이 샘솟듯이 생겨난다.

그런데, 이 원인상의 출처를 도무지 알 수 없다. 그래서 절대적이라고 할 수 있고, 또 절대적으로 우연적이라 할 수 있다. 후설은 원인상의 절대성에 관해서는 말하면서, 원인상의 우연성에 관해서는 논의하지 않는다. 나중에 살펴보겠지만, 데리다는 후설의 시간론을 역용하여 '파지의 파지의 파지…'를 '흔적의 흔적의 흔적…'의 구도로 바꾸어 저 유명한 "차연"(差延, Différance) 개념을 일구어 내고, 후설의 사유가 근본적으로 "현전의 형이상학"이라고 비판한다. 이때, 데리다가 본 '현전'은 원인상의 현전이 아니라 '생생한 현재'의 현전이다. 하지만, 그가 후설의 시간론을 이른바 해체하여(Destruction) 그 나름 근본적으로 비판하고, 그 토대에서 자신의 사유 방식을 구축한 것은 덜 근본적이다. 후설의 시간론에서 원인상의 우연적이고 절대

적인 현존 및 심지어 그 생산성을 읽고서도 원인상의 존재를 집중적으로 문제 삼지 않았기 때문이다.[1]

우리로서는 오히려 후설이 지적하는 이러한 '연속적인 원인상의 산출'을 특별히 주목한다. 후설의 현상학이 이렇게 그야말로 원인상이라는 감각적인 현전의 불투명성에 근거함으로써 근본적으로 이성의 논리적 구성을 따른 형이상학일 수 없고, 말 그대로 현상학일 수 있었던 것이다. 바로 여기에서 '불투명성의 현상학'이라는 우리의 주제와 그것을 내세우는 주장이 정당한 설득력을 확보한다.

§5. 후설의 두 얼굴: 명증한 본질 필연의 세계와
불투명한 개별 착종의 생활세계

삶을 전체적으로 규정하는 세세한 선험의 체계가 있을까? 예컨대 물리학에서 말하는 여러 법칙과 그것들에 관련된 개념들 및 그 상관관계처럼, 삶을 규정하는 본질 필연적인 개념들과 원칙, 그에 따른 정해

---

1 데리다는 "원인상은 이러한 [시간화 운동의] 생산에 있어서 절대적인 시작이고, 원천이다. 이를 통해 모든 나머지가 연속해서 산출된다. 그러나 원인상 자체는 산출되지 않는다. 원인상은 산출되는 어떤 것처럼 태어나지 않는다. 원인상은 **자발적인 발생**(*genesis spontanea*)에 의한 근원적인 발생이다"라고 하는 후설의 말을 인용한다. 그리고 원인상에 대해 "순수한 자기 촉발", "순수한 자기 생산"이라고까지 말한다.(Derrida, [1967] 1983. p. 93) 만약, 데리다가 이러한 원인상의 현존과 근원적인 발생을 특별히 주목했더라면, 흔적의 흔적의 흔적 운운하여 그의 독특하면서도 그의 철학을 전적으로 떠받친다고 해도 과언이 아닌 "차연"이라는 개념을 주조하지 못했을 수도 있다. 설혹 주조했다고 할지라도, 그것에 그렇게 중요한 위상을 부여하지 못했을 것이다.

진 삶의 방향이 있을까? 그렇지 않을 것이다.

삶을 의식의 삶으로 환원하고, 그 의식의 삶이 지향적임을 밝히고, 그 지향적인 의식의 삶을 지배하는 본질 필연성을 명증하게 밝히고자 한 것이 후설의 '엄밀학' 내지는 '제1철학'으로서의 철학 이념이었다. 즉, 경험과 판단을 순수하게 기술함으로써 그 본질 필연적인 얼개를 확보할 수 있다고 생각한 것이었다. 그리하여 정신, 심리, 몸 등에 관련된 본질 필연적인 얼개, 그리고 더 나아가 경제적인 실천, 도덕적인 실천, 제반 가치평가, 그에 따른 문화 활동 등의 본질 필연적인 얼개 등을 밝히고자 한 것이다.

그러나 결국 한편으로 후설 앞에 놓인 삶의 현실은 의식적 삶이 아니라 몸을 바탕으로 한 감각적이고 감정적인 파토스적인 삶이었다. 그리고 삶의 주체는 침전과 발생을 거듭하는 모나드적인 구체적인 자아였다. 그리고 본질 필연적인 학문적 세계가 아니라 개별의 사물들과 사건들이 무한 복합의 지평적인 연결망을 이루면서 얽혀 있는 생활세계였다. 말하자면 어두운 심연에 뿌리를 내리고 있는 불투명한 개별 착종의 세계였음이다. 그러한 생활세계로서의 세계를 분명 맞닥뜨릴 수밖에 없음을 일컬어 후설은 생활세계적 명증이라 했다. 그런데도, 후설은 저 앞에서 말한, '노에시스-휠레-노에마'라고 하는 지향적 의식의 체험이 갖춘 구도만큼은 결코 양보할 수 없는 명증한 근본 형식으로 여겼고, 이를 바탕으로 하지 않으면 도대체 생활세계에 관한 학문을 건립할 수 없다고 생각했다. 전체를 아울러 말하자면, 의식의 명증한 근본적인 구도 속에 불투명한 생활세계가 존재하고, 불투명한 생활세계를 사는 구체적인 자아가 철학적인 성찰을 통해 의식의 명증한 근본 구도가 작동한다는 것을 찾은 것이다. 그러니까, 후설은 명증한 철학적인 인식과 불투명한 생활세계적인 존재 사이에 뫼비우스 띠와 같은 역설이 작동함을 암암리에 제시한 셈이다.

정돈하자면, 후설의 현상학적 사유는 20세기 초엽에 유럽의 대륙 철학의 지반을 형성했는데, 그 속에는 명증성과 불투명성의 긴장 관계가 연출되고 있었음이다. 이에 후설의 현상학적 사유는 근대 모더니즘적인 철학에서 후기 모더니즘적인 철학으로 넘어가는 묘한 지대를 제공했다고 할 수 있다.

그리하여 후설 이후 현상학에 따른 철학, 특히 그의 제자 하이데거의 철학은 존재론적인 토대에서 이미 철학적인 이성으로는 접근하기 힘든 불투명함이 도사리고 있음을 드러내기 시작했고, 그 결과 하이데거 이후의 철학은 이성이 저 자신의 한계를 노출할 수밖에 없는, 일종의 자기 공격적인 작업을 수행할 수밖에 없음을 확실히 깨달은 끝에, 반성에 따른 이성보다 비(非)-반성 내지는 선(先)-반성을 중시하는 사유로 나아간다.

사르트르는 선-반성의 의식이 거기에 걸려들어 비틀거릴 수밖에 없는 "즉자"(卽自, l'en-soi)로서의 사물을 강조했고, 마르셀은 깊은 어둠의 근거로서 "몸"(le corps)을 강조했고, 이를 이어받은 메를로-퐁티는 모든 의식, 특히 선-반성의 의식에 대한 기반으로 "온몸"(le corps propre)[2]을 강조했다. 그 외 데리다는 개념적으로나 대상적으로 일체의 의미가 항상 결정되지 않고 계속 차이를 보이면서 연기(延期)된다는 '차연'(差延, différance)을 제시했다. 이들에 관해서는 차근차근 구체적으로 살피게 될 것이지만, 전체적으로 알게 모르게 불투명한 심연의 존재를 염두에 두고 있다고 할 것이다. 이에 필자로서는 이성적인 진리가 불가능하다는 점을 중심으로 한 포스트-모더니즘의 철학이 알게 모르게 예술과 문학의 이른바 감각적이고 감정적인 쪽으로 나아가게 된 것이 바로 이러한 '불투명성의 현상학'이 펼친 사유에 따른 것이라 진단한다.

불투명성은 이성에 대한 불투명성이고 반성하는 의식에 대한 불투명성이다. 그래서 존재의 불투명성은 이성적-반성적 의식의 존재에 대한 구성 능력을 근원적으로 부정한다. 존재가 불투명하다는 것은 우리의 존재뿐만 아니라 우리의 삶 자체가 근원적으로 불투명하다는 것을 함축한다. 이는 불투명한 존재가 미세하면서도 전신적인 감각을 통해 이미 늘 삶의 바탕으로 치고 들어온다는 것이다. 1부 §8에서 제시한 바에 따르면, 이는 불투명한 존재가 감각 사물을 통해 여실히 다가오고, 우리의 존재와 삶이 그 감각 사물이 주는 강렬한 힘에 바탕에서부터 이미 늘 휩쓸리고 있음을 뜻한다. 그래서 불투명성에 근거한 존재론적인 지대를 파고 들어가기 위해서는 감각을 근본으로 삼아 이루어지는 예술과 문학의 작업에 기댈 수밖에 없는 것이다.

---

2 'le corps propre'는 직역하자면 '나 자신의 몸' 또는 '고유한 몸' 등으로 새길 수 있다. 하지만, 메를로-퐁티가 이 표현을 쓴 것은 첫째로, 'le corps'가 일반적인 물체를 나타내기도 하기에 대상이면서 동시에 주체인 내 몸을 강조하기 위한 것이고, 둘째로, 몸에서 갈려 나오는 것으로 여겨지는, 이른바 여섯 가지 감각이 서로 관통하면서 '통감각'(通感覺, intersensation)으로 작동한다는 것을 강조하기 위해서다. 그래서 필자는 이러한 뜻으로서의 몸과 우리말의 묘미를 살려 '온몸'으로 특별히 새기고자 한다.

II. 하이데거: 존재의 불투명성

후설의 현상학이 세간에 널리 알려지게 된 것은 그의 제자인 하이데거가 구축한 실존철학을 통해서라고 해도 과언이 아니다.

후설이 말년에 이르러 『유럽 학문의 위기와 초월론적인 현상학』이란 책을 통해 "생활세계"(Lebenswelt)라는 개념을 조성해 보이고, 이를 기반으로 유럽 인간성의 위기를 논하면서 비극적인 유럽인 상을 구축했는데, 이는 1차 세계대전을 통해 드러난 유럽인들의 만행 때문이었다고 할 수 있다.

다른 한편으로 그처럼 1차 세계대전을 통해 드러난 유럽인들의 비극적인 절망을 극복하기 위한 철학이 하이데거의 실존철학이다. 그의 실존철학은 절망에 처한 유럽 지성인을 비롯한 대중들에게 인간이야말로 필연적인 죽음에서 주어지는 무(無)를 기반으로 한, 저 자신만의 근원적인 존재임을 깨닫게 했다. 그리고 이를 통해 인간이 존재하는 모든 존재자의 존재를 보살필 수 있는 존재자임을 역설함으로써 절망에 따른 불안을 오히려 역용하여 강력한 삶을 살 수 있음을 강력하게 피력했다. 이 내용을 담은 책이 1927년에 출간한 저 유명한 『존재와 시간』이다.

결국, 그는 자신과 동급생이었던 히틀러의 나치 정책을 적극적으로 지지함으로써 지식인들뿐만 아니라 대중에게서 크게 비난을 받았다. 하지만, 그의 철학적 사유가 워낙 독창적이면서도 깊이를 드러내는 방식으로 전개되었고, 그 결과 수많은 책과 글을 남기면서 철학 사상은 물론이고 문학과 예술 영역에서 유럽 지식인뿐만 아니라 세계적으로 크게 영향을 미쳤기에, 그 정치적 잘못을 잊을 수는 없지만 크게 보상했다고 할 수 있다. 21세기 오늘날에는 신유물론 내지는 신실재론에 관련한 논쟁을 통해 다시 조명되고 있다.

미리 말하자면, 하이데거의 존재론은 필자가 '불투명성의 현상학'이라는 주제를 본격적으로 고찰하게 만든 핵심적인 출발점이기도 하다.

§1. 존재의 불투명성과 이해

철학을 위해 후설이 요구한 명증성에서 기초는 충전적인 명증이 아니고, 필증적인 명증이었다. 이는 데카르트의 방법적 회의를 모범으로 한 명증으로서, 존재하지 않는다고 조금이라도 의심이 가는 것은 일단 버리고 조금도 의심할 수 없는 사태를 요구하는 것이었다. 그러니까 그것은 어떤 사태가 과연 존재하는가 아니면 존재하지 않는가에 대한 집요한 관심에 따라 추동되는 원칙이었다. 그런데 그것은 데카르트로부터 면면히 이어져 내려오는 인식 내지는 인식론 중심의 철학을 위한 원칙이다.

그러한 인식론 중심의 철학이 형이상학이라는 이름으로 굳세게 힘을 발휘하던 존재 물음을 깊은 망각 속에 빠뜨렸다는 진단에서 출발하는 책이 하이데거의 『존재와 시간』이다. 이 책이 발간된 것은 1927년이지만, 실제로는 1926년에 완료한 것으로 알려져 있다. 그러니까 그때 하이데거의 나이는 37살이었다.

이 책의 서설은 '존재의 의미에 대한 물음의 해명'이라는 제목을 달고 있다. 이 서론에서 가장 돋보이는 문장은 "'존재' 개념은 오히려 가장 불투명하다"(Heidegger, [1927] 1972. p. 3)[1]라는 것이다. 이는 우리가 밝히고자 하는 '불투명성의 현상학'에 대해 중요한 실마리가 된다. 아무튼, 그렇다고 해서 존재가 전혀 이해되지 않는다거나 우리와 무관하다는 것은 결코 아니다. 존재가 가장 불투명한 것은 우선 분별하고 범주화하는 지성과 지성의 결과물들을 통일하는 이성으로써 존재에 접근할 때뿐만 아니라, 일상의 도구적이고 기술적(技術的)인 사유로써 접근할 때에도 그러하다.

그렇다면, 하이데거는 존재가 가장 불투명하다는 사실을 어떻게 안 것일까? 이 물음은 '하이데거' 대신에 '우리'를 넣어도 무방하다. 즉 우리는 존재가 가장 불투명하다는 사실을 어떻게 알까? 하이데거에 따르면 "이해"(Verstehen)를 통해서다. 그래서 존재가 가장 불투명하

---

1 원문은 이러하다. "Der Begriff des 'Seins' ist vielmehr der dunkelste."

다는 명제를, "존재가 이해될 뿐이기에 가장 불투명하고, 존재가 불투명하기에 이해될 수밖에 없다"라는 식으로 풀 수 있다. 이렇게 말하는 것으로 보면, 하이데거가 말하는 '이해'는 우리가 통상적으로 알고 있는 이해와 사뭇 다름에 틀림이 없다. 그는 '이해'에 관해 이렇게 말한다.

> 이해는 항상 울려 퍼진다(gestimmtes). 이해를 근본적인 실존 범주(Existenzial)로 해석할 때, 이 현상은 현존재의 존재의 근본 양식으로서 파악된다. (Heidegger, [1927] 1972. pp. 142~143)

> 이해는 현존재 자신의 고유한 존재 가능(Seinkönnen)의 실존론적인 존재이다. 더욱이 이 존재는 그 자신에 있어서, 그 자신과 함께하는 존재의 소이(所以, Woran)를 연다. (같은 책, p. 144)

> 이해의 기투성(企投性, Entwurfcharakter)은 존재 가능의 현(現, Da)으로서의 그 현이 열림에 관련해서 세계-내-존재를 구성한다. [⋯] 오히려 이해는 항상 세계-내-존재인 현존재의 완전한 열림과 맞닥뜨리기 때문에, 이해의 빠져듦(Sichverlgen)은 전체적인 기투(Entwurf)의 실존적인 변양이다. 세계에 대한 이해에서 내-존재(In-Sein)가 항상 함께 이해된다. 실존의 이해 자체는 항상 세계에 대한 이해다. (같은 책, pp. 145~146)

여기에서 쉽게 알 수 있듯이, 하이데거가 말하는 이해는 설명이

나 논증 등과 같은 언술 행위와 같이 놓을 수 있는 것이 아예 아니다. 인간의 존재와 삶에 이미 파고 들어와 있는 근본적이고 전체적인 조건이다. 이해를 "울려 퍼지는" 것이라고 말하는 데서 이를 잘 알 수 있다. 말하자면, 이해는 인간의 존재 즉 현존재의 존재를 전반적으로 떨어 울리는 어떤 힘 같은 것이다. 그 울림으로서의 힘은 현존재인 인간이 어딘가(Da)에 '드러나 있다'(現)는 정조(情操, Stimmung)를 불러일으킨다. 그런데 그 정조는 그저 묘한 느낌에 불과한 것이 아니라, 그와 더불어 현존재가 저 자신의 고유한 존재를 예감케 하고 자신의 존재가 어디에 걸려 있는가를 예감케 한다. 더 나아가, 이해는 이러한 예감에 불과한 것이 아니라, 현존재가 항상 어딘가로 자신의 존재 가능성을 향해 기투하도록, 즉 저 자신을 기획해서 던지도록 한다. 그러니까 자신의 존재를 형성해 갈 수 있는 근본적인 힘이 바로 이해인 셈이다.

그런 가운데서 이해는 "세계-내-존재"(In-der-Welt-sein)로서의 자신을 구성한다고 말한다. 하이데거의 존재론에서 이 '세계-내-존재'만큼 널리 알려진 개념도 없을 것이다. 이는 기존의 반성 철학을 적극적으로 부정하는 개념이다. 기존의 반성 철학에서는 우리가 반성을 통해 우리 자신으로부터 거리를 둘 뿐만 아니라, 우리 자신이 속한 세계와도 거리를 둔다고 여겼다. 그런데 하이데거는 이 개념을 통해 우리가 제아무리 자기반성을 한다고 할지라도 세계를 벗어날 수 없음을 선언한다. 이는 한편으로 우리 인간이 이 세계에 느닷없이 아무 근거도 없이 "내던져져 있음"(Geworfenheit)을 함축한다. 그러니까 '세계-내-존재'라는 개념은 우리가 세계라고 하는 근본 지평을 벗어나서는 존재할 수 없다는 것을 나타낼 뿐만 아니라, 우리의 존재가 근본적으로 우연적이라는 사실을 아울러 나타낸다. 이러한 우리 인간의 근본을 표현하기 위해 짐짓 만들어 낸 개념이 "현존재"(現存在, Dasein)다. 'da'는 '거기에'를 뜻하는데, 거기는 다름 아니라 우리 인간이 우연히 내던져진 근본 장소인 세계를 뜻한다.

그런데 '세계-내-존재'에는 "내-존재"(In-sein)가 들어 있다. 이 '내-존재'는 스스로가 드러날 수 있는 근본적인 지평에 이미 자신이 놓여 있을 뿐만 아니라, 그 지평을 통해 저 자신을 향해 응축되어 들어오고, 동시에 그 지평을 향해 스스로가 확산해 나간다는 것이다. 이때 응축과 확산은 친숙성을 기반으로 한다.

도대체 우리는 이미 '바로 지금 여기 이렇게' 자신 속에서부터 자신 앞에 전개되면서 다시 자신을 감아 도는 방식으로 '살고' 있다. 하이데거는 이러한 우리의 삶 속에 이미 바탕을 이루고 있는 이른바 "실존적 범주" 내지는 근본 조건이 바로 이해라고 말한다. 여기에서 '실존적 범주'는 흔히 말하는 지성이 만들어 활용하는 기초적인 개념들 즉 지성적인 범주가 아니다. 즉 인식을 위한 범주가 아니다. 우리 인간의 존재 자체와 그에 따른 우리의 현실적인 삶을 규정하기 위한 범주다. 그러니까, 실존적 범주로서의 이해는 그것이 무엇인가를 '명백하게 알겠다'라는 뜻에서 '그래, 이제 이해된다'라는 식으로 쓰이는 이해가 아니다. '왠지 그러하다는 느낌이 든다'라는 식의 이해다. 그 이해가 깊이를 더할 때, "존재가 가장 불투명하다는 사실을 삶 전체를 통해서 느낀다"라는 말을 하게 될 것이다.

미리 말하자면, 하이데거가 말하는 이해는 이른바 '존재론적인 이해'라고 할 수 있고, 이는 존재가 가장 불투명하다는 사실뿐만 아니라, 그래서 존재에 걸려 있는 일체의 존재자들이 근본적으로 불투명하다는 사실을 마음 전체로 느끼는 이해라고 할 수 있다.

§2. 현존재의 존재인 마음 씀과 존재의 불투명성

하이데거는 현존재의 존재를 "마음 씀"(Sorge)으로 정의한다. (Heidegger, [1927] 1972. 41절 제목) 하이데거에 따르면, 인간 현존재는 자신의 존재에 있어서 이 자신의 존재 자체가 문제인 존재자, 즉 이 자신의 존재 자체를 문제 삼는 존재자이다. 독일어에서 '어떤 것이 문제가 된다'라는 것은 'es geht um…'으로 표기된다. 하이데거는 이 표기의 본질적인 존재 구조를 물고 늘어진다. 이는 직역하면 '무언가 (es)가 …(um)에 돌아다닌다'이다. 이때 'es'는 중성 비인칭 대명사인데, 이것이 과연 무엇을 지칭하는가가 문제다. 이 '무엇'은 현존재인 인간이 아니고, 현존재인 인간의 존재라 해야 한다. 그래서 현존재인 인간에게 그의 존재가 빙빙 돌아다니기에 문제가 된다는 것이다. 즉, '자신의 존재 자체가 문제가 됨'(es geht um seines Sein selbst)이다.

이럴 때, 현존재에게서 "불안"(Angst)이 생겨나지 않을 수 없고, 그래서 현존재는 자신의 존재에 대해 마음을 쓰게 된다. 여기에서 자신의 존재가 문제로 부각함으로써 그 자신의 존재를 문제 삼지 않을 수 없을 때, 현존재는 '자기를-앞서-있음'(Sich-vorweg-sein)의 존재로 드러난다. 이 "자기를-앞서-있음"을 더 정확하게 말하자면, '자기를-

앞서-하나의-세계-내에-이미-있음’(Sich-vorweg-im-schon-sein-in-einer-Welt)이다. 여기에서 ‘자기를 앞서 있다’라는 것은 ‘불안’에서 구체적으로 적시되고, 이를 포함한 ‘자기를 앞서 한 세계 내에 이미 있음’은 마음 씀의 의미를 충족시킨다고 말한다. 그러면서 마음 씀은 현존재의 존재라고 말한다.(Heidegger, [1927] 1972. pp. 191~192 참조)

이게 도대체 무슨 말일까? 과연 우리는 이미 늘 불안한가? 하이데거가 말하는 불안은 감당할 수 없는 구체적인 사건이나 대상을 맞닥뜨릴 것이기에 불안한 것이 아니다. 아무 대상도 없이 그저 이미 늘 불안한 것이다.『존재와 시간』을 출간하고 난 이듬해인 1929년에 하이데거는 프라이부르크 대학에서 취임 강연을 한다. 그것이『형이상학이란 무엇인가』라는 책으로 나와 있는데 거기서 불안에 대해 이렇게 말한다.

> 불안이라고 하는 근본 기분(根本氣分, Grundstimmung)(하이데거, 1981. 57~58쪽) ─ 불안은 현존해 있다. 오직 그것이 잠자고 있을 따름이다. 불안의 숨소리는 모든 현존재를 통해 울리고 있다. (같은 책, 67쪽)

하이데거의 사상을 이해하는 데 정말 중요한 것은 ‘이미 늘’ 우리가 존재론적으로 어떤 처지에 있는가를 계속 염두에 두어야 한다는 점이다. 저 앞을 보자면 이해도 울리고 있고, 여기에서 보면 불안도 모든 현존재를 통해 울리고 있는 것으로 묘사된다. 자기를 문제 삼으면서 자기를 앞서 있음은 말 그대로 불안한 일이다. 기지(旣知)의 자신 속에 머물지 못하는 것, 기지의 자신 속에 짐짓 머물러 있지 않으려 해서가 아니라 어쩔 수 없이 그 자신 속에 머물러 있지 못하고 자기 자신을 앞서 나가 있을 수밖에 없다는 것, 일종의 운명처럼 자신을 넘어서서 어딘가로 향해 나갈 수밖에 없는 것 등이야말로 불안한 일이다. 그리고 현존재의 근본 조건이 이러하다면, 불안은 어쩌면 인간 현존재일 수 있는 가능 근거인 셈이다. 그래서 하이데거는 불안을 "근본 기분"이라 말하는 것이다.

문제는 이 불안이라는 근본 기분이 존재론적으로 볼 때, 과연 그것이 근원적으로 어디에서 움터 나오는가 하는 것이다. 그것은 존재 자체의 불투명성 때문이다. 이에 관해서는 왜 그런가를 따로 나중에 살펴보도록 하자.

그러면 결국 '현존재의 존재인 마음 씀'의 의미라고 하는 '자기를-앞서-(세계-)내에-이미-있음'은 도대체 무엇인가? 'sorgen'은 '근심하다', '배려하다', '염려하다', '신경 쓰다' 등의 뜻을 지닌 동사다. 무엇에 그렇게 신경을 쓰면서 배려하기도 하고 염려하면서 근심하기도 하는 것인가? 현존재는 우리 주변에 현존하면서 다가오기도 하고 이미 파고들기도 하는 사물이나 사건 등 존재하는 일체의 것들에 대해 마음을 쓴다. 말하자면, 현존재는 존재하는 그 모든 것들 즉 존재자 일반을 마음 씀을 통해 '돌보는 자'인 것이다. 거기에는 역시 존재자에 속하는 저 자신을 돌보는 일이 포함된다. 돌본다는 것은 결국 자기가 돌보고 있는 것의 존재에 신경 쓴다는 것이다. 즉 현존재인 우리 인간은 '존재자의 존재'에 대해 신경 쓰는 것이다. 이론적으로 신경을 쓸 수도 있지만, 실천적으로 신경을 쓸 수도 있다. 그래서 하이데거는 "'이론'과 '실천'은 자신의 존재가 마음 씀으로 규정되어야만 하는 한 존재자의 존재 가능들이다"(Heidegger, [1927] 1972. p. 193)라고 말한다.

존재자의 존재에 신경을 쓰는 존재자인 인간 현존재는 바로 형이상학적인 존재자다. 그렇다고 현존재가 존재를 마음대로 좌지우지할 수는 없다. 현존재 자신 역시 존재를 근본 지평으로 삼아 그 속에서 바로 그렇게 존재자의 존재에 신경을 쓰기 때문이다. 그런데 존재자의 존재에 신경 쓴다고 해서, 그 존재자를 강압할 수는 없다. 그저 존재자에서 그 존재자의 존재가 열리기를, 즉 '존재의 열림'(Erschlossenheit des Seins)을 바라고 기다릴 뿐이다.

그런데, 존재가 열리는 그 장소는 도대체 어디일까? 현존재 자신일 수밖에 없다. 존재가 열리는 장소로서의 현존재를 하이데거는 실존(Existenz)이라고 한다. 아울러 이 실존을 현존재의 존재라고 말한다. 그리고는 현존재가 실존으로서 '존재의 열림'을 받아들이는 경험의 통로를 마음 씀이라고 말한다.

> 『존재와 시간』에서 실존은 존재의 열림을 향하여 개방된 존재자, 다시 말하면 인간의 존재를 의미한다. 이 존재자는 존재의 열림을 받아들임으로써 그 열림 속에 서 있다. 이러한 받아들임은 마음 씀이라는 이름으로 경험된다. (하이데거, 1981. 30쪽)

문제는 하이데거가 현존재의 존재를 마음 씀이라 말하고, 그 마음 씀에서 존재의 열림을 받아들인다고 할 때, 왜 하필이면 그렇게 마음 씀이라는 사태를 인간 존재의 근본적인 상태로 보는가 하는 점이다. 이를 풀기 위해서는, 하이데거가 제시하는 마음 씀의 세 범주적 구조를 살펴야 한다. 하이데거는 마음 씀의 세 구조로서, "상황적 심정"(Befindlichkeit), "이해"(Verstehen), "퇴락"(Verfallen) 세 가지를 제시한다. 이 중 가장 중요한 것은 '상황적 심정'이다.

상황적 심정은 주어진 상황에서 인간이 원초적으로 가질 수밖에 없는 심정을 일컫는다. 이는 현존재가 자기의 의도와는 상관없이 여기에 던져져 있다는 이른바 "내던져져 있음"(被投性, Geworfenheit) 내지는 "현사실성"(現事實性, Faktizität)이라는 현존재의 성격이 성립하는 계기로 작동한다.

> 현존재는 자신에게 본질적으로 속해 있는 자신의 상황적 심정을 바탕으로 하나의 존재 방식(Seinsart)을 갖는데, 그 속에서 현존재는 자기 자신 앞에 가져와시고 자신의 내던져짐 속에서 자신에게 열린다. (Heidegger, [1927] 1972. p. 181)

인간이 여기 이렇게 무작정하게 뜬금없이 내던져져 있다는 것은 그 자체 엄청난 불투명성을 이미 내포한다. 그런데 내던져져 있는 것만큼은 분명한데, 어디에서부터 내던져졌는지는 아예 불투명하다. 내던져져 있음에 그저 막연하게 머물 수는 없는 노릇이다. 거기에서부터 이제 인간은 자신의 존재를 돌보지 않으면 안 되는 운명의 길에 이미 들어서 있다. 이를 중시해서 보면, 마음 씀 즉 존재자의 존재를 돌보는 일은 근본적으로 내던져져 있음이라는 근본 사태로부터 움터 나온 것이다. 요컨대 시초(Anfang)가 처음부터 이미 불투명하기에, '존재자를 돌볼 수밖에 없음'이라는 현존재의 존재론적인 근본 구도 가 생겨난 것이다. 존재자의 존재를 돌보는 마음 씀은 불투명한 데서 시작해서 불투명한 존재의 지평 속에서 이루어지고 또 불투명한 방 향으로 나아갈 수밖에 없는 것이다.

§3. 불안과 무를 통한 존재의 불투명성

존재론적인 마음 씀이 결국 불투명한 방향으로 나아갈 수밖에 없는 것은 도대체 마음 씀에서 벗어날 수 없는 근원적인 불안이 그 바탕으 로 작동하고 있기 때문이다.

> 불안은 현존재의 존재 가능성으로서, 그 속에서 열리는 현존재 자신 과 더불어 일관되게 현존재의 근원적인 존재 전체성(Seinsganzheit)을 확실하게 붙들 수 있는 현상적인 토대를 제공한다. 현존재의 존재는 마음 씀으로서 드러난다. (Heidegger, [1927] 1972. p. 182)

이처럼 존재자의 존재를 돌보고자 하는 마음 씀이 불안에서 제 공되는 현존재의 "존재 전체성"과 연결되어 있다고 할 때, 불안은 존 재자의 존재를 돌보고자 하는 마음 씀에게 도대체 어떤 방식으로 작 동할까? 놀랍게도 하이데거는 이렇게 말한다.

불안 속에서는 '전체로서의 존재자'가 여지없이 흔들린다. (하이데거, 1981. 61쪽)

갑자기 저 앞 1부 §6에서 서술한 마르셀 뒤샹의 "전신마취"가 떠오른다. 뒤샹의 전신마취가 불안해하는 자에게 들이닥쳤다면, 여기 하이데거가 말하는 "여지없는 존재자 전체의 흔들림"은 불안해하는 자뿐만 아니라 그를 둘러싼 모든 사물이 전격적으로 요동을 친다는 것이다.

이 대목에서 이제 우리의 불세출의 시인인 이상 김해경(1910~1937)이 쓴 『오감도 시리즈』의 「시 제1호」 중의 한 구절 "13인의아해(兒孩)는무서운아해와무서워하는아해와그렇게뿐이모였소.(다른사정事情은없는것이차라리나았소.)"가 떠오른다. 이 13인의 아이는 인간 전체를 망라하는 상징이 아닌가. 이 시에서 무서워하는 이유는 전혀 나타나 있지 않다. 그러니까, 이 시에서 '무서움'은 하이데거가 말하는 '불안'에 정확하게 겹친다고 할 것이다.

그렇다. 전체로서의 존재자가 온통 흔들린다는 것은 그 존재자 전체의 존재가 오리무중에 빠져들면서 깊고 어두운 심연을 드러낸다는 것을 달리 말한 것이라 할 것이다. 존재하는 일체의 것들이 아무런 근거가 없이 현존한다는 사실이 존재자 전체의 배후에서부터 전면(前面)으로 일제히 일관되게 드러난다. 보자! 이 모든 것들은 무작정하게 그냥 있을 뿐, 그 어떤 존재론적인 근거도 드러내지 않지 않은가. 하이데거는 이 같은 존재자의 존재가 드러내는 깊고 어두운 무-근거의 심연을 "무"(Nichts)라고 말한다. 불안은 바로 존재자의 존재에서 무가 그 '얼굴 없는 얼굴'을 내미는 정확한 통로인 것이다. 이를 하이데거는 다음의 문장으로써 적시한다.

> 불안은 무를 드러낸다. (하이데거, 1981. 59쪽) —— 우리는 미끄러져 달아나는 전체로서의 존재자와 더불어 무가 나타난다고 말하였다. (같은 책, 62쪽)

그러고 보니, 현존재가 불안이라고 하는 근본 기분에 늘 그리고 이미 휩싸일 수밖에 없는 까닭은 무 때문이었다. 무 때문에 불안하고, 불안을 통해 무가 드러나는 것이었다. 이를 중시하면 그리고 불안과 마음 씀을 통해 존재자의 존재를 돌볼 수밖에 없다는 사실을 함께 중시하면, 무를 수반하지 않고서는 도대체 존재자의 존재가 열릴 수 없다고 말하게 된다. 특히 현존재의 입장에서는 더욱 그러하다.

> 만일 현존재가 미리 앞서서 무 속에 진입해 있지 않다고 하면, 현존재는 결코 존재자에 관계할 수 없을 것이요, 따라서 자기 자신에게도 관계할 수 없을 것이다. 무의 근원적인 개시성(開示性, Offenbarkeit)이 없이는 자기 존재(자아)도 자유도 없다. (하이데거, 1981. 64쪽)

인간은 이미 깊고 어두운 심연 속에 빠져들어 있고, 그 심연의 한가운데 서서 존재하는 것 전체에 신경을 쓰고 있다. 그렇게 불투명한 존재의 심연에 빠져들었기 때문에 존재에 신경을 쓰면서 이른바 형이상학적인 존재로 살아가는 것이 인간이다. 꽉 차 있는 존재자들의 접착성 속에, 마치 벌레가 거미줄에 걸린 것처럼, 함께 범벅이 되어 걸려 있다면, 도대체 인간은 인간일 수도 없고 따라서 뒤이어 나타나는 자아도 자유도 없다. 인간은 존재하는 것들 즉 존재자들이 입을 벌려 보이는 깊고 어두운 존재의 심연 속에 서 있음으로써만, 즉 무와 맞닥뜨리면서 그 무가 보여 주는 '존재자의 존재'의 배면을 통해서만 인간으로서 살아갈 수 있다는 이야기다.

그런데 어떤가? 존재의 불투명성에는 이미 무가 함축되어 있지 않은가? 무는 존재의 '불투명성'에 대한 존재론적인 다른 이름이라 하지 않을 수 없다. 아울러 무는 모든 불투명성의 근원이라 달리 말하게 된다. 무는 존재하는 것들 즉 존재자처럼 '있는 것'도 아니고, "나는 돈이 없다"라고 할 때처럼 무언가의 결핍인바 '없는 것'도 아니다. 무는 존재와 마찬가지로 필증적 명증의 원리에서 요구되는 있음과 없음의 판별을 벗어나 있다. 우리는 후설의 필증적 명증의 원리를 살피면서 불투명성을 우선 이같이 유무의 판별을 벗어나는 사태에서 출발하여 접근했었다.

그렇다고, 그렇기에 무도 존재와 마찬가지로 불투명하다고 말해야 할까? 하이데거는 그렇게 말한 적이 없다. 오로지, 존재가 가장 불투명하다고 말했을 뿐이다. 따라서 우리는 존재와 무의 결합방식에 대해 불투명성이라는 이름을 붙일 수 있을지언정, 무를 불투명하다고 말할 수는 없다. 존재와 무의 결합방식을 언급하게 되는 것은 하이데거가 무가 존재자의 존재에 속한다고 말하고 있기 때문이다. 그뿐만 아니라, 그렇게 무가 존재자의 존재에 속하기 때문에 존재가 유한하다고 말하기까지 하기 때문이다.

무는 존재자에 대한 막연한 대립자에 그치는 것이 아니라, 존재자의 존재에 속하여 있는 것으로서 자신을 드러낸다. […] 존재 자신이 본 질적으로 유한하며 또 무 안으로 진입해 있는 현존재의 초월 속에서 만 자신을 드러내는 까닭이다. (하이데거, 1981. 71쪽)

존재가 유한하다는 것은 존재자가 유한하다는 것과는 차원이 다르다. 존재자가 유한하다는 것은 존재자 간의 외적인 관계에서 그러한 것이지만, 존재가 유한하다는 것은 무와 결합해 있다는 점에서 그러한 것이다. 만약 존재와 무의 결합방식을 불투명성으로 규정하게 되면, 그러면서 어떻게 그렇게 결합할 수 있는가 하는 원천을 따지게 되면, 어쩌면 불투명성이야말로 존재와 무를 넘어선 어떤 차원에서 부터 근원적으로 움터 나오는 것이라 말하게 되지 않을까? 이에 관해서는 이 책의 마지막 즈음에 재론케 될 것이다.

아무튼, 하이데거는 무가 그저 깊고 어두운 존재자의 심연으로 다가오기만 할 뿐 아니라, 그러면서 존재자에 대해 강력한 작용을 행사한다고 말한다. "무화 작용"(無化, Nichtigen)이 그것이다.

존재자의 존재 속에서 무의 무화 작용이 일어난다. (같은 책, 64쪽)
── 오로지 무가 현존재의 근거 속에서 드러나 있는 까닭에, 존재자의 아주 괴이한 성격이 우리를 엄습하여 온다. 오직 존재자의 괴이한 성격이 우리를 압박해 올 때만, 존재자는 경이를 불러일으키며 또 경이의 대상이 된다. (같은 책, 73쪽)

존재자가 무의 무화 작용 때문에 자신의 존재에 있어서 괴이한 성격을 지니고서 우리를 엄습하여 압박하고, 그래서 역시 존재자의 하나인 인간 현존재가 그 근거에서부터 무를 드러내지 않을 수 없도록 한다는 이야기다. 그럼으로써 존재자가 경이의 대상이 된다는 것은 존재자가 철학의 출발점이 되고 형이상학의 출발점이 된다는 이야기다. 이는 맨 처음 형이상학을 체계적으로 일군 아리스토텔레스가 "철학은 존재 일반에 대한 경탄에서 시작한다"라고 한 데 따른 해석이다.

여기에서 우리는 인간 현존재에서 드러나는 무와 인간 현존재의 죽음을 견주게 된다. 하이데거는 『존재와 시간』에서 죽음을 통해 현존재가 실존할 가능성이 열린다고 하면서 현존재를 '죽음으로의 존재'(Sein zum Tode)로 규정한다.

> 현존재의 종말인 죽음은 현존재의 가장 고유한, 무연(無緣)한, 어떤 그리고 그러한 무규정적인, [도저히] 능가할 수 없는 가능성이다. 죽음은 현존재의 종말로서, 자신의 종말을 향한 현존재의 존재에서 존립한다. (Heidegger, [1927] 1972. pp. 258~259) ─ 본래적인 죽음으로의 존재는 현존재의 실존적인 가능성을 의미한다. (같은 책, p. 260)

여기에서 죽음은 도대체 무규정적이고 그래서 그 어떤 사태와도 견줄 수 없고, 그렇기에 도무지 능가할 수 없는 현존재의 가능성으로 묘사되고 있다. 그 내용을 보아 죽음은 말 그대로 불투명하다. 인간 현존재의 불투명성이 성립한다고 하면, 일차적으로는 이러한 죽음으로의 필연적인 가능성 때문이고, 더 깊이 들어가 보면 존재의 불투명성 때문이겠다. 죽음과 무가 연결되는 것은 당연할 것인데, 그 연결의 확실한 매개는 다름 아닌 불투명성이다. 인간 쪽에서만 보면, 죽음만큼 불투명한 일은 있을 수 없다. 그러나 인간의 관점을 넘어서면, 존재 자체가 불투명한 것이고, 죽음이란 존재의 불투명성이 근원적으로 드러나는 근원적인 사건인 셈이다.

인간 현존재의 죽음에 대한 존재론적인 시선이 존재자 전체의 존재로 확산하면 존재자의 존재 속에서 존재자를 무화하는 무로 확장된다. 따라서 존재에 무가 결합해 속해 있듯이, 인간 현존재에게는 죽음이 결합해 이미 속해 있다. 그래서 죽음은 나중에 있을 순간적인 사건이 아니라, 인간 현존재를 바탕에서부터 근거 짓는 영속적인 사건인 것이다.

그래서 이제, 우리는 이 모든 전체 구도를 처음부터 끝까지, 바탕에서부터 꼭대기까지 관철하고 있는 것이 다름 아니라 불투명성이라고 말하게 된다.

§4. 불투명한 존재의 근원적 불투명성을 견뎌 내는 방책, 시작(詩作)

하이데거는 존재와 결합한 상태로 존재자의 중심을 뚫고 올라오는 무의 무화 작용이 현존재를 거치면서 죽음과 불안으로 나타나고, 그럼으로써 인간 현존재에서뿐만 아니라 존재자들 전체에게서 말을 빼앗아 가 버리게 된다고 말한다.

불안 속에서 모든 사물과 우리 자신은 아무래도 좋은 것이 되고 만다. ─ 존재자들은 더는 우리에게 말을 걸지 못한다. ─ 불안이 우리에게서 말을 박탈해 간다. ─ 불안에서는 모든 '존재-진술'(Ist-sagen)이 침묵 속으로 빠져 버리며 단적으로 무가 된다. (이수정·박찬국, 1999. 324~325쪽)[2]

그렇다고 전혀 말이 없는 것은 아니다. 오히려 존재자의 말이 사라졌기 때문에 그 장엄한 침묵 속에서 존재가 말을 하기 시작한다. "언어는 존재의 집이다"(같은 책, 129쪽에서 재인용)라고 할 때, 언어는 존재자 특히 현존재의 언어가 아니라, 존재의 언어다. 이 '존재의 언어'는 고대 그리스의 사유에서 이성을 뜻하기도 하지만 본래 말을 뜻하는 로고스(logos)에 가닿는다.

그리고 이를 원용한 "태초에 말씀(logos)이 계셨다. […] 모든 것이 그로 말미암아 생겨났으니, 그가 없이는 생겨난 것이 하나도 없다"라는 신약성서 「요한복음서」 1장 1절과 3절에 가닿는다. 이 대목에서 하이데거는 마치 존재가 '말씀'으로써 천지를 창조한 기독교의 신처럼 인격적인 존재인 양 표현하고 있는 셈이다. 하지만, 하이데거는 이 존재의 언어가 없이는 도대체 인간이 근원적으로 살 곳이 없음을 말한다. 이 역시 기독교에서 말하는 성령이 개개의 신도에게 파고듦으로써 그 개개의 신도가 참그리스도인으로 존재하게 된다고 말한 것

---

2 이수정·박찬국의 이 책에서 이러한 말들은 『하이데거 전집 9권』의 111쪽에 나와 있는 것으로 명기되어 있다.

을 생각하게 한다. 하지만, 신이라는 존재 역시 존재 일반의 불투명성을 견디다 못해 짐짓 내세운 방책에 불과하기에, 가장 불투명한 존재를 제시한 하이데거에게 이를 곧이곧대로 적용한다는 것은 쉽지 않은 일이다.

아무튼, 존재의 언어는 도대체 인간의 지성 내지는 이성을 통해서는 절대로 접근할 수 없는, 하이데거가 일컫는 바에 따르면 "존재의 부름"(Seinsruf)이다. 그래서 들먹이는 것이 바로 시작(詩作, Dichtung)이다. "시작이 존재자의 탐색보다도 더욱 참되다."(이수정·박찬국, 1999. 140쪽에서 재인용)[3] 시를 쓴다는 것은 존재의 언어를 듣는 것이고, 존재의 언어로 사유하는 것이고, 그럼으로써 인간과 존재자 전체를 넘어선 곳에서 이쪽 인간과 존재자 쪽으로 넘어오는 그 존재의 언어를 따르는 작업이 된다.

> 언어 자체는 본질적인 의미에 있어서 시작(詩作)이다. 그러나 이제 언어는 인간 일반에 대해 처음으로 존재자로서의 존재자가 열리는 사건이기 때문에, 창작(Poesie) 즉 좁은 의미의 시작은 본질적인 의미에 있어서 가장 근원적인 시작이다. 따라서 언어는 근원 창작(Urpoesie)이기 때문에 시작이 아니다. 언어가 시작의 근원적인 본질을 보전(保全)하기 때문에, 창작은 언어 속에서 생기(生起)한다. (Heidegger, 1935. p. 61)

---

3 이는 하이데거가 쓴 『휴머니즘에 대하여』(über den Humanismus), 46쪽에 있는 것으로 명기되어 있다.

언어는 그 자체에서 보면 시작(詩作)이면서 더 근원적으로 말하면 근원적인 창작, 즉 존재에서의 창작이라는 이야기다. 'poesie'는 제작을 의미한다. 그러니까 존재에서 이루어지는 근원적인 제작이 바로 언어라는 이야기다. 이제까지 살펴 온 존재의 불투명성에 견주어 보면, 언어는 근원적으로 불투명함을 바탕으로 해서 발설되는 것이다. 그러니까, 이성 내지는 지성으로써 고정할 수 있는 낱말이나 문장의 의미를 활용해서는 결코 시를 쓸 수도, 읽을 수도 없다.

하이데거의 이러한 시작으로서의 언어관에서 우리는 존재의 불투명함이란 기실 그 자체 그저 무의미함을 의미한다거나 도무지 넘어설 수 없는 단단한 벽을 의미하는 것이 아님을 알게 된다. 오히려 존재의 불투명함은 삶과 세계를 더욱 심오하고 경건하게 이끌어 가는 원동력임을 알게 된다.

요컨대 근원적으로 불투명한 삶을 견뎌 내는 것은 우리가 겪는 인고가 아니라, 알고 보면 우리가 존재자 전체를 포섭하면서 그 전체의 밑바탕에서 움터 나오는 시적인 의미를 끌어들여 보호함으로써 나의 존재를 저 불투명한 심연을 품은 존재에게로 넘겨주고 아울러 저 존재를 나의 존재로 넘겨받는 상호교환적인 거대한 작업이다.

언어라고 하는 거처에 인간은 산다. 사유하는 자와 시작하는 자는 이 거처의 파수꾼이다. (이수정·박찬국, 1999. 140쪽에서 재인용)

말하자면, 근원적으로 불투명한 존재의 심연을 마다하지 않고 그 속으로 뛰어들어 삶을 영위하는 것은, 말하자면 존재론적-시적인 위업이다. 이에 우리가 염두에 둔바 저 불투명한 존재의 심연으로 뛰어들고자 하는 충동을 하이데거가 시작 또는 예술의 근원으로 변환하고 있음을 보게 된다. 여기에서 우리는 하이데거의 존재론을 불투명성의 존재론이라 일컫고 그와 동시에 예술 문학적 불투명성으로써 존재의 불투명성을 역용하는 존재론이라 일컫게 된다.

III. 마르셀: 내 몸에서 열리는 신비 존재의 불투명성

마르셀은 우리에게 그다지 많이 알려지지 않았고, 그만큼 친숙하지도 않은 철학자다. 당연히 관련 문헌이 우리 주변에 흔치 않아 접근하기가 쉽지 않다.

마르셀은 일기 형식으로 글을 써서 철학적인 논의를 한 것으로 유명하다. 『존재와 소유』(*Être et Avoir*, 1935)는 '1장. 존재와 소유'를 이루는 「형이상학 일기(1928~1933)」와 「소유의 현상학에 대한 소묘」, 그리고 '2장. 믿음과 실재'를 이루는 「현대의 비종교에 대한 고찰」과 「믿음에 대한 반성」 및 「피터 부스트에 따른 신앙심」 등으로 되어 있는데, 이 중 「형이상학 일기」가 전체의 3분의 2를 차지한다. 『존재와 소유』는 1915~23년에 쓴 일기인 『형이상학 일기』(*Le Journal métaphysique*, 1927)의 후속이다. 이 두 책은 나중에 기포드에서 강의한 강의록을 모은 『존재의 신비』(*Le Mystère de l'être*, 1951/국역본. 『존재의 신비 I: 성찰과 신비』, 이문호·이명곤 옮김, 누멘, 2010)와 더불어 마르셀의 여러 저작 중 주저로 꼽힌다. 그리고 필자가 참고한 원전은

『존재와 소유』뿐이다.

그 외, 스피겔버그가 쓴『현상학적 운동 II』(*The Phenomenological Movement: a historical introduction volume two*. 스피겔버그, 1992)와 리처드 자너(Richard M. Zaner)가 쓴『체화의 문제: 몸 현상학에 대한 몇몇 기고들』(*The Problem of Embodiment: some contributions to a phenomenolgy of the body*. 자너, 1993)에서 마르셀의 철학을 소개한 내용을 참고할 수 있다.

마르셀은 '어둠의 철학자'라 불리기도 하는 만큼, 그의 존재론적인 사유는 필자가 기획한 '불투명성의 현상학'의 선구자라 할 수 있다. 하이데거가 심정적인 차원을 깊이 파고 들어가 불투명한 존재의 심연을 보여 주었다면, 하이데거와 같은 해에 태어난 마르셀은 몸의 차원을 깊이 파고 들어가 전혀 새로운 방식으로 불투명한 존재의 심연을 드러내었다고 할 수 있다.

§1. 불투명성의 형이상학

필자가 마르셀 철학에 관한 공부가 제대로 되지도 않았는데도, 굳이 마르셀을 이 책의 주된 인물로 삽입하게 된 것은 우선 필자가 집중하고 있는 메를로-퐁티의 몸 철학에 마르셀의 철학이 크게 영향을 미쳤다는 사실을 감지했기 때문이기도 하지만, 무엇보다도 그가 1935년에 발간한 그의 주저『존재와 소유』에서 한 다음의 말이 워낙 강렬하게 다가왔기 때문이다.

따라서 자신에 대해서는 주위에 어둠들을 거느리고 있을 뿐인 밝은 원으로서 의식을 나타내는 모든 은유와 단연코 결별해야 한다. 그 반대다. 중심에 있는 것은 어둠이다. (Marcel, 1935. p. 15)

마르셀의 이 언명은 불투명성이라는 개념으로써 현대 철학을 조감해 보고자 하는 필자의 의도에 하나의 섬광처럼 작동했다. 데카르트에서부터 출발하는 의식의 명증은 기실 의식이 인식론적인 진리뿐만 아니라 존재론적인 진리마저 총괄적으로 지배하고 또 지배할 수 있다는 것을 알린다. 그리고 명증한 의식에 포착되지 않는 것들, 이른바 어두운 것들은 별달리 철학적으로 고뇌할 필요가 없다는 것을 함축한다. 그런데 마르셀은 이 같은 의식의 중심성을 정면으로 공박하면서 오히려 중심은 '어둠'(ténèbre 또는 ombre)이라고 정식화한다.

당연히 우리로서는 이 '어둠'이 도대체 무엇을 의미하며, 마르셀이 어떤 관점에서 이 '어둠'을 이렇게 의식의 중심으로 보는가를 궁금해할 수밖에 없다. 이를 알기 위해서는 마르셀이 이 말을 하기에 앞서 제기하고 있는 문제들을 살펴야 한다. 그 문제들은 바로 몸을 둘러싼 마르셀의 형이상학적인 고뇌에서 비롯된다.

그가 몸을 문제로 삼게 된 것은 처음부터 '개인적 실존의 형이상학적인 조건'을 규명하는 데 집중하고 있기 때문이다.(자너, 1993. 18쪽 참조) 이에 관련된 주요 개념으로는 '내 몸'(mon corps), '불가침투성'(imperméabilité), '불투명성'(opacité), '체화'(incarnation), '참여'(가담, engagement), '근본적 상황'(situation fondamentale), '외부 세계의 불명료'(obscurité du monde extérieur) 등을 들 수 있다. 이 개념들은 『존재와 소유』 초반 겨우 몇 쪽에서 한꺼번에 등장한다. 중요한 문장들을 차례대로 열거하면서 개인적 실존의 형이상학적인 조건을 탐구하면서 제시되는 마르셀의 '불투명성의 형이상학'에 관해 그 윤곽을 잡아 보고자 한다.

> 우리가 순수 지성을 상상할 수 있는 만큼, 그러한 지성이 사물들을 현존하는 것(existantes)으로서 또는 현존하지 않는 것으로서 고찰할 가능성은 없다. (Marcel, 1935. p. 10)

마르셀이 일기 형식으로 글을 쓰고 있다는 것은 체계적인 논증을 하지 않고 직관으로 가득 찬 매력적인 말들을 툭툭 던진다는 것과 일맥상통한다. 사실 마르셀은 순수 논리적인 지성을 혐오하면서 자신의 철학을 체계화하는 것에 대해 대단히 거북해한 것으로 알려져 있다.(자녀, 1993. 35쪽; 스피겔버그, 1992. 44쪽 참조) 그런데 여기에서는 사물들의 현존 여부조차 감당할 수 없는 것이 바로 순수 지성이라고 당당하게 역설하고 있다. 순수 지성에 대한 혐오와 더불어 마르셀이 제기하는 것은 현상학적인 태도와 일맥상통하는 체험이다. 그런데 그 체험의 중심은 '나는 존재한다'라는 체험이다.

데카르트는 "나는 생각한다. 그러므로 나는 존재한다"라고 했다. 그런데, 마르셀의 이 체험에 따르면, "나는 존재한다. 그러므로 내가 생각한다는 것은 그 이후의 일이다"라고 할 것 같다. '나는 존재한다'라는 것에 대해, 마르셀은 '나는 생각한다'라는 것도 아니고 심지어 '나는 살아간다'라는 것도 아니라고 하면서, '나는 체험한다'라는 것이라고 힘주어 말한다. 이는 내가 존재한다는 사실을 데카르트처럼 논증적인 증명 과정을 거쳐서 확인할 성질의 것이 아니라 본래부터 그 자체로 체험되는 것임을 역설하는 것이다. 그러면서 '나는 존재한다'가 '무엇인가가 내 속에서 체험된다'라는 것과 도무지 떼 내어 생각할 수 없음을 덧붙인다.(자녀, 1993. 28쪽 참조)

순수한 지성은 자신 속에 지성적이지 않은 것이 들어오는 것을 견디지 못한다. 그래서 '순수한'이라는 관형어가 붙어 있다. 그런데 마르셀은 '나는 존재한다'라고 하는 근원적인 현상에 대해 항상 나와 다른 무엇인가가 내 속에 들어와 있음으로써 성립한다는 점을 강조한다. '내 속에 나 아닌 것이 들어와 있음으로써 내가 존재한다'라는 체험의 근본적인 현상은 바로 '내 몸'의 현상 또는 '나와 내 몸과의 관계'의 현상이다. 마르셀은 앞서 말한 사물들의 현존 여부의 바탕을 '현존하는 모든 것과 내 몸과의 관계'에서 찾는다.

실제로 나는 모순 없이는 내 몸을 현존하지 않는 것으로 생각할 수 없다. 왜냐하면, 현존하는 모든 것이 정의되고 자리를 잡는 것은 내 몸 ── 그것이 내 몸인 한에서 ── 과의 관계에 따라서 그러하기 때문이다. (Marcel, 1935. p. 10)

마르셀이 '내가 존재한다'라는 사실에 사유를 집중하면서 그 '나의 존재'를 내 몸과의 관계에서 찾는다는 것은 불투명성의 존재론을 구축하는 데서 대단히 선구적인 성찰이라 할 수 있다. 현존하는 모든 존재자의 존재를 규정하면서 초월론적 통각이나 순수 의식에서 그 바탕을 찾는 것이 아니라, 몸을 그 바탕으로 삼는다는 것은 이미 존재 자체의 불투명성을 바탕으로 한 사유를 펼치는 것이기 때문이다.

하이데거에서 존재의 불투명성은 존재와 존재자를 근본적으로 다르게 보는, 이른바 존재론적인 차이에서 이미 예고되지만, 마르셀에서 존재의 불투명성은 '나는 존재한다'라고 하는 근원적인 사태를 통해 존재와 관계하는 자를 처음부터 몸으로 볼 수밖에 없다는 절박함에서 비롯된다. 하이데거가 말한 인간 현존재가 마르셀에서는 '내 몸인 나'로 나타난다는 점을 유의해야 한다. 미리 말하자면, 하이데거에서 존재의 불투명성이 존재 자체에서 비롯된다면, 마르셀에게서 존재의 불투명성은 나와 내 몸 간에 이루어지는 불투명성에서 비롯된다.

아무튼 우리는 이 인용문에서 마르셀이 현존하는 모든 사물의 현존 가능성의 바탕으로서 "내 몸인 한에서의 나의 몸"을 제시하고 있다는 것을 유념해야 한다. 이는 다른 곳에서 "모든 것들은 나의 몸이 '존재한다'는 사실로부터 떼어 낼 수 없다"(자녀, 1993. 30쪽에서 재인용)라고 말한 것과 직결되면서, 존재하는 모든 사물과 내 몸이 처음부터 동근원적으로 뫼비우스 띠처럼 결합해 있음을 암시하고 있기 때문이다. 이는 내 몸 역시 하나의 물체임을 염두에 두지 않을 수 없기에 열리는 상호교차적인 통로라 하겠다.

장애로서 지적될 수 있는 현존하는 것으로 사유되는 모든 것 — 여러 처지에서 내가 맞닥뜨리는 그 무엇으로서 — 은 저항적이고 불가침투적이다. 이 불가침투성이 생각된다는 것은 의심할 수 없다. 그러나

이 불가침투성은 절대적으로 생각될 수 있는 것은 아니라고 여겨진다. 마찬가지로 내 몸은 그것이 하나의 물체(un corps)로서 생각된다. 그러나 나의 사유는 내 몸이 나의 몸이라는 사실과 맞닥뜨리게 된다. (Marcel, 1935. p. 11)

현존하는 것들은 그렇게 현존하는 것으로 사유되면서도 그 자체 사유에 저항하는 것으로서, 사유로써는 절대적으로 침투해서 들어갈 수 없는 것으로서 사유된다는 점을 강조한다. 내 몸 역시 하나의 현존하는 물체이기 때문에 여느 물체들과 마찬가지로 사유에 대해 저항적이고 불가침투적이라는 이야기를 하고 있다. 그러면서 그 핵심적인 이유로, 내 몸이 바로 나의 몸이라는 사실을 사유하지만, 그 사유가 내 몸이 곧 나의 몸이라는 바로 그 사실 때문에 일정하게 좌초하고 만다는 것이다. 내 몸이 하나의 물체라고 하는 것은 내 몸이 그저 현존하는 모든 것들에 대해 존재론적인 바탕이 된다는 것에 그치지 않고, 내 몸 역시 그러한 것들과 더불어 동일한 차원에 있기에 현존할 수 있다는 점을 암시한다.[1] 물체와 몸이 사유에 대해 발휘하는 저항과 불가침투성은 사물의 불투명성과 바로 이웃하고 있는 중요한 개념이 아닐 수 없다. 이에 관해 마르셀은 각주를 통해 이렇게 첨언한다.

불가침투성은 생각된다. 그러나 불가침투성은 결코 환원되지 않는

---

1 이러한 암시를 최대한으로 발전시키면 메를로-퐁티의 '살' 개념이 나올 수 있다.

다. 세계의 불투명성은 어떤 의미에 있어서 환원 불가능하다. 불투명성과 '나임'(Meinheit) 간의 연결: 나의 관념(idée)은 그것이 나의 것인 한에서 나 자신에게 불명료하다. (Marcel, 1935. p. 11, 각주 1)

불가침투성이 생각된다고 해서 그 불투명성이 투명한 내용으로 환원되지 않음을 특별히 강조하고 있다. 내 몸이 나의 것임으로써 오히려 불투명하듯이, 관념조차도 그것이 나의 것인 한 나에게 불명료하다는 점을 지적하는 것은 마르셀이 탁월하고도 특이한 반인식론적인 통찰을 발휘한다는 사실을 확연히 드러낸다. 몸과 물체는 저항적이고 불가침투적이기 때문에 나의 사유에 대해 불투명하다 할지라도, 도대체 내 사유의 품속을 벗어나지 못하는 관념만큼은 명료하지 않겠는가, 할 것인데, 그 관념들조차 나의 것인 한 불명료하다고 말한 것은 정말 대단하다. 인식의 기초가 되는 관념들조차 근본적으로 불투명성의 굴레를 벗어날 수 없다고 함으로써, 존재 영역뿐만 아니라 인식 영역조차도 전반적으로 불투명하다는 것을 제대로 역설하고 있기 때문이다.

관념에 대해 이렇게 말할 수 있는 근거는 적어도 '내 몸인 나'에 의한 사유 즉 체화된 사유를 바탕으로 하지 않고서는 관념이 성립할 수 없다는 사실이다. 그래서 마르셀은 이렇게 말한다.

체화 —— 형이상학의 중심적인 소여. 체화, 하나의 물체(un corps)에 연결된 것으로서 나타나는 한 존재자의 상황(situation d'un être). 그 자신에게 투명하지 않은(non-transparente) 여건. 코기토와의 대립. 이 몸에 대해 나는 그것이 나라고 말할 수도 없고 그것이 내가 아니라고 말할 수도 없고, 그것이 나에 대해 있다고(대상이라고) 말할 수도 없다. 주체와 대상의 대립은 단번에 넘어서지는 것으로 나타난다. (같은 책, pp. 11~12)

어떻게 해서 체화가 이루어진다는 이야기는 없다. 형이상학적으로 볼 때, 체화란 처음부터 가장 중심적인 여건으로서 주어진다고 말한다. 그렇게 근원적으로 체험된다는 이야기겠다. 마르셀이 전개하는 개별적 실존의 형이상학에서 체화란 내가 내 몸으로 드러나는 것을 말한다. 그래서 마르셀은 '나는 존재한다'는 '나는 드러난다'(je suis manifeste)라고 말해야 한다고 지적한다.(자너, 1993. 30쪽 참조)

예컨대 데카르트가 본 순수 사유로서의 나는 외부로 드러나지 않지만, 체화된 나 즉 내 몸인 나는 얼마든지 외부로 드러나고 바로 그렇게 드러남으로써만 존재할 수 있는 것이다. 체화는 어쩌면 내가 이미 내가 아닌 것과 하나로 결합함으로써 내가 될 수 있음을 알리는 현상이라 하겠다. 그래서 마르셀은 "'나는 존재한다.' 이것은 내가 나 자신에 대해 '빌려온 타자성'(altérité d'emprunt)이 되는 한에서 타자에게 혹은 자기 자신에게 자신을 알리거나 인지시키는 수단을 지녔음을 뜻한다"(같은 책, 30쪽에서 재인용)라고 말한다. 미리 말하자면, 이 체화야말로 신비 중의 신비로서 나중에 마르셀이 '신비의 형이상학'을 구축하는 데 핵심으로 작동하게 된다.

이에 체화를 코기토와의 대립 관계로 놓는다는 것은 쉽게 이해된다. 코기토 문제에 있어서 마르셀은 데카르트와의 관계를 당연히 염두에 두지 않을 수 없었다. 그는 『일기』에서 "데카르트의 '나는 존재한다'보다 더 시사적인 것은 아무것도 없다"(자녀, 1993. 26쪽에서 재인용)라고 쓰고 있다. 이것은 마르셀이 데카르트가 언명만 했을 뿐 그 구체적인 의미를 제대로 탐구하지 않은 '나는 존재한다'라는 것에서 이른바 '존재론적인 요청'(exigence ontologique)을 발견하고, 이를 바탕으로 개인적 실존의 형이상학적인 조건을 탐구해 나가겠다는 결의를 보인 것이라 할 것이다. '나는 생각한다'라는 이른바 인식론적인 코기토에 집중한 데카르트와 '나는 존재한다'라는 존재론적인 근원적 사태에 집중하는 마르셀이 대조를 이룬다. 결국, 마르셀은 '나는 존재한다'는 것은 "넘어서 존재한다는 것"(sum is sursum)이며, 존재란 "여정-중의-존재"(être-en-route)라고 하여 여행자로서의 존재라고 말하게 된다.(같은 책, 40쪽 참조) 이처럼 내가 결정되지 않은 과정으로서의 존재로 존재한다는 것이고, 내가 존재한다는 것은 이같이 나름의 미결정적인 심연을 바탕으로 한 것이라는 이야기로 받아들일 수 있겠다.

마르셀에서 존재론적인 요청은 '나는 존재한다'라는 것에 대한 확신을 에워싼 심연에 대한 체험에서 일구어진다. 1933년에 쓴 「존재론적인 신비에 대한 입장과 접근」에서 마르셀은 "존재가 있는가? 존재란 무엇인가? 그러나 내가 이러한 문제에 대해 반성을 하게 되면 반드시 나의 발밑에 새로운 심연이 열리고 있음을 보게 된다. 존재를 탐구하는 나는 내가 존재한다는 것을 확신할 수 있을까?"(같은 책, 20쪽에서 재인용)라고 말하면서 일종의 존재론적인 심연을 언급한다. '미결정성', '심연', '어둠' 등의 어휘는 그야말로 '불투명성'과 직통하는 낱말이다. 독일에서 하이데거가 불투명성의 존재론을 열고 있었다면, 프랑스에서는 이렇게 마르셀이 저 나름의 방식으로 불투명성의 존재론을 일구고 있었다.

그 결과, 마르셀은 도대체 나와 내 몸 간의 관계에 대해 그 어떤 결정적인 이야기도 할 수 없는 지경에 이르게 되고, 그 와중에 주체와 대상의 구분은 단번에 초월할 수밖에 없게 된다는 점을 정확하게 지적한다. 주객 이원론에 대한 메를로-퐁티의 강력한 비판과 그 비판의 근거인 몸에 관한 깊은 연구가 이처럼 마르셀에게서 이미 정확하게 드러나고 있다는 점에서 메를로-퐁티를 줄곧 중시해 온 필자로서는 정말이지 묘한 상념에 사로잡히지 않을 수 없다. 더욱이 "역사적으로 마르셀은 아마도 핵심적인 여건으로 주어지는 '나의 것으로서의 내 몸'이라는 현상을, 즉 나의 몸에 대한 자신의 경험에 따라 그것 자체만을 목적으로 그 자체의 용어로서 탐구되는 현상을 최초로 발견한 철학자일 것이다"라고 하는 자녀의 이야기(같은 책, 32쪽)를 참고하게 되면 더욱 그러하다. 마르셀이 주객 이분법을 강화한 사르트르와 줄곧 대립적인 위치에 있었다는 것도 바로 이러한 대목에서 읽을 수 있을 것이다.

> 근본적인 상황은 엄밀하게 지배될 수도, 장악될 수도, 분석될 수도 없다. 이러한 불가능성은 내가 혼란한 상태에서 나는 내 몸이라고 선언할 때, 즉 내가 도대체 나를 내 몸과 구분되는 항으로 취급할 수 없음을, 그러니까 나를 내 몸과 규정할 수 있는 관계 속에 놓여 있는 것으로 취급할 수 없음을 선언할 바로 그때 확증된다. (Marcel, 1935. p. 12)

마르셀에게서 내가 내 몸으로 체화되어 나타나는 현상이 얼마나 중요한가를 다시 한번 확인하게 된다. 이 현상이 드러나는 상황을 마르셀은 "근본적인 상황"이라고 말하고 있다. 그 '근본적인 상황'에 끌려 들어가지 않고서는 철학적인 탐구를 할 수 없었던 마르셀을 생각하게 된다. 그럴 때 우리는 마르셀이 말하는 '사유하는 사유'(pensée pensante)에 대한 이야기를 끌어올 수 있다.

"사유하는 사유는 체화된 사유이며, 몸에 사로잡혀 있는 의식이며, 이 몸에 의해서 존재에 사로잡혀 있는 의식이다"라거나, "나의 몸과 떨어져서 혹은 나의 몸 밖에 나 자신을 확립할 수 있는 인지 가능한 곳은 없다"라는 마르셀의 언급(자너, 1993. 31~32쪽에서 재인용)을 바탕으로, 나에 대해 사유하는 내가 나의 몸에 의해 체화된 나 자신임을 확립할 수 있게 된다.

'사유하는 나를 사유하는 나'라는 반성의 형식은 마르셀이 말하는 나의 몸에 의해 체화된 나와 정면으로 대립한다. 이 반성의 형식은 데카르트로부터 정확하게 내려오는 지성주의적인 반성 철학의 핵심적인 전통으로서, 예컨대 칸트의 초월론적인 통각이나 후설의 순수 의식을 일구어 내는 데 그야말로 긴요한 통로였다. 그런데 마르셀은 오히려 이들이 말하는 사유하는 나를 사유하는 그 나의 사유가 다름 아닌 체화된 사유임을 강조한다. 이는 앞서 언급한 나의 관념들이 나의 것인 한 근원적으로 불명료하다고 말한 것과 연결되는 대목이다.

이러한 마르셀의 사유는 불투명성을 바탕으로 하는 데 있어서 하이데거보다 더 근본적이라 할 수 있다. 사물이야말로 불투명성의 근원인데, 하이데거는 사물 전체와 연속성을 이루면서도 그 사물 전체를 체험하는 몸에 관한 생각을 일절 하지 않기 때문이다. 그런 점에서 마르셀은 하이데거보다 더 반(反)-근대적인 사유를 전개했다 할 것이다.

마르셀은 몸인 한에서의 나를 바탕으로 한 체화된 사유에서 사유의 근본을 찾음으로써 사유 자체의 불투명성을 제시한 셈이다. 그리고 마르셀은 그 사태를 "근본적인 상황"이라 했다. 체화된 나의 존재가 근원적으로 불투명하기에 이를 바탕으로 한 근본적인 상황 역시 불투명할 수밖에 없고, 또 외부 세계라고 해서 도대체 그 근본 상황을 벗어날 수 없기에 외부 세계 역시 근원적으로 불투명할 수밖에 없다. 이는 이렇게 요약된다.

외부 세계의 불투명성은 나의 나 자신에 대한 불투명성의 함수다. 내밀한(intrinsèque) 세계의 그 어떠한 불투명성도 그러하다. (Marcel, 1935. p. 13)

현상학의 요체 중 하나는 주체와 대상의 근원적인 얽힘이다. 그 얽힘의 바탕을 의식으로 보면 후설의 순수 현상학이 될 것이고, 그 얽힘의 바탕을 근본 기분이나 마음 씀으로 보면 하이데거의 실존 철학적 현상학이 될 것이고, 그 얽힘의 바탕을 몸으로 보면 메를로-퐁티의 몸 현상학이 될 것이다. 그런 관점에서 보면, 여기에 드러나는바 메를로-퐁티의 몸 현상학에 대해 완전히 선구적인 위업을 달성한 마르셀의 입장 역시 충분히 현상학적이다.

그러나 마르셀이 후설이나 하이데거의 영향을 받아서 그렇다기보다는 오히려 베르그송의 영향 아래에서 직접적인 체험을 중시하고, 그러한 체험을 나름대로 분석하는 과정에서 이 같은 현상학적인 입장을 개발하게 되었다고 보아야 할 것이다. 그렇게 보면, 마르셀은 프랑스에서 최초로 현상학적인 관점을 자생적으로 개발한 인물이라 할 수 있게 된다. 그가 현상학자냐 아니냐가 중요한 것은 물론 아니다.

어쨌든 마르셀은 체화된 나 자신이 지닌 불투명성을 외부 세계의 불투명성에 대한 바탕으로 보면서, 제아무리 세계 자체의 저 내밀한 곳으로 파고 들어가더라도 결국 불투명성을 마주하게 될 것인데, 그 심연에서의 불투명성마저 체화된 나 자신에서 성립하는 내 존재가 갖는 불투명성과 떼려야 뗄 수 없는 관계를 맺고 있다는 것이다. 이는 후설이 의식 작용인 노에시스와 의식 대상인 노에마가 떼려야 뗄 수 없는 필연적인 지향적 관계를 맺고 있다고 말한 것과 비교해 볼 때, 그 출발과 내용은 다를지라도 그 구조는 똑같다. 후설이 명증성을 중심으로 지향성을 제시했다면, 마르셀은 불투명성을 중심으로 지향 관계를 제시했다고 할 것이다. 마르셀이 제시한 이러한 불투명성의 지향 관계는 가장 명료하다고 여기는 관념들에까지 관철된다.

> 나의 관념들은 그것들이 나의 것들이 되는 바로 그 측면에 의해 정확하게 나를 빠져 달아난다. 나의 관념들이 나에게 불가침투적인 것은 바로 그 때문이다. 내가 나에게 제기하는 문제는 모든 실재(réalité)에 대해서도 그와 마찬가지가 아닌가를 아는 것이다. 실재는 내가 거기에 가담해(engagé, 참여되어) 있는 바로 그만큼만 나에게 불가침투적이지 않다. (Marcel, 1935. p. 14)

여기에서 문제는 "불가침투적"(impénétrable)이라는 사안이다. 만약 모든 실재가 본성상 불가침투적이라면, 그러니까 순수 지성과 같은 의식뿐만 아니라 체화된 나에게조차 불가침투적이라면 우리는 아예 실재와 근원적으로 담을 쌓고서 허상 속에서만 사는 꼴이 될 것이다. 불명료하다거나 불투명하다고 해서 과연 불가침투적이냐 하는 것이 문제인데, 그렇지 않다는 것이 마르셀의 이야기다. 그리고 그 이유로 '가담'(참여)을 제시한다. 그것은 내가 체화되었기에, 실재 속에 가담해 있을 수 있다는 것이고, 그렇게 가담해 들어가 있는 만큼 나에게서 실재는 침투되는 것이라는 이야기다. 침투된다고 해서 불투명하지 않은 것은 물론 아니다. 불투명하다고 해서 거짓이나 오류에 빠져든다는 것은 더더욱 아니다.

그렇지만, 마르셀은 불투명성이 가로지르면서 힘을 발휘하는 이 근본적인 상황에 대해 대단히 곤혹스러워한다. 그러면서 나와 내 몸의 관계를 일정하게 규정한다. 사실 나와 내 몸의 관계에 대한 마르셀의 집요한 탐구는 '소유의 현상학'에서 구체적으로 논의된다.

이 모든 것을 명백하게 생각한다는 것은 바탕에서부터 무서울 정도로 어렵다. […] 내가 (내가 실재적인 것le réel의 대상적인 그 어떤 영역과도 소통한다는 의미에서) 내 몸과 소통하기를 그치는 것은 내 몸이 절대적인 매개자인 한에서다. (Marcel, 1935. p. 14)

나는 내 몸을 대상으로 여겨 내 몸과 소통할 수 있다. 마르셀은 반성 자체를 거부하지 않는다. 다만 1차적인 반성과 2차적인 반성을 구분함으로써 자기 나름의 반성 개념을 강조한다. 1차적인 반성은 '사유되는 사유'(pensée pensée)로서 사물을 대상으로 간주하는 것이고, 체험의 살아 있는 통일체를 분해함으로써 '여기'인 주체와 '저기'인 대상을 분리하는 구조를 앞세워 주체를 순수 방관자(homo spectans)로 여기는 것이라 말한다. 2차적인 반성은 앞서 말한 '사유하는 사유'(pensée pensante)로서 나를 나 자신으로서 혹은 사물을 본질적으로 나와 관계하는 것으로서 파악하는 반성을 일컫는다. 이 2차적 반성은 본질적으로 '정신적인 집중'(recueillement)으로서 구체적인 통일체로서의 나 자신을 다시 획득하려는 작용이다. 마르셀은 이때 주체와 객체, 내부와 외부의 모든 차이가 사라진다고 말하면서도, 이때의 주체를 참여자(homo particeps)라고 말한다.(자녀, 1993. 23~25쪽 참조)

그러니까 1차적인 반성의 형태로 내가 내 몸과 소통할 수 있는데, 그것은 2차적인 반성의 관점에서 보면 다소 퇴락된 형태인 셈이다. 2차적 반성으로 들어가서 보면, 내 몸은 나 자신에 대해 절대적인 매개자로 나타나고, 나와 내 몸의 사이에서 이루어지는 1차적인 소통관계가 무너지는 것이라 하겠다. '절대적인 매개자로서의 내 몸'은 결코 대상이 아니다. 말 그대로 매개자이니까 그러하다. 여기서 중요한 것은 '절대적인'이라는 관형어다. 결단코 벗어날 수 없는, 뗐다 붙였다 할 수 없는, 내가 나인 한 결코 벗어날 수 없는, 따라서 나와 근본적으로 분리할 수 없는 매개자가 바로 내 몸이라는 이야기다. 그래서 마르셀은 다시 이렇게 말한다.

내 몸의 불가침투성은 내 몸에 속하는데, 그것은 내 몸이 지닌 절대적인 매개성 때문이다. 그러나 바로 이러한 의미에서 내 몸, 그것은 나 자신이다. 왜냐하면, 내가 나를 내 몸에서부터 구분할 수 있는 것은 오로지 내 몸을 대상으로 변환할 수 있다는 조건, 즉 내 몸을 절대적인 매개자로 취급하기를 그친다는 조건에서만 가능하기 때문이다. (Marcel, 1935, pp. 14~15)

내 몸이 내가 나 자신이 되는 데 절대적인 매개자로 작동한다는 것, 그래서 내 몸을 나와 도저히 구분할 수 없다는 것, 그럼으로써 내 몸이 바로 나 자신일 수밖에 없다는 것. 마르셀이 "나는 내 몸이다"라고 했을 때, 그 언명이 어떻게 성립할 수 있는가를 보여 주는 일종의 논증 과정이다. 내가 내 몸이고, 내 몸이 나라면, 그리고 내 몸이 매개 즉 매체라면, 나 자신은 바로 매체인 셈이다. 주체인 매체, 매체인 주체의 상호교환적인 원환은 마르셀 이전에 누구도 제시하지 않은 구도다. 이를 맨 처음 제시했다는 점만으로도 마르셀이 철학적으로 대단한 위업을 달성했다고 해도 과언이 아니다. 마르셀은 이러한 내 몸이 나에게 절대적인 매개로 작동할 때, 그것을 일컬어 특별히 '공명의 매개'(mediation sympathique)라 한다.

내가 어떠한 무엇이건 될 수 있다고, 다시 말하자면 나는 매개에 의한 어떠한 간섭도 받지 않고 기초적인 감각작용 속에 내포된 최소한의 주의집중의 작용에 따라 나 자신과 그 모든 것을 동일시할 수 있다고 […] 가정하는 것은 바로 그 정신적인 삶의 기초를 무너뜨리는 것이며, 정신을 순수한 연속적인 작용으로 분해해 버리는 것이다. 나는 이 매개를 더는 수단적인 질서의 존재로서 간주할 수 없다. 그러므로 나는 그것을 '공명의 매개'라 부르겠다. (자너, 1993. 63쪽에서 재인용. 『일기』에 들어 있는 내용)

전대적인 매개는 바로 공명의 매개다. '공명'(sympathie, 공감) 개념은 베르그송이 말하는 직관에서 강조된다. 그런데 마르셀이 이렇게 내 몸의 나에 대한 매개를 공명이라 했을 때, 그 공명은 어쩌면 가장 원초적이고 원형적인 공명이 아닐 수 없다. 나와 내 몸의 공명이야말로 그 어떤 것과 비교할 수 없을 정도로 너무 깊이 일어나는 공명이기 때문이다. 그래서 그런지 절대적인 매개 내지는 공명의 매개는 소유의 현상학에 가면, 다음과 같이 이야기된다.

그럼으로써, 우리는 몸 위에, 즉 몸 됨(corporéité) 위에 던져진다. 내가 나와 동일시하는, 그러나 나를 빠져 달아나는 제1의 대상 즉 대상-원형(objet-type)은 내 몸이다. 정말이지 여기서 우리는 가장 비밀스럽고 가장 심오한 소유의 핵심에 가닿아 있는 것 같다. 몸은 소유-원형(avoir-type)이다. (Marcel, 1935. p. 237)

내가 내 몸을 갖는다는 것은, 내가 하나의 만년필을 갖는 것과 같은 일반적인 의미의 소유가 결코 아니라는 것이다. 그 핵심은 이른바 공명의 느낌이겠다. 대상-원형이자 소유-원형인 내 몸, 그 내 몸에 대한 나의 소유의 느낌은 여느 사물이나 관념에 대한 소유의 느낌과는 근본적으로 다른 것이다. 이는 지금 이렇게 필자가 자판의 글쇠를 두들기면서 내 몸 전체로 현존을 지속하는 데서 쉽게 확인할 수 있다. 내가 내 몸을 나의 현존을 지속하는 데 필요한 수단으로서 소유하고 있는 것도 아니고, 마음대로 처분할 수 있는 것으로서 소유하고 있는 것도 아니다. 나를 느끼는 존재이게끔 하는 한에서, 내가 소유하고 있는 것이 내 몸이고, 그래서 내 몸에 대한 나의 소유는 근원적인 느낌으로 다가온다. 여기에서 몸은 '근원 감각'(Urgefühl)으로 자리를 잡게 된다.(자녀, 1993. 71쪽 참조)

　　이렇게 바탕에서부터 무서울 정도로 파악하기 어려운 '나는 존재한다'라는 저 사태의 존재론적인 얼개를 밝힌 뒤, 마르셀이 내뱉은 말이 다름 아닌 맨 처음 인용했던 것, 즉 밝은 의식이 중심이 아니라 어둠이야말로 중심이라는 언명이다. 과연 마르셀은 진지한 불투명성의 철학자로서 선구적인 위치를 점한다.

§2. 신비의 불투명성

스피겔버그에 따르면, 마르셀은 하이데거에 대해 감탄의 염을 지니고서 『존재와 시간』을 강도 높게 연구하고 자주 언급했으며, 1950년경에는 하이데거를 만나러 프라이부르크에 방문하기까지 했다고 한다. 하지만 하이데거에 대해 "의심할 여지 없이 우리 시대의 가장 심오한 철학자지만, 그에게 관심을 보이는 젊은이들에게 방향을 잡아줄 명확한 방침 같은 것을 공식화시킬 능력이 없는 어려운 철학자"라

고 하면서 회의를 표현했다고 한다.(스피겔버그, 1992. 36쪽 참조)

마르셀은 자신과 나이가 같은 하이데거에 대해 경쟁의식과 경계심을 가진 것으로 여겨진다. 이는 『존재와 소유』의 한 대목에서 간접적으로 드러난다. 그것은 존재에 대해 자신이 주장하는 '존재론적인 신비'(Mystère ontologique)와, 정확한 지적은 없지만, 하이데거가 말한 '존재 물음'(Seinsfrage)을 연상케 하는 '존재 문제'(le problème de l'être)를 비교하는 대목이다.

> B. 다른 한편으로 지적하게 되는 것은, 존재를 탐문하는 나 자신이 처음에는 내가 있는지도 모르고 하물며 내가 무엇인지도 모르고, 심지어 "나는 무엇인가?"라는 물음이 무엇을 의미하는가를 전혀 확실하게 모른다는 점이다. 그러므로 여기에서 우리는 저 자신의 여건들을 침범하는 존재의 문제를 목도한다. 그리고 그 존재 문제가 그것을 제기하는 주체의 내부 자체에서 심오해지는 것을 목도한다. 그와 동시에 이 존재 문제는 문제로서의 자신을 부정(혹은 초월)하여 신비로 변형된다.
>
> C. 결과적으로 보아, 문제와 신비 사이에 본질적인 차이가 있다는 것만은 확실한 것 같다. 문제란 내가 만나는 어떤 것으로서 전적으로 내가 내 앞에서 발견하는 그 무엇이다. 그러나 그러한 사실 자체에 의해, 나는 문제를 에워쌀 수 있고 축소할 수 있다. 이에 반해, 신비는 나 자신이 그 속에 참여하는 것이고, 따라서 내 안과 내 앞을 구분하는 것이 그 의미와 그 본래의 가치를 상실하게 되는 영역으로서만 존재하는 그 무엇이다. (Marcel, 1935. p. 169)

마르셀을 일컬어 흔히 '신비의 형이상학'을 일군 철학자라고 한다. 이는 한편으로 마르셀을 프랑스 현대 철학의 무대에서 다소 무력하게 만든 원인이지 싶다. 이와 더불어, 그가 60세가 다 된 때 '기독교적 실존주의자'라는 딱지를 스스로 받아들이게 되는 과정을 거친 것도 그 원인 중 하나라 할 것이다. 당시 프랑스 철학계는 무신론적인 경향이 주도하고 있어 기독교 신앙을 받아들인 그의 철학을 달가워하지 않았을 것이기 때문이다.

하지만 마르셀이 말하는 신비는 신비주의에서 말하는 신비가 결코 아니다. 이는 신비에 관한 마르셀의 정의에서 잘 알 수 있다. 인용문에서 알 수 있듯이, 그는 신비를 "나 자신이 그 속에 참여하는 것이고, 따라서 내 안과 내 앞을 구분하는 것이 그 의미와 그 본래의 가치를 상실하게 되는 영역으로서만 존재하는 그 무엇이다"라고 정의한다. 신비에 관한 이러한 정의는 앞서 죽 본 것처럼 바로 내가 체화된 나 즉 내 몸인 나로서 실재에 이미 가담해 있는 '근본 상황'을 한마디로 달리 일컬은 것일 따름이다.

다만, 그가 신비를 체험하게 되는 과정에서 존재 물음 즉 '존재 문제'를 필수적인 것으로 제시한다는 점에서 '신비'를 '근본 상황'과 구분할 수 있다. 존재에 대한 물음이 존재 문제가 되는 것은 존재 문제가 내 앞에 버티고 서 있는 것으로 발견하는 단계에서다. 그런데 거기에 그치지 않고 존재 문제가 문제를 제기하는 자의 중심으로 치고 들어와 그 내부에서부터 심오해지면서 문제 자체가 자신을 문제가 아니라고 '주장하면서' 문제를 제기하는 자를 포섭함으로써 문제를 제기하는 자가 그 문제에 구체적으로 가담하게 할 때, 존재 문제는 신비로 탈바꿈한다는 것이다.

그런 것 같다. 무서울 정도로 이해하기 힘들고 그만큼 근원적으로 불투명하기 이를 데 없는 것이 바로 이 같은 신비로서의 존재론적인 요청이고, 그 요청은 우리를 이미 감싸고 있지 않은가. 마르셀의 이러한 존재론적인 진단은 어쩌면 '불투명성의 존재론'에서 가장 근본적이면서도 가장 친숙한 것이라 할 수 있다. 바로 나 자신의 심부(深部)에서부터 열리는 신비이기에 가장 친숙한 것이라 할 수 있고, 이를 벗어나서는 이러한 신비에 접근할 수 있는 다른 길이 모두 봉쇄되어 있기에 가장 근본적이라 할 수 있기 때문이다.

IV. 사르트르: 주체의 투명성과 존재의 불투명성

하이데거에게는 '실존철학'이란 말을 할당하고, 사르트르에게는 '실존주의'(existentialisme)라는 말을 할당한다. 하이데거는 누군가가 저자신의 존재를 오로지 저 자신의 결단을 통해 무 위에 세워 건립할때, 그 누군가의 존재를 '실존'(Existenz)이라 부른다. 이 실존은 다른누군가가 대신할 수 없는, 오로지 누군가 저 자신만의 존재다. 그래서하이데거는 실존이 '각자성'(各自性, Jemeinigkeit)을 띨 수밖에 없다고말한다. 이에 반해, 사르트르가 말하는 'existence'는 전통적으로 중요시한 'essence' 즉 본질과 대립하는 것, 즉 '현존'(現存)을 일컫는다. 그러니까 사르트르가 말하는 'existence'는 유독 인간에게만 적용하는 것은 아니고, 사물이건 사건이건 간에 존재하는 것 전체에 적용된다. 따라서, 하이데거가 주조해 제시한 '실존'이란 말을 사르트르가 말하는'현존'과 같다고 보면 안 된다. 흔히 "실존은 본질에 앞선다"라고 번역하는 "L'existence procède à l'essence"라는 명제는 "현존은 본질에 앞선다"라고 번역해야 마땅하다. 아울러 사르트르에게 할당하는 '실존주의' 역시 '현존주의'라고 불러야 마땅하다. 어느 하나의 사물에 대해 그것이 무엇인가를 묻는 것은 그것의 본질이 무엇인가를 묻는 것이다. 이와 달리, 하나의 사물에 대해 그 현존을 말할 때, 그 현존은 그것이 무엇이건 아무 상관없이 '지금 여기'의 시공간을 차지하면서 엄존해 있음을 가리킨다.

사르트르는 가히 전방위적인 천재였다. 1964년 노벨 문학상을 거부한 데서도 알 수 있듯이 현실적인 제도로써 인간을 규정하는 데 대한 철저한 비판가였고, 많은 소설과 희곡을 썼기에 틀림없이 문학 작가이며, 무엇보다 『존재와 무』(*L'être et le néant*, 1943)를 중심으로 한 수다한 철학 저서들을 보아 확실히 위대한 철학자였다. 그리고 그의 후반기 생애 내내 공산주의와 묘한 관계를 맺으면서 정치 사회적인 투쟁을 했기에 분명 중요한 정치 활동가이기도 하다. 프랑스의 모택동주의자들의 스승이었고, 일설에 의하면 김일성이 사르트르의 주체사상을 연구해 보라고 했다는 말도 있다.

사르트르가 의식으로서의 인간 주체를 내세우고, 그때 의식을 '대자'(對自, le pour-soi)로서 '텅 빈 것'(le vide) 또는 '무'(le néant)라 했을 때, 기실 그것은 인간의 자유를 궁극적으로 설립하고자 한 것이고, 오로지 인간만이 자유롭다는 점을 드러내 보이고자 한 것이었다. 말하자면, 사르트르가 대단한 철학자라고 할 때, 그것은 한편으로 탁월한 자유의 사상가임을 중시해서이다.

노벨 문학상을 거부했을 때, 들뢰즈가 「그는 나의 스승이었다」라는 글에서 사르트르만이 새로운 개념을 창안해 낼 줄 알았다는 이유로 진정한 스승이라고 찬사를 보낼 정도로 영향력이 큰 사상가임에도 최근 들어 사르트르의 사상을 특별히 중요하게 여기지 않는 흐름이 형성된 것은 어찌 보면 안타까운 일이다. 그렇게 된 중요한 사상사적 흐름은 1960년대에 들어서면서 프랑스에서 구조주의가 크게 득세하고, 그러면서 사르트르가 제시한 주체의 초월적 자유를 전격적으로 부정했기 때문이다.

　그를 또 한 명의 불세출의 작가로 올라서게 한 계기는 그가 1938년에 발간한 소설 『구토』(*La nausée*)였다. 이 소설은 저기에서 아무런 본질적인 규정도 없이 그저 현존하면서 버티고 선 사물을 주제로 삼는다. 저기에서 '즉자'(卽自, l'en-soi)로서의 사물 자체가 번연히 현존하면서 끈끈하기 이를 데 없는 점액성을 띠고서, 자유로워지고자 하는 주인공 로캉탱의 의식을 급습하여 온통 사로잡는 지경을 묘사한 것이 소설 『구토』다. 이 소설을 출발점으로 해서 현상학적인 방법론을 동원해 쓴, 사르트르를 일약 위대한 철학자로 등극시킨 철학책이 바로 1943년에 출간한 『존재와 무』다. 이 책을 중심으로 사르트르의 철학적 사유에 깊이 배어 있는 존재의 극단적인 불투명성과 무와 바로 동일시될 정도로 극단적인 의식의 투명성을 대비해서 살펴보고자 한다.

§1. 존재의 근원적 우연성과 불투명성

사르트르는 마치 마르셀이 데카르트에 대해 자아의 존재 자체를 문제 삼지 않았다고 공박하는 것과 꼭 마찬가지로 후설에 대해 의식의 존재 자체를 문제 삼지 않았다고 공박한다.

> 우리는 후설에게서 […] 의식의 본질적인 구조에 대한 점진적인 해명과 주목할 만한 기술을 본다. […] 하지만 결코 존재론적인 문제, 즉 의식의 존재 자체에 대한 문제를 제기한 것을 보지 못한다. […] 동일한 방식으로 세계의 존재 문제도 유보된 채로 남아 있다. […] 우리는 현상학적인 판단중지로부터 결단코 세계로 되돌아가지 못한다. (스피겔버그, 1992. 64쪽에서 재인용.)[1]

충분히 일리가 있는 말이다. 후설은 의식이 어떻게 작동하고 어떻게 세계에 대해 의미를 부여하는 중심으로 작동하는가는 잘 해명했지만, 그 의식 자체가 존재론적으로 어떤 위상에서 어떤 방식으로 존재하는가에 대해서는 선명하게 밝힌 적이 없다. 후설에 따르면, 세계를 다 합쳐도 존재 전체는 아니다. 그 까닭은 순수 의식 내지는 절대 의식이 있기 때문이다. 후설이 "형식 존재론"과 "영역적 존재론"을 구분하는 등 해서 존재론을 전개하긴 하지만, 존재 자체를 근본 주제로 삼아 논의한 적은 없다. 말하자면, 후설은 존재론적 사유보다는 인식론적 사유에서 천재성을 발휘한 것이다.

이러한 인식론 중심의 현상학을 존재론 중심의 현상학으로 크게 바꾼 인물이 하이데거이고, 이 하이데거의 존재론적인 작업을 오히

---

1 스피겔버그는 이 말이 사르트르가 1947년 6월 2일 프랑스철학회에서 발표한 연구논문 「자기에 대한 의식과 자기에 대한 인식」 중에 들어 있음을 밝히고 있다.

려 후설의 인식론적인 현상학을 되살려 변환함으로써 그 나름의 독창적인 존재론을 펼친 인물이 사르트르다.

사르트르가 존재를 치고 들어가는 핵심적인 길목은 무신론적인 근본 상황에서 절로 떠오르는 사물 존재의 우연성(contingence)이다. 전혀 신을 운위하지 않는 것은 아니지만, 그 신은 오히려 묘한 어떤 시선, 그 어떤 시선에 의해서도 절대로 객체화되지 않는 시선 또는 영원히 나를 바라보는 시선 등으로 묘사되면서 대단히 부정적인 방식으로 이야기된다. 하지만 결국에는 신은 존재하지 않는다는 확신으로 이어지고, 그럴 때 사르트르 역시 서양 기독교에 의해 사회 역사적인 세례를 받은 사람으로서 갑자기 부모를 잃어버린 아이처럼 멍하니 이 모든 사물의 존재를 벽처럼 여기지 않을 수 없게 된다.

> 본질적인 것, 그것은 우연성이다. 원래 존재는 필연이 아니라는 말이다. 존재란 단순히 '거기에 있을' 뿐이다. 존재하는 것이 나타나서 '만나도록' 자신을 내맡긴다. […] 그런데 그 어떤 필연적 존재도 존재를 설명할 수 없다. 우연성은 가장(假裝)이나 지워 버릴 수 있는 외관이 아니라 절대이다. 그러므로 완전한 무상성인 것이다. 모든 것이 무상성이다. 이 공원, 이 도시, 그리고 나 자신도 무상성이다. (사르트르, 1983. 178쪽)[2]

---

2 변광배, 『존재와 무-자유를 향한 실존적 탐색』, 살림, 2005, 126~127쪽에서 재인용.

우연과 필연의 차이가 뭐냐 하는 것은 이해하기에 쉬운 것 같으면서 어렵다. 워낙 근본적인 범주적 개념이기 때문이다. 필연은 존재할 근거가 확실할 때 성립하고, 우연은 존재할 근거가 전혀 나타나지 않을 때 성립한다. 이렇게 보면, 알면 필연이고 모르면 우연인 것처럼 여겨지기도 한다. 사르트르가 말하는 우연성은 의식에 의식되는 우연성으로서 인식 연관을 완전히 벗어난 것은 물론 아니다. 그런데 중요한 현상은, 존재할 아무런 근거도 없이 어떤 것이 무작정 의식에 주어지는데, 그때 성립하는 우연성은 우연성을 의식하는 나 자신마저 존재할 아무런 근거가 없다는 것을 함께 알린다는 것이다. 그런 점에서 사르트르가 그의 존재론을 출발시키는 바탕이 되는 존재의 우연성은 존재한다고 말할 수 있는 그 어떤 것이라 할지라도 결코 존재할 근거도 까닭도 없고 따라서 무슨 진정한 의미의 의미소통도 있을 수 없는, 그렇다고 나타나지 않는 것은 아닌 전 포괄적인 일종의 존재론적인 거대한 구멍인 것이다.

그런데 『존재와 무』에서 보면, 존재의 우연성은 우선 즉자존재(卽自存在, l'être-en-soi)라 일컬어지는 사물에 주로 집중해서 나타난다. 인간도 이 사물에서 제외되지 않는다.

있는 그대로의 자기 자신들로 존재해야만 하는 존재들이 현존하는 그 순간부터, 있는 그대로의 사람이 된다는 사실은 결코 순수하게 공리적인 특성이 아니다. 그것은 즉자존재의 우연적인 원칙이다. 그런 의미에서 동일성의 원칙 즉 분석적 판단들의 원칙은 동시에 존재의 종합적인 영역에서의 원칙이다. 이 원칙은 즉자존재의 불투명성

(opacité)을 가리킨다. 이 불투명성은, 우리가 '밖에' 존재하기 때문에 즉자(l'en-soi)를 배우고 관찰해야만 한다는 의미에서 성립하는 즉자와의 관계에 의한 우리의 입장(정립 position)을 닮아 있지 않다. 즉자 존재는 바깥과 대립하는, 그리고 하나의 판단과 하나의 법칙 그리고 자기의식과 유사하다고 할 수 있는 안을 전혀 가지고 있지 않다. 즉자는 비밀을 가지고 있지 않다. 즉자는 덩어리다(massif). 어떤 의미에서 보면, 즉자를 하나의 종합으로서 가리킬 수 있다. 그러나 그것은 모든 것 중 가장 풀릴 수 없는, 자기와 자기의 종합이다. (Sartre, 1943. p. 32)

일체의 것들이 그냥 그 자체로 응축되어(종합되어) 있는, 안도 바깥도 없기에 분석되어 드러날 수도 없는, 그냥 그대로 자기와의 아무런 간극도 없이 자신 속에 완벽하게 처박혀 있는 이 모든 것들. 사르트르는 이를 즉자존재라 부르면서 인간의 인식 활동에서 연유하는 일체의 '의인론적인' 규정들을 완전히 벗어 버린 것으로 묘사한다. 그러니까 그 자체로 긍정성이고 자기 아닌 것을 전혀 인식하지 못한다. 당연히 자신을 타자로서 인식하지도 못한다. 그냥 그렇게 처박혀 있는 것이다.

존재는 충만한 긍정성(positivité)이다. 존재는 자기 아닌 것(altérité)을 모른다. 즉, 즉자는 자신을 다른 존재와 같은 타자(autre)로 정립하지 않는다. 존재는 타자와 그 어떤 관계도 유지할 수 없다. […] 즉자 존재는 있다. 이는 존재가 가능성으로부터 도출될 수 있는 것도 아니고, 필연성으로 넘겨질 수도 없다는 것을 의미한다. 필연성(nécessité)

은 이념적인 명제들의 연결에 관여하지 현존하는 것들의 연결에 관
여하지 않는다. 현상적으로 현존하는 하나의 것(un existant)이 현존
하는 한, 그것은 다른 하나의 현존하는 것으로부터 결코 도출될 수 없
다. 이것이 우리가 즉자존재의 우연성(contingence)이라 부르는 것이
다. (Sartre, 1943. p. 33)

한마디로 사르트르는 도대체 인간의 논리적인 장치로써는 도무
지 접근해 갈 수 없는 영역이 즉자존재의 영역이고, 현존하는 것들의
영역이고, 곧 존재의 영역이라는 이야기를 하고 있다. 일체의 도출과
연역을 거부하는 그 자체의 돌연하고 무작정한 현존으로 급습해 오
는 존재, 그것을 사르트르는 즉자존재의 우연성이라 부른다. 그러니
까 우리가 뭐라 뭐라 조금이라도 개념적으로 규정하게 되면 그것은
즉자존재를 우리 쪽에서 일컫자면 도금(鍍金)하는 짓이 된다.

그런데 바로 이러한 즉자존재가 존재의 영역을 가득 채우고 있
다. 이는 나 자신을 포함해 우리 주변을 둘러보면 쉽게 알 수 있다. 다
만, 이 모든 것들에 대해 그 배후를 한 발짝도 넘어가려 하지 말고, 그
표면으로 한 발짝도 나오려 하지도 말고, 존재하는 바로 그것에 정확
하게 시선을 두면 사르트르가 말하는, 자기 응축을 일삼는 즉자존재
가 정확하게 현상으로 포착된다. 이러한 사물의 즉자존재를 포착하
기 위해서는 맨 먼저 우리의 일체의 욕구와 욕망, 그에 따른 저 사물
이 무엇무엇이라는 지성적 인식에 의한 일체의 본질적인 규정을 벗
어 버려야 한다. 사르트르야말로 이렇게 즉자존재의 절대적인 우연
성을 바탕으로 해서 사물이 저 자신에게로 완전히 응축하는 것을 말

함으로써 가장 강력하게 존재의 불투명성을 확립한 철학자라 할 수 있다.

그런데 사르트르는 즉자존재를 드러내 보이고 강조하기 위해 철학적 사유를 펼치는 것은 아니다. 어디까지나 의식하는 존재인 인간이 어떠한가를 보이면서 그 자유, 즉 점액성 강한 즉자존재로부터의 자유가 어디에서부터 근원적으로 성립하는가를 보이고자 한다. 하지만, 『존재와 무』의 본론을 "인간은 하나의 쓸데없는 정열이다"(Sartre, 1943. p. 662)라는 마지막 문장으로 끝낸 것은 예사롭지 않다. 이는 존재의 우연성과 불투명성을 인간이 결코 넘어설 수 없다는 애절한 비가(悲歌)로 들린다. 헤겔은 정신이 물질을 완전히 포섭하여 절대정신으로 등극하는 변증법적인 길을 보였다. 하지만 사르트르는 그 길이 불가능하다고 선언한 셈이다. 즉, 인간이 자유롭지 않을 자유가 없을 정도로 자유롭지만, 그 자유가 느닷없는 불투명성을 앞세워 닥치듯이 하는 사물 존재와 합일할 길이 없기에, 그 자유를 통해 오히려 끊임없는 결핍에 시달릴 수밖에 없다고 선언한 것이다.

§2. 의식의 대자존재성과 절대적 투명성

부정(négation)은 우리를 자유에게 넘기고, 자유는 우리를 자기기만(mauvaise foi)에게 넘기고, 자기기만은 우리를 자신의 가능 조건인 의식의 존재에게 넘긴다. (Sartre, 1943. p. 109)

이 대목은 사르트르가『존재와 무』의 제2부 '대자존재'를 시작하면서 제시한 것이다. 여기에서 사르트르는 인간이 인간으로서 존재할 수 있는 조건이 의식의 존재(l'être de la conscience)임을 분명하게 말한다. 그런데 우리가 의식의 존재로 넘어가기까지 부정, 자유, 자기기만이라고 하는 단계를 거친다는 것이 묘하다.

우선 부정에 대해 사르트르는 그 원천으로 무(無, le néant)를 꼽는다. 이 무는 결국 대자존재와 일치되면서 대자존재인 의식을 그야말로 투명하게 만드는 원동력이다. 문제는 이 무가 어떻게 해서 성립하는가인데, 이에 관해 사르트르는 이렇게 말한다.

그리하여 [우리를] 인도해 주는 아무런 끈도 없이 선(先)반성적 (préréflexif) 코기토를 조사해 보았지만 무를 그 어디에서도 발견하지 못한 것이 이해된다. 우리는 하나의 존재를 발견하고 드러내는 방식으로 무를 발견하지 않고 드러내지도 않는다. 무는 항상 하나의 다른 곳에 있는 것(un ailleurs)이다. […] 그러므로 무는 존재의 구멍(trou)이며, 즉자의 자기를 향한 추락인데, 이 추락으로 인해 대자가 구성된다. 그러나 이 무가 '있게 될' 수 있는 것은 오로지, 무의 빌려온 현존이 존재의 무화하는 작용(un acte néantisant de l'être)과 상관적인 한에서다. [무화하는] 이 영속적인 작용에 의해 즉자는 자기에로의 현전 (présence)으로 퇴락되는데, 우리는 이 작용을 존재론적인 작용이라 부를 것이다. 무는 존재에 의한 존재에 대한 물음을 설립한다. 즉 무는 곧 의식 또는 대자(pour-soi)이다. 이는 존재에 의해 존재로 가는, 그리고 존재를 가짐이 없이 영속적으로 존재에 의해 유지되는 하나의 절대적인 사건이다. 즉자존재는 자신의 존재 안에서 자신의 총체적인 긍정성에 의해 고립되어 있다. 그래서 그 어떠한 존재도 존재를 산출할 수 없다. 무가 아니면 아무것도 존재에 의해 존재에 도달할 수 없다. 무는 존재의 고유한 가능성이고 존재의 특이한 가능성이다. 더욱이 이 근원적인 가능성은 오로지 그 가능성을 실현하는 절대적인 작용에서만 나타난다. 무는 존재의 무이기 때문에, 무는 존재 자체에 의해서만 존재에게 올 수 있다. 그리고 무가 존재에게 오는 것은 의심할 바 없이 인간 실재(réalité humaine)인 특이한 존재에 의해서일 뿐이다. (Sartre, 1943. pp. 114~115)

사르트르의 '존재의 형이상학'이 축약되어 있다고 할 수 있는 대목이다. 워낙 중요해 길게 인용했다. 출발에서 보자면, 인간도 본래 하나의 즉자이다. 하지만 아주 특이한 즉자다. 인간은 자기를 자기 앞에 마주 보게끔 하려는 즉자다. 그러니까 즉자 쪽에서 보면, 인간 때문에 자신 속에 전적으로 응축되어 처박혀 있을 수 없는 지경에 이른다. 이에 즉자는 저 자신으로서는 퇴락되는(se dégrader) 셈이다. 우선 즉자인 인간에게서 일어나는 이 퇴락 작용은 그야말로 자신이 자신을 바라보면서 대상화하게 되는, 따지자면 정말이지 기묘한 작용이다. 그래서 사르트르는 이를 "존재론적인 작용"(l'acte ontologique)이라 특별히 명명한다. 이 존재론적인 작용은 즉자에서 의식이 발생하는 것이고, 그 의식이 자신이 발생해 나온 토대인 즉자를 자신 앞에 내세우는 작용이다.

그런데 사르트르는 이를 인간에게만 한정해서 말하지 않고, 존재 전체에 확대한다. 즉, 애초에 인간을 포함한 존재 전체가 즉자였는데, 이 즉자의 전 영역에서 인간 즉자를 통해 존재론적인 작용이 일어나면서 의식이 발생하고, 그럼으로써 의식이 즉자인 존재 전체를 문제 삼는다는 것이다. 이를 사르트르는 존재 전체를 뭉뚱그려 존재가 존재를 문제 삼는다고 말하고, 그 문제 삼음에서 무가 발생한다고 말한다. 그리고 그 무를 곧 의식 및 대자와 동일시하는 것이다.

사르트르는 의식이 어디에서 발원하는가 하는 것을 기묘한 논리로 풀어낸다. 분명 존재 즉 즉자존재가 전부이기 때문에, 존재를 의식하는 의식이 존재로부터 발원하는 것으로 볼 수밖에 없는데, 의식의 존재가 너무나 특이하게도 존재의 본성을 배반하는 방식으로 이루어진다고 말하고 있다. 그러니까 일단 의식의 존재를 존재와 구분되어 나온다고 해야 할 것인데, 그렇게 되면 전부로서의 존재가 깨진다. 따라서 의식을 존재라고 하면 안 되고, 오히려 무라 해야 한다는 것이다. 무를 존재의 구멍이라고는 하지만, 그 구멍이 존재와 따로 분립된 것이 아니라, 존재에 뚫린 것이기에 기실 존재와 하나다. 그래서 이제 무는 존재(être)로부터 현존(existance)을 빌려온 셈이고, 그 현존이 존재의 무화하는 작용과 지향적으로 상관관계를 이루는 한에서만 무가 있을 수 있다고 말하는 것이다. 그러니까 어디까지나 무는 존재에서 비롯되는 무이고, 그래서 무의 작용에서 바탕은 존재다. 즉 의식과 대자는 즉자존재인 존재의 의식이고 존재의 대자인 것이다.

하지만 무는 무이기 때문에 거기에 그 어떤 내용도 있을 수 없다. 완전히 텅 비어 있는 절대적인 투명성을 그 특성으로 할 수밖에 없다. 그러니 무인 의식 역시 그렇게 절대적인 투명성을 지닐 수밖에 없다.

그렇다면, 존재의 불투명성에서 무, 즉 의식의 투명성이 일구어져 나온 셈이다. 여기에서 긴급한 물음이 나선다. 즉, 그런데도 도대체 무인 의식에는 한 점 불투명성도 오염되지 않을 수 있는가? 말하자면, 말 그대로 존재를 갖지 않고 현존만을 가질 뿐인 순전한 무가 있을 수 있는가?

§3. 존재의 불투명성과 의식의 투명성 사이의 완전한 균열

저 물음을 사유의 판면에 놓고 논의하려면 지각을 들먹이지 않으면 안 된다. 지각은 의식과 존재가 교차하는 영역이기 때문이다. 사르트르는 지각에서 가장 중요한 개념으로 '시선'(regard) 혹은 '주시함'(regarder)을 든다. 사실, 이 시선 문제는 사르트르가 타인의 문제를 논구하면서 확실하게 힘을 발휘하는 개념이다. 즉 시선 문제에서 '나를 바라보는 자로서의 타인'(autrui est celui qui me regarde)이 핵심이다. 이로 인해 내가 즉자존재로 퇴락하게 된다는 것인데, 우선 이에 관한 이야기를 들어 본 뒤, 본 절의 내용으로 들어가도록 했으면 한다.

그리하여 우리는 타인의 시선 속에서 그리고 타인의 시선에 의해 타인이 솟아오르는 것이 어떤 의미를 갖는가를 확정할 수 있다. 어떤 방식으로도 타인은 우리에게 대상으로 주어지지 않는다. 타인의 대상화(objectivation)는 그의 시선-존재(être-regard)를 붕괴시키는 것이 될 것이다. 더욱이 우리가 본 바로는, 타인의 시선은 그 시선을 드러내는 대상들로 기능하는 그 타인의 두 눈을 사라지게 하는 것 자체다. 타인은 도대체 타인에 대한 나의 존재의 지평에서 공허하게 노려지는 대상일 수가 없을 것이다. 앞으로 살펴보겠지만, 타인의 대상화는 내 존재의 방어이며, 이 방어는 타인에게 나에 대한 존재를 부여함으로써 타인에 대한 나의 존재로부터 나를 해방하는 것이다. (Sartre, 1943. pp. 307~308)

요지는 대자인 나의 시선은 내가 바라보는 타인을 대상화하고, 나를 바라보는 대자인 타인의 시선은 그가 바라보는 나를 대상화한다는 것이다. 여기에서 가장 매력적인 현상학적인 분석은 타인이 나를 대상으로 삼아 정확하게 주시할 때, 그 타인에게서 발휘되는 시선은 그 타인의 두 눈을 사라지게 한다는 것이다. 두 눈은 그저 대상으로서 즉자성을 띠는 것이고, 시선은 그저 주체로서 대자성을 바탕으로 다른 것들을 대상으로 삼을 수 있는 위력인 것이다.

사르트르는 그의 희곡 『닫힌 문』의 끝부분에서 등장인물 가르생의 입을 빌려 "타인은 지옥이다"(단토, 1992. 143쪽 참조)라는 말을 한다. 이는 내가 타인의 시선에 의해 대상화되는 순간, 나는 자유가 성립되는 원천인 대자존재를 상실하고 즉자존재로 퇴락하기 때문이다. 여기에서 사르트르는 나와 타인 사이에는 '시선의 투쟁'이 일어나고 근본적인 갈등이 있을 수밖에 없고, 이를 극복하고자 하는 온갖 종류의 노력은 다 실패로 돌아간다고 말한다. 이를 바탕으로 한 사르트르의 현존론적인 정신분석은 대단히 흥미롭고 잔인하게도 애달픈 인간 관계 및 그에 따른 인간 존재의 비극성을 적나라하게 드러낸다.

하지만 여기에서 우리는 다른 이야기를 하고자 한다. 그것은 사르트르가 말하는 존재의 완전한 불투명성과 의식의 완전한 투명성이 과연 어떤 문제를 낳는가 하는 점이다. 이에 관련해서는 사르트르가 펼치는 존재와 무의 관계에 관한 논설을 비판하는 메를로-퐁티의 이야기가 아주 실감 난다. 메를로-퐁티의 그 비판을 일단 들어 보기로 하자.

우리가 사물들에 대해 원초적으로 접근하는 것, 이는 반성 철학들에서는 항상 함축적으로 전제되어 있었다. 그리고 말이 안 되지만 실재론에서는 이를 항상 우리에 대한 사물들의 작용으로 이해했다. 그런데 사르트르는 존재를 절대적인 충만으로 그리고 절대적인 긍정성으로 직관함으로써 그리고 거기에서 우리가 존재자와 뒤섞이는 모든 사태에서 벗어난 무의 관점을 취함으로써, [제대로] 이를 다룰 수 있다고 생각한다. 나를 부정성으로 여기고 세계를 긍정성으로 여기는 바로 그 순간, 이제 더는 [나와 세계 간의] 상호작용은 없다. 나는 순전한 나 자신으로부터 순전하게 덩이진 세계 앞으로 나간다. 세계와 나 사이에는 만나는 지점도 없고, 되돌아가는 지점도 없다. 왜냐하면, 세계는 존재고, 나는 아무것도 아니기 때문이다. 우리는 엄밀하게 대립해 있고 [동시에] 엄밀하게 혼란된 상태에 머물러 있다. 그것은 바로 우리가 동일한 질서에 의해 존재하지 않기 때문이다. 나는 나 자신의 중심에 의해 사물들의 존재에 대해 절대적으로 낯설다. 그리고 바로 그런 가운데 나는 사물들에 운명적으로 걸려 있으면서 사물들에 대해 형성된 상태로 있다. 여기에서 사람들이 존재에 대해 말하는 것과 무에 대해 말하는 것은 그저 하나를 이룬다. 그것은 동일한 사유의 안과 밖이다. 우리들의 시야에 펼쳐지는 보이는 그대로의 존재에 대한 명료한 봄(vision)은 ── 여기서 존재는 평온하게 있고 자기 자신임을 고집하고 자기 자신 속에 붙들려 있고, 절대적으로 나 자신이 아닌 것(non-moi)인 사물의 존재다 ── 부재와 회피로서의 자기(soi)라는 사념(conception)에 대한 보충 내지는 동의어이기까지 하다. (Merleau-Ponty, 1964. p. 78)

메를로-퐁티는 사르트르의 존재와 무에 관한 이설들을 "서로에게 절대적으로 낯섦"이라는 문구를 통해 재해석한다. 사르트르가 말하는 무로서의 의식은 그 자신에 의해 의식되는 것으로 가득 채워질 수밖에 없다. 그 자체 무이기 때문이다. 메를로-퐁티가 묻는 바는 '완전히 서로에게 낯선 무인 의식과 존재로서 의식되는 것 양자가 가득 채워지든 어쨌든 도대체 어떻게 만날 수가 있는가?' 하는 것이다. 메를로-퐁티는 마르셀을 이어받아 나의 몸을 궁극적인 나의 주체로 본다. 나의 몸은 그 나름대로 하나의 사물이기 때문에 자신이 만나고자 하는 사물에 전혀 낯설지 않다. 그러니까 메를로-퐁티가 보기에 사르트르의 극단적인 이분법, 즉 절대적 긍정성과 절대적 부정성, 존재와 무, 나 아닌 것과 나, 사물과 의식 등의 이분법은 원리상 구체적인 지각에서 벌어지는 일들을 결코 제대로 설명할 수 없다고 보는 셈이다.

달리 말하면, 문제는 이렇게 정돈된다. 의식이 시선으로써 사물을 대상화했을 때 대상화된 그 사물과 자기 응축적이고 폐쇄적인 즉자존재로 본 사물이 과연 같을 수 있는가, 하는 것이다. 사르트르는 즉자/대자 이분법을 통해 이 둘을 같다고 여긴다. 하지만, 메를로-퐁티가 보기에 이 둘은 결코 같을 수가 없다. 주체인 내가 사물을 대상화할 때 그 사물이 전적으로 대상화되는 것이 아닌 데다 대상화에는 이미 주체인 나와 대상화된 사물 사이에 융합과 교차가 일어나고 있기에, 대상화되기 이전의 즉자적인 사물과 대상으로 나타난 사물은 같은 성격을 지닐 수 없다는 것이다.

존재의 불투명성을 극단적으로 가져간 사르트르는 그 반대급부로 의식의 투명성을 극단적으로 가져갈 수밖에 없었고, 양자가 함께 결합할 수 있는 길을 미리 봉쇄한 셈이다. 그래서 무로서 현존하는 대자존재인 나의 의식은 잃어버린 즉자존재로서의 자신을 만날 수 없고, 나와 타인의 관계에서도 도대체 진정한 의미소통을 할 수 있는 길이 막혀 버린 것이다. 그래서 결국은 무작정한 존재의 우연성은 인간 존재의 비극성과 정확하게 연결되는 것이었다.

§4. 즉자의 끈적끈적함, 충동

사르트르는 소설 『구토』에서 주인공 로캉탱의 기이한 체험을 묘사한다. 그것은 늘 친숙하고 전혀 이질적으로 여겨지지 않았던 벤치 아래의 나무뿌리가 어느 순간 갑자기 거무튀튀한 그 정체를 알 수 없는 하나의 덩어리로 돌변하여 로캉탱 자신을 치고 들어와 저 자신마저 하나의 덩어리로 만들어 버리는 것 같은 체험을 한 것이다. 그래서 로캉탱은 그 자리에서 구토를 일으켜 그 자신을 치고 들어온 그 덩어리를 토하듯이 구역질한다. 불투명하기 이를 데 없는 사물의 즉자존재를 있는 그대로 체험하게 되는 장면이다.

사르트르의 존재론을 곧이곧대로 보자면, 저 앞 §2에서 살폈듯이, 오로지 즉자존재인 사물들만이 진정한 존재다. 전반적으로 볼 때, 이 즉자적인 사물에서 인간의 의식이 발생했다. 따라서 사르트르의 존재론은 넓게 보면 유물론이다. 메를로-퐁티가 사르트르의 존재론에서 사물인 존재와 의식인 무를 전격적으로 대립하는 것으로 본 것은 인식론적인 차원을 중시한 탓이다. 존재론적인 차원에서 보면, 사르트르는 불투명한 즉자로서의 사물만을 존재한다고 본 것이다.

사르트르의 존재론에서 너무나 흥미로운 것은 불투명하기 짝이 없는 즉자인 사물을 칸트의 사물 자체처럼 아예 경험의 한계를 벗어나는 것으로 여기지 않고 위 『구토』의 한 장면에서 알 수 있듯이, 독특한 방식으로 체험되는 것으로 여긴다는 사실이다. 이 체험에서 즉자인 사물은 "끈적끈적함"(viscosité)을 속성으로 해서 주어지는 것으로 규정된다.

그러나 보다시피 끈적끈적한 것은 이 항들[의 관계]을 역전시킨다. 즉 대자가 갑자기 **위험에 빠지는**(compromis) 것이다. 내 손을 펼쳐 끈적끈적한 것을 놓으려 하는데 그것이 나에게 달라붙어 나를 빨아 당기고 흡입한다. 끈적끈적한 것의 존재 방식은 고체적인 것에서 찾을 수 있는 안심할 수 있는 타성도 아니고, 나에게서 달아나 소진되어 버리는 물의 역동성과 같은 것도 아니다. 그것은 녹진녹진하고 미끈미끈한 여성적인 열망의 활동이다. 그것은 나의 손가락들 밑에서 음침하게 살고, 나는 현기증과 같은 것을 느낀다. 그것은 깊숙한 벼랑이 나를 유인할 수도 있는 것처럼, 자신 속으로 나를 유인한다. 거기에는 끈적끈적한 것의 촉각적인 매혹과 같은 것이 있다. (Sartre, 1943. p.656)

여기에서 두 항은 즉자인 사물과 대자인 의식이다. 이제까지 대자인 의식이 즉자인 사물을 대상화하고, 그 본질을 규정해서 아무 일 없이 평온하게 지냈다. 그런데, 어느 순간 이 두 항의 관계가 역전된다. 즉자인 사물이 대자인 의식을 덮쳐 "위험에 빠진" 것이다. 그런데 이때 즉자인 사물이 대자인 나에게 끈적끈적한 촉각적인 질감으로 들러붙어 떨어지지 않으려 한다. 그러면서 고체처럼 완연한 형태를 지녀 안정된 것도 아니고, 맑은 물처럼 그 속에서 아무 일 없이 지낼 수 있는 것도 아니다. 오히려 평소 도구를 활용해서 일상적으로 삶을 영위하는 데 핵심인 나의 손가락 밑에서 음침하게 도사리고 있다가 갑자기 튀어나와 나를 그 속으로 빨아 당겨 녹여 버리고자 한다. 그런데 마치 깊숙한 벼랑, 즉 심연이 나를 유인하는 것처럼 끈적끈적한 저 즉자인 사물이 나를 매혹한다. 사르트르의 이 묘사를 우리로서는 '존재론적인 근본 체험'에 관한 묘사라 하지 않을 수 없다.

이 존재론적인 근본 체험은 일종의 역설적 상황을 일으키는 두 방향으로 이루어진다. 하나는 의식을 앞세워 언제든지 자유로운 나로서 나의 대자적인 동일성을 유지하려는 일상적인 나의 현존을 그 끈적끈적한 위력으로써 빨아들여 순식간에 녹여 버리려 함으로써 대자로서의 내가 심히 위태로운 지경에 이르도록 하는 방향이다. 다른 하나는 그런데도 그 위태로운 지경을 거부하여 달아나려고 하지 않고 오히려 그 끈적끈적한 사물의 위력을 대단히 매력적으로 느껴 그 속으로 뛰어들고자 하는 방향이다.

과연 사르트르답다. 날카로운 문학적인 시선을 발휘하여 거기에서 포착한 체험을 그야말로 창조적인 현상학적 사유를 발휘해 분석해서 기술하는 탁월한 능력을 맘껏 발휘하고 있다. 즉자적인 사물의 본성을 어떻게 '끈적끈적함'이라는 개념을 조성해 규정할 수 있었을까? 게다가 그 끈적끈적함의 위태로움을 깊은 벼랑으로 뛰어들었으면 하는 것처럼 매력적으로 느껴 오히려 그 위태로움 속으로 뛰어들었으면 하는 기묘한 인간의 충동적인 욕망을 포착해 낼 수 있었을까?

필자가 불투명한 존재의 심연과 이에 뛰어들고자 하는 인간 고유의 극단적인 욕망인 충동을 이 책의 주제로 삼게 된 것은 사르트르가 묘사해 제시하는 바로 이러한 현상학적인 체험의 분석에 힘입은 것임을 고백하지 않을 수 없다. 게다가 끈적끈적한 질적인 감각으로 다가오는 즉자적인 사물의 존재에 대한 사르트르의 묘사는 필자가 메를로-퐁티가 "감각 덩어리"라고 한 데서 포착한 '감각 사물'에 대한 존재론적인 확신을 보강하는 또 하나의 확실한 증좌로 보았기 때문임을 고백하지 않을 수 없다.

이 대목에서 한 가지 덧붙이자면, 저 앞 1부 §2에서 언급한 크리스테바의 '아브젝트' 개념이 분명 여기 이 사르트르의 끈적끈적한 매혹을 뿜어내는 즉자로서의 사물 개념에 힘입었다고 할 것인데, 그녀가 이를 언급하지 않은 것은 불성실한 처사라 할 것이다.

V. 메를로-퐁티: 몸과 살의 불투명성

메를로-퐁티는 사르트르와 사상적인 실천에서 그야말로 절친이었
다. 2차 세계대전 중에 '사회주의와 자유'라는 그룹을 형성해 레지스
탕스 투쟁을 함께했고, 전후에는 『현대지』(*Les Temps Modernes*)를 창
간해 유럽 지식인들의 사상적인 이론과 실천을 독려하는 역할을 함
께했다.

　　메를로-퐁티가 철학사에서 남긴 위업은 무엇보다 몸 현상학을
체계적으로 건립함으로써 의식 또는 정신 위주의 철학을 일거에 뒤
집은 것이다. 그에 앞서 마르셀이 몸을 바탕으로 한 철학적 사유를 전
개했고, 그래서 메를로-퐁티에게 크게 영향을 미쳤다고 할 수 있지
만, 몸 철학은 메를로-퐁티를 통해서 비로소 온전한 체계를 갖추면
서 지성계의 방향을 크게 바꿀 수 있었다 할 것이다. 그러한 몸 철학
내지는 몸 현상학을 구축한 책이 그가 1945년에 발간한 『지각의 현상
학』(*Phénoménologie de la perception*)이다.

　　특히, 푸코(Michel Foucault, 1926~1984)가 『감시와 처벌』에

서 "몸은 영혼의 감옥이다"라는 명제를 제출할 수 있었고 "생체 권력"(bio-pouvoir) 개념을 조성할 수 있었던 것은 메를로-퐁티의 선구적인 역할 때문이었다 할 것이다. 그리고 많은 페미니즘 학자들이 몸을 중시하면서 논의를 펼칠 수 있었던 것도 메를로-퐁티의 선구적인 몸 현상학의 작업에 빚지고 있다 할 것이다. 21세기 인지과학계에 선풍을 불러일으킨 바렐라가 '신경현상학'을 통해 후설의 방법론을 차용해 응용하기 전에, 『몸의 인지과학』을 통해 전혀 새로운 관점에서 인지과학의 방향을 바꿀 수 있었는데, 그는 이 책의 모두(冒頭)에서 자신의 사상이 메를로-퐁티의 선구적인 작업이 없었더라면 불가능했으리라고 지적하고 있다.

부기하자면, 필자는 대학원 시절 처음에는 후설의 현상학에 매진하느라 많은 시간을 소모했는데, 후설의 관념론의 '늪'에 빠져 지친 나머지 마르크스의 유물론 철학에 관심을 기울이고 있을 즈음, 필자를 '구원한' 철학자가 바로 마르크스주의자로서 몸 현상학의 길을 개척한 메를로-퐁티였다. 그리하여 필자는 박사학위 논문 「현상학적인 신체론, E. 후설에서 M. 메를로-퐁티에로의 길」을 제출할 수 있었다. 이를 통해, 필자는 메를로-퐁티의 몸 현상학 연구에서 불모지라 해도 과언이 아닌 한국의 철학계에 일정하게 공헌하게 되었다.

§1. 존재 본질적 차이에 의한 몸의 불투명성

사르트르의 위업이 대단하긴 하지만, 불투명성의 존재론에서 중심에

선 인물은 메를로-퐁티라 할 것이다. 존재의 불투명성을 생각할 때, 인간 존재의 불투명성을 아울러 생각하지 않으면 안 되는데 인간을 정확하게 몸으로 보면서 그 몸의 불투명성을 가장 섬세하게 드러낸 철학자가 바로 메를로-퐁티이기 때문이다. 데카르트가 철저하게 추구했던 명증성 내지는 투명성을 염두에 두고서, 이에 대립하면서 오히려 몸의 불투명성을 근본으로 내세우고자 하는 메를로-퐁티의 입장은 굳건하다.

> 우리는 데카르트적인 전통에 의해 대상에서 벗어난 우리를 생각하는 데 익숙해 있다. 반성적인 태도는 몸을 내부 없는 부분들의 총합으로 정의하고 혼을 자신으로부터 거리를 갖지 않은 채 자기 자신에 완전히 현전하는 존재로 정의한다. 그럼으로써 반성적인 태도는 그저 몸의 공통 개념과 혼의 공통 개념을 동시에 순수하게 만든다. 서로 상관적인 이러한 정의들은 우리 안에서 그리고 우리 밖에서 명석함(clarté)을 확립한다. 즉 주름 없는 대상의 투명성과 저 스스로 그렇다고 생각하는 것 이외에 아무것도 아닌 주체의 투명성을 확립한다. […] 이와 반대로 본몸(le corps propre)은 다성적(多性的, ambigu)인 현존 양식을 드러내 보인다. […] 몸의 통일성은 항상 함축적이고 혼성적(混性的, confuse)이다. 몸은 항상 현재의 자기 자신과 다른 것이다. […] 그래서 몸에 대한 경험은, 대상을 주체로부터 해방하고 주체를 대상으로부터 해방하는 반성적 운동, 우리에게 몸에 대한 사유 또는 이념적인 몸을 줄 뿐 몸에 대한 경험이나 실제의 몸을 제공하지 않는 반성적 운동과 대립한다. (Merleau-Ponty, 1945. p. 231)

여기에서 우리는 메를로-퐁티가 데카르트적인 전통에서 연원하는 반성 철학을 투명성의 존재론으로 여기고, 자신의 존재론이 함축적이고 다성적이고 또 혼성적이고, 그럼으로써 무엇보다 불투명한 존재인 몸을 중시하는 이른바 불투명성의 존재론임을 강조한다는 점을 포착할 수 있다.

특히 몸에 관한 마지막 규정이 아주 눈에 띈다. 몸이 항상 의식과는 달리 자기 자신에게 현전하는 방식을 벗어나 이미 늘 현재의 자신과 다른 것임을 말한다. 이는 몸이 자신 속에 항상 자신과의 이질적인 차이를 품고 있음으로써 그렇게 몸 자신일 수 있음을 강조하는 것이다.

이는 하이데거가 말하는 존재와 존재자 간의 존재론적인 차이와는 전혀 다른 방식의 차이이다. 어떤 것이 어떤 것일 수 있는 것은 그것이 이미 그리고 늘 다른 것이기 때문이라는 존재 규정 자체 내에서의 차이, 즉 존재 본질적인 차이를 말하고 있다. 몸은 그러한 존재 본질적인 차이를 통해 몸일 수 있다는 이야기다. 이 차이는 일상적으로 말하는 어떤 것이 다른 것과 다르다는 의미의 차이가 아니다. 자기 동일성을 깨뜨리면서 시간성의 흐름을 생성해 내는 차이다. 하이데거의 차이가 존재론적인 차이라면, 그리고 일상적인 차이가 동일성에 근거한 비교적인 차이라면, 메를로-퐁티가 몸에 관해 말하는 차이는 존재 본질적인 차이다.

존재 본질적인 차이를 통해 성립하는 몸은 그 자체 이미 늘 불투명할 수밖에 없다. 도대체 동일성을 추구하는 규정적으로 정립하는 시선이 그 앞에서 머물 곳이 없고, 따라서 어느 한 곳도 투명하게 주어지는 곳이 없기 때문이다. 그래서 메를로-퐁티는 "몸은 투명한 대상이 아니다"(Merleau-Ponty, 1945. p. 239)라고 말한다. 메를로-퐁티는 이러한 불투명한 몸을 바탕으로 인식론과 존재론을 동시에 재확립하려 한다. 그래서 우리는 메를로-퐁티의 이러한 입장을 아예 '불투명성의 존재론'이라 말할 수 있다.

§2. 몸의 불투명성을 드러내는 개념들

몸이 지닌 존재 본질적인 차이는 몸을 불투명하게 만드는 존재론적인 근본 원리이지만, 그 구체적인 양상은 몸과 세계의 관계를 통해 드러난다. 몸과 세계의 관계에서 기초는 지각이다. 메를로-퐁티가 말하는 지각은 의식에 의한 것이 아니라, 몸에 의한 것이고, 그래서 몸의 운동 즉 행동과 분리될 수 없다. 이러한 메를로-퐁티의 입장은 1942년에 발간한 그의 박사 논문인 『행동의 구조』(*La structure du comportement*)에서부터 이미 지적되기 시작한다. 그것은 '감각-운동 결합론'이다.

> 유기체가 받아들이는 모든 자극이 그 자체 유기체가 외부 영향에 자신의 수용기를 드러내는 운동들에 의해서만 가능한 것이고 이 유기체의 운동은 자극들에 앞선 것이기 때문에, 행동이 모든 자극의 일차적인 원인이 된다고 말할 수도 있다. 이같이 자극자의 형태는 유기체 자신에 의해 즉 유기체가 외부 작용에 자신을 주는 고유한 방식에 의

해 창조된다. (Merleau-Ponty, 1942. p. 12)

신경 체계에서 수용기의 요소와 운동기의 요소는 서로 관계를 맺기 전에 이미 확립해 있는 나름의 구조를 지닌 독자적인 장치가 아님에 틀림이 없다. […] 관찰되는 사실들이 암시하는 바에 따르면, 감각체 (sensorium)와 운동체(motorium)는 한 기관의 부분들로 기능한다. (같은 책, p. 36)

우리는 흔히 감각 기관을 통해 감각을 하고 그 내용을 뇌 중추에서 분석 종합하여 운동기인 근육에 명령을 내리면 그제야 행동이 이루어진다고 생각한다. 이때 감각 기관에 주어지는 자극은 원인이 되고, 운동기인 근육의 운동은 결과가 된다. 이러한 생각에 따른 감각과 운동의 연관을 심리학에서는 선형적인 반사호(反射弧, arc of reflex)라고 한다. 그런데 메를로-퐁티는 그러한 선형적 인과성에 따른 반사호 이론을 적극적으로 반대한다. 그런 식으로는 도대체 인간은 물론이고 하급 유기체 동물의 행동도 제대로 이해할 수 없다는 것이 그 이유다.

메를로-퐁티는 인간 몸을 포함한 유기체에 의미 있게 주어지는 자극이 마치 유기체가 자신의 고유한 방식에 따라 창조하듯이 이미 유기체에 의해 조절된 상태에서 주어진다는 점을 강조한다. 이미 반응하는 유기체와 자극하는 환경 간에 원환적인 피드백이 있다는 것이다. 달리 말하면, 유기체는 자신의 행동을 통해 감각을 받아들이면서 조절하고 그렇게 조절된 감각 자극에 따라 행동한다는 것이다. 그래서 메를로-퐁티가 감각체와 운동체가 한 기관의 부분들이라고 말하는 것은 이 때문이다.

이는 칸트의 형식적인 순수한 아프리오리 이론에 대한 비판에서 '감각-운동적 선험'(a priori sensori-moteur)에 대한 주장으로 이어진다. 감각-운동적 선험은 '실질적 선험'(a priori matérielle)이라고 불리기도 하는데, 이는 경험을 통해 몸에 구조화된 형태들인데도, 그래서 경험을 통해 확보한 실질적인 내용을 지닌 형태들인데도 향후 이루어지는 경험 즉 감각과 행동을 일정하게 유형적으로 규정하는 역할을 하기 때문에 붙여진 이름이다.(Merleau-Ponty, 1942. p. 186 참조)

메를로-퐁티가 제시하는 유기체의 행동에 관한 이러한 해석에서 핵심은 순수한 외부의 환경과 순수한 유기체 내부의 질서가 결단코 정확하게 구분될 수 없고, 서로 얽혀 있다는 것이다. 이러한 생각은 『지각의 현상학』에 와서 '세계에의-존재'(l'être-au-monde)라는 개념으로 발전한다. 이는 몸이 세계 속에 있으면서 세계를 향해 나아가 세계에 적응함으로써 세계와 일치를 이루고자 하는 본질적인 성향을 지녔음을 말하고, 아울러 체화된 의식 역시 몸처럼 그러한 성향을 지니고 심지어 반성하는 의식이나 정신 역시 본질에서는 몸처럼 그러한 성향을 지닌다는 점을 나타내는 개념이다.

그런데 이 개념에서 몸이 세계 속에 있다는 것은 세계가 몸을 계속 재구성함을 의미한다. 그래서 "나의 몸은 세계를 향한 운동이다. 세계는 내 몸의 받침점이다"(Merleau-Ponty, 1945. p. 402)라고 말한다. 그리고 몸이 세계를 향해 나아간다는 것은 몸이 세계의 의미를 바꾸고 심지어 실제로 세계의 현상을 바꾸는 축이 된다는 것을 뜻한다. 요컨대 몸이 '세계 내에 존재한다는 것'은 결국 신체와 세계가 상호교환적인 규정의 역동적인 과정을 거치면서 존재한다는 사실을 지시한 것이다. 이에 "감각되는 것은 내가 그것에게 빌려 주었던 것을 나에게 반환한다. 그러나 내가 그것을 갖게 되었던 것은 그것으로부터다"(Merleau-Ponty, 1945. p. 248)라고 말하게 된다. 그런가 하면, "몸은 유기체의 심장처럼 세계 내에 존재한다. 몸은 가시적인 광경을 계속 생생하게 유지하고, 그것에 혼을 불어넣고, 그것을 내적으로 살찌우고, 또 그것과 더불어 하나의 체계를 형성한다"(같은 책, p. 235)라고 말하게 된다. 그리고 "반사가 상황에 개방되어 있다는 점에서 그리고 지각이 우선 인식 대상을 정립하지 않고 우리의 전 존재의 지향이라는 점에서, 반사와 지각은 우리가 세계에의 존재라고 부르는 선(先) 객관적인 시각의 양태들이다"(같은 책, p. 94)라고 말하게 된다.

세계와 몸의 역동적인 상호규정성은 처음부터 몸의 경계를 흐릿하게 만든다. 세계로부터 몸으로 오는 규정 내용은 우리의 반성하는 의식을 통해 확인할 수 있는 것이 아니다. 두툼한 두께를 지닌 몸의 역사성은 그 자체로 주체 역할을 하고, 그래서 주체 역시 결코 투명한 것이 아니고 불투명할 수밖에 없다. 메를로-퐁티가 말하는 시간성은 다름 아니라 몸과 세계 간의 역동적인 상호규정성의 과정이다. 그래서 그는 이렇게 말한다.

지각 종합은 시간적인 종합이다. 지각 차원에서 주체성은 시간성(temporalité) 이외의 아무것도 아니다. 지각 주체에 그 불투명성과 역사성을 허용할 수 있는 것은 이 때문이다. (Merleau-Ponty, 1945. p. 276)

역사성과 불투명성이 같은 맥락에서 거의 비슷한 의미로 쓰이고 있음을 본다. 메를로-퐁티가 말하는 불투명성의 원천은 일단 몸의 불투명성이고, 그리고 몸에서 비롯되는 주체의 불투명성이다. 그래서 메를로-퐁티는 주체 자체가 결코 나 혹은 너를 정확하게 구분할 수 있는 인칭적인(personnel) 것이 아니라고 말한다. 처음부터 주체는 너 혹은 나를 뚜렷하게 구분할 수 없이 선(先)인칭적(prépersonnel) 또는 비(非)인칭적(impersonnel)이다. 그럼으로써 투명성을 상실하고 불투명한 현존으로 작동한다. 주체의 불투명성은 다음과 같이 여러 모로 나타난다.

> 나의 몸은 순간적이고 충만한 특정 경험에서 파악되어야 할 뿐만 아니라, 일반적인 양상 아래에서 그리고 비인칭적인 존재로서도 파악되어야 한다. (같은 책, p. 98)

> 감각적이고 지각적인 기능들이 선인칭적인 것들로서 이 사물들 앞에 자연 세계를 놓는 것이 놀라운 일이 아닐 수도 있다. 그러나 인간이 자신의 삶을 꾸려 나가면서 행한 자발적인 행위들이 바깥에 침전되고 그 바깥에서 사물들의 익명적인 존재를 끌어간다는 것은 놀랄 일이다. (같은 책, pp. 399~400)

> 몸이 객관적인 세계로부터 물러나서 순수 주체와 대상 사이에 제3의 종류의 존재자를 형성하게 되는 바로 그 순간에 주체는 그의 순수성과 그의 투명성을 상실한다. (같은 책, p. 402)

내 몸의 부분들이 함께 체계를 형성하듯이, 타인의 몸과 나의 몸은 하나의 유일한 전체고, 유일한 현상의 안과 밖이다. 내 몸이 매 순간 익명적인 현존의 흔적이 되는데, 이 익명적인 현존은 두 몸에 동시에 거주한다. (같은 책, pp. 405~406)

도무지 내가 마음대로 처리할 수 없는 나의 몸, 그래서 비인칭적이고 선인칭적인 나의 몸, 익명적인 현존을 발휘하면서 타인의 몸과 하나로서 전체를 이루는 나의 몸은 자아 중심의 의식에게 원리상 불투명할 수밖에 없다. 그러니까 선인칭적인 주체인 내 몸과 떼려야 뗄 수 없는 세계는 감각 차원에서부터 벌써 불투명하게 다가올 수밖에 없다.

푸름에 대한 감각은, 기하학자의 원이 파리에서나 도쿄에서 동일한 것처럼 모든 경험을 관통하면서 확인될 수 있는 어떤 질에 대한 인식이나 정립(position)이 아니다. 푸름에 대한 감각은 의심할 것 없이 지향적이다. 즉 그것은 무슨 사물처럼 즉자 속에 안주하지 않는다. 그것은 자기 자신의 너머를 겨냥하고 의미한다. 그러나 그것이 겨냥하는 목표물은 내 몸과의 친밀성에 의해 맹목적으로만 알려질 뿐 완전히 명백하게 구성되지 않는다. 그 목표물은, 잠재적으로 머물러 있고 그것에게 그 불투명성과 개성(個性, eccéité)을 갖도록 하는 앎에 의해 재구성되거나 재파악된다. (같은 책, p. 247)

감각이 저 자신을 넘어서서 노리는 목표는 불투명하면서도 옹

골찬 나름의 힘을 지닌다. 감각은 나의 의식에 표상되는 것도 아니고, 사물의 껍질도 아니다. 감각은 감각하는 주체인 내 몸을 감각이 지향하는 불투명하면서도 '그것'이라는 개성을 지닌 목표물인 사물로 끌고 가고 또 그 반대로 목표물인 사물을 내 몸으로 끌어당긴다. 그럼으로써 감각은 나의 의식에 표상된 관념이나 이미지일 수가 없고, 그 나름의 두툼한 깊이와 두께를 형성해서 저기 사물 쪽으로 나를 끌고 간다.

> 나의 감각과 나 사이에는, 나의 경험이 그 자신에 대해 명료하게 되는 것을 방해하는 본래 획득된 것인 두께가 항상 있다. (같은 책, p. 250)

"나의 감각과 나 사이"라고 할 때, 후자의 나는 감각하는 주체로서 자칫 나의 의식이나 정신으로 착각할 수 있는 존재다. 그러나 이 나는 내가 경험하는 감각에 대해 거리를 지닌 채 나름의 두께를 항상 만들어 낸다. 이 '두께'를 과연 무엇으로 볼 것인가, 하는 문제가 도사리고 있다.

이 명료하지 않은 그래서 불투명한 정체불명의 두께는 내 몸을 하나의 감각 사물로 만들고, 저기 목표물인 사물 역시 감각 사물로 만드는 위력을 발휘할 것이다. 그것은 나의 경험의 바탕이 되는 나의 감각이 본래부터 나의 몸과 상호교환적으로 정보를 주고받을 뿐만 아니라, 저기 사물과도 상호교환적으로 정보를 주고받는 것으로 달리 해석할 수 있다.

그러니까 사물을 벗어난 순수 감각도 없고 오로지 사물에서만 주어지는 순수한 감각적 자극도 처음부터 있을 수 없다. 사물은 감각을 통해 몸으로 연결되고, 몸은 감각을 통해 사물로 연결된다. 그러니까 이 두께는 몸과 사물을 아우른 감각이라 할 수 있다. 이 감각의 두께는 '존재론적인 두께'(épaisseur ontologique)라고 할 수 있을 정도로 그 의미가 크다 할 것이다.

감각뿐만이 아니다. 공간도 그러하고, 사물도 그러하고, 행동도 그러하고, 언어도 그러하고, 심지어 코기토도 그러한데, 내 몸과 세계 사이에서 혹은 내 몸과 세계를 포섭하면서 불투명하고 두툼한 존재론적인 두께가 공간도 사물도 심지어 코기토도 순수하고 투명한 방식으로 존재할 수 없도록 하기 때문이다. 이 존재론적인 두께는 정말 중요하다. 왜냐하면, 나중에 『보이는 것과 보이지 않는 것』[1]에 가서 살 개념으로 전화될 것이기 때문이다. 『지각의 현상학』에서 이 존재론적인 두께는 달리 깊이로 이야기되기도 한다.

깊이는 사물들로부터 도출될 수도, 또한 의식에 의해서 정립될 수도 없다. 깊이는 사물들과 나 사이에 풀 수 없는 어떤 끈이 있음을 알린다. 그 끈에 의해 나는 사물들 앞에 있게 된다. 그 반면 넓이는 우선 사물들 자체들 사이의 관계를 나타내는 데 적합하다. 거기에서는 지각하는 주체가 함축되어 있지 않다. 깊이, 즉 서로 외적인 점들로부터

---

1 이 책 *Le visible et l'invisible*(Gallimard, 1964)은 메를로-퐁티가 사망한 뒤 유고를 정리하여 발간되었다. 흔히 『지각의 현상학』이 메를로-퐁티의 전기 철학사상을 담았고, 이 책은 그의 후기 철학사상을 담았다고 평가한다.

객관화된 것도 아니고 구성된 것도 아닌 깊이에 대한 봄을 다시 발견함으로써, 다시 한번 고전적인 선택지를 넘어서서 주체와 대상 간의 관계를 더욱 정확하게 드러낼 수 있을 것이다. (Merleau-Ponty, 1945. p.296)

'두께', '깊이' 등의 개념에서는 묘한 불투명성이 느껴진다. 밀란 쿤데라가 멋있게 소설의 제목으로 붙인 "견딜 수 없는 존재의 가벼움"이 아니라, 굳이 말하자면 "견딜 수밖에 없는 존재의 중력"을 느끼게 된다. 메를로-퐁티가 늘 염두에 두고 있는 것으로 보이는 주체와 대상 간의 관계는 이 불투명한 '존재론적인 두께' 내지는 '깊이'를 통해 이제 도대체 양쪽을 분리는 물론이고 구분할 수조차 없는 전혀 새로운 차원으로 돌입하게 된다. 그것은 바로 '살 존재론'에 의거한 새로운 관계다.

§3. 살의 불투명성에 의한 존재론적인 전복

메를로-퐁티가 '살'(la chair)을 불투명하다고 한 적은 없다. 하지만 그 내용을 보면『지각의 현상학』에서 보았던 존재론적인 불투명성을 최대한 더 깊이 있게 몰고 감으로써 성립되는 개념이기 때문에, 그렇게 불투명하다고 하는 것이다. 우선 어렵지만, 살 개념부터 살펴보자. 그러기 위해 먼저 메를로-퐁티가 심혈을 기울여 분석하고 있는 '봄'(vision)의 신비에 관한『보이는 것과 보이지 않는 것』이라는 책,

특히 그 속의 「교직-교차」(L'entrelacs-le chiasme)라는 글을 주목해야한다.

> 지금으로서는 보는 자가 보이는 것에 의해 소유되지 않고서는, 또 보이는 것으로부터 존재하지 않고서는, 시선과 사물들의 절합(節合, l'articulation)이 예시하는 바에 따라 원리상 보는 자가 보이는 것 중의 하나지만 특유한 뒤집기에 의해 보이는 것 중의 하나인 그가 보이는 것들을 볼 수 있지 않고서는 보는 자가 보이는 것을 소유할 수 없다는 사실을 확증하는 것만으로 충분하다. 그래서 왜 우리가 사물들 자체를 그것들이 있는 장소에서 그것들의 지각됨(être-perçu)을 훨씬 넘어선 그것들의 존재(être)에 따라 보는가, 그러면서 동시에 왜 우리가 시선과 몸의 모든 두께를 동원하여 사물들로부터 떨어져 있는가를 이해하게 된다. 그런데 이 거리는 이 밀착됨의 반대가 아니다. 이 거리는 이 밀착됨에 근원적으로 조응한다. 이 거리는 이 밀착됨의 동의어다. 이는, 보는 자와 사물 사이의 살의 두께(épaisseur de chair)가 사물에게는 보는 자의 봄(가시성 visibilité)을 구성하는 것이고 보는 자에게는 사물의 물체성(corporéité)을 구성하는 것임을 말한다. 요컨대 보는 자와 사물 사이의 살의 두께는 양자 사이의 장애물이 아니라 양자의 의미소통(communication)을 위한 수단이다. 같은 이유에서, 나는 보이는 것의 심장에 있으면서 또한 보이는 것에서 떨어져 있다. 이것이 보이는 것이 두께를 갖고 있고 그럼으로써 자연적으로 하나의 물체(un corps)[2]에 의해 보이도록 운명 지어진 까닭이다. (Merleau-Ponty, 1964. pp. 177~178)

앞서 이야기했던 '두께'라는 말이 많이 나온다. 여기에서 이 '두께'라는 말은 우선 우리에게 보이는 여러 사물이 보이는 것으로서 그 자체로 나름의 두툼한 두께를 가진 것으로 보임을 의미한다. 그 나름의 두툼한 두께를 가졌다는 것은 언뜻 생각해 보면 우리의 시선으로 도대체 그 사물에 근본적으로 접근해 갈 수 없는 운명적인 장애가 가로놓여 있음을 뜻하는 것 같다.

그런데 "보이는 것의 두께"(épaisseur du visible)와 함께 "몸의 두께"(épaisseur du corps)가 언급된다. 이 몸의 두께는 보이는 것 즉 사물을 보는 시선과 함께 나름의 두께를 형성할 것이다. 보이는 것의 두께 즉 사물의 두께는 보는 몸의 두께와 마주쳐서 마치 우리가 보이는 것에 아예 접근할 수 없는 것으로 만듦으로 여겨진다. 그런데 메를로-퐁티는 이를 뒤집는다. 보는 자와 보이는 사물 사이의 이른바 '살의 두께'에 의해 오히려 이러한 사물의 두께가 보는 자와의 의미소통을 가능케 한다는 것이다. '몸의 두께'와 '사물의 두께', 그리고 '살의 두께'의 관계가 문제다.

보는 자인 나는 나대로 몸의 두께를 지니고 있고, 사물은 사물대로 그 나름의 물체로서의 두께를 지니고 있다. 그래서 보는 자와 보이는 사물을 멀리 떨어져 있는 것처럼 여겨진다. 그런데 메를로-퐁티는 이 떨어져 있는 거리는 양자 간의 밀착과 동의어라고 말한다. 떨어져 있기에 오히려 붙어 있고, 붙어 있기에 오히려 떨어져 있다고 하

---

2 이 '물체'는 기실 몸이지만 여기서는 문맥상 '물체'로 번역하는 것이 좋다.

는 기묘한 역설이다. 그럴 수 있도록 하는 것이 바로 '살의 두께'라는 것이다. 그러니까 '살'이 뭔지는 알 수 없지만, 이 살의 두께는 보는 자의 두께와 보이는 사물의 두께를 아우르면서 양쪽을 '동일한 무엇의 차이'로 만들어 내는 기묘한 역할을 하는 것이다.

갑자기 '동일한 무엇의 차이'라는 말이 나왔다. 저 앞에서 우리는 '존재 본질적인 차이'를 지닌 몸을 이야기했다. 그것을 여기 맥락에 끌고 와 다시 보게 되면, 이렇게 된다. 보는 자인 몸은 이미 자기가 아닌 보이는 것인 사물이고, 보이는 것인 사물인 몸은 이미 자기가 아닌 보는 자인 몸이라는 것이다. 그런데 메를로-퐁티는 여기 '살 존재론'으로 진입하면서 이를 묘하게 표현한다. "그 자체 보이는 것이 아니고서는 볼 수 없다"라는 것이다. 이를 달리 말해, 보는 자가 보이는 것으로부터 생성되지 않고서는 볼 수 없다고 말한다. 그런 다음, 보는 자의 봄을 사물에 제공하고, 사물의 물체성을 보는 자의 봄에 제공해 주는 것이 바로 살의 두께라고 말한다. 보는 자와 보이는 것 사이에서 이루어지는바, 기묘한 무한 반복의 상호 환위의 지경을 말하고 있다.

메를로-퐁티는 화가 세잔(Paul Cézanne, 1839~1906)을 참 좋아한다. 세잔은 "풍경이 내 속에서 자기를 생각한다. 나는 풍경의 의식이다"[3]라고 했다. 이를 봄에 적용해서 해석하면, 내가 풍경을 본다는 하나 기실 풍경을 보는 것은 풍경 자신이라는 이야기다. 이를 강조하면서 메를로-퐁티는 "봄의 나르시시즘"이라 말하고, 거기에서 살

---

3 너무나 멋진 말이다. 프랑스어 원문은 이렇다. "Le paysage se pense dans moi, je suis sa conscience."

개념을 조성해 낸다.

> 보는 자는 그가 보고 있는 것에서 포착되기 때문에 그가 보는 것은 바로 그 자신이다. 즉 모든 봄에는 근본적으로 나르시시즘이 있다. 바로 그런 이유 때문에 보는 자는 그가 수행하는 봄을 사물들을 대리하여 어쩔 수 없이 수동적으로 행하는 것이며, 흔히 많은 화가가 말하듯이 나는 내가 사물들에 의해 주시되고 있음을 느끼는 것이며, 나의 능동성(activité)은 수동성(passivité)과 동일한 것이다. ── 나르시시즘에 비해 이차적이긴 하지만 그보다 더 심오한 것이 있다. 그것은, 다른 사람들이 그렇게 하듯이 사람들이 거주하고 있는 몸(물체)의 윤곽을 바깥에서 보는 것이 아니라, 도대체 그 몸에 의해 보인다는 것이고, 그 몸(물체) 속에서 현존한다는 것(exister)이고, 그 몸(물체)에 이주하는 것이고, 그 환영(fantôme)에 의해 유혹을 당해 매혹되고 자신을 양도한다는 것이고, 그럼으로써 보는 자와 보이는 것이 서로 환위된다는 것이고, 따라서 어느 것이 보는 자이고 어느 것이 보이는 자인지를 알 수 없다는 것이다. 이것이 바로 가시성(Visibilité)이고 즉자적인 감각적인 것(Sensible)의 일반성(génénalité)이고 우리가 이제까지 살(chair)이라 부른바, 익명적으로 태어나는 나−자신(Moi-même)이다. (Merleau-Ponty, 1964. p. 183)

뭔가 섬뜩할 정도의 비의(秘儀)가 작동하고 있다고 여겨질 정도다. 두 사람이 마주 보면, 서로를 쳐다보면서 동시에 서로에게 보인다. 내가 나에게 보이는 저 사람에게 완전히 매혹되어 빠져들었을 때,

과연 나는 내가 본다는 사실을 확증할 수 있는가? 필자는 회화론을 강의하면서 가끔 이렇게 말했다. "어떤 사물을 볼 때, 지금 내가 저 사물을 보고 있다는 생각을 하면서 볼 수도 있을 것인데, 내가 지금 저 사물을 보고 있다고 생각하면서 볼 때 그 사물을 더 잘 볼까요, 아니면 그런 생각을 아예 하지 않고 볼 때 그 사물을 더 잘 볼까요?" 본다는 생각을 하지 않고 보이는 저 사물을 볼 때 그 사물에 집중해서 빠져들게 되고, 그럴 때 저 사물을 더 잘 볼 수 있다. 봄에 대한 사유는 봄을 방해한다. 봄을 도와주는 것은 보이는 사물이다. 보이는 사물이 보는 자의 봄을 가득 채울 때, 그때야말로 잘 보이는 것이다.

　　그런데 메를로-퐁티는 한 발짝 더 나간다. 보는 자가 보이는 사물을 보는 것은 보이는 사물들을 대신하여 어쩔 수 없이 보게 된다고 말한다. 그러니까 보는 자는 보이는 사물이 자기를 보기 위한 수단이라는 이야기다. 그래서 '봄의 나르시시즘'을 제시한다.

　　그런데 메를로-퐁티는 이러한 봄의 나르시시즘보다 더 심오한 것이 있다고 말한다. 그러면서 보는 자가 아예 보이는 것으로 끌려 들어가 드디어 보는 자와 보이는 것을 구분할 수 없는, 아니 그렇게 구분하려는 짓이 도대체 무의미한 지경으로 나아간다. 그러고는 그 지경을 대문자를 앞세워[4] '가시성'(Visiblité)이라 하고, 역시 대문자를 앞세워 '즉자적인 감각적인 것'(Sensible en soi)이라 하고, 아울러 '살'

---

[4]　프랑스어에서는 명사를 대문자로 시작하지 않는 것이 원칙이다. 이렇게 대문자로 시작하는 식으로 명사를 쓴 것은 강조하는 뜻도 있지만, 개별적이고 구체적인 사태를 넘어서서 보편적이고 포괄적인 사태를 표현하기 위한 것이다.

이라고 하면서 익명적으로 태어나는바 역시 대문자를 앞세운 '나-자신'(Moi-même)이라고 한다.

이는 봄과 보임, 감각함과 감각됨 일체가 아직 미분화된 상태에서 생성되는 원초적인 지경을 나타내기 위한 것이다. 그리고 그걸 일괄해서 '살'이라고 하는 '익명적인 나-자신'이라고 하는데, 이는 '온 우주의 살'을 운위하기도 한다는 점에서 볼 때, 이 익명적인 나-자신은 한편으로 온 우주 즉 존재 전체를 하나의 거대한 주체이자 대상으로 보는 것이라 할 것이다.

전 우주적인 익명적 자아로서의 살은 결국 '존재의 원형'이자 '존재의 원소'를 지시하는 쪽으로 이어지기도 하지만, 그 가장 본원적인 일은 봄과 보임을 비롯한 감각함과 감각됨의 뫼비우스 띠와 같은 무한 반복의 상호 환위를 일구는 근원적인 사태라 할 것이다. 달리 말하면, 살의 존재는 봄 내지는 감각함의 비의와 존재의 비의가 결합하면서 살의 불투명성이 어떻게 감각의 거대한 전 우주적인 두께와 깊이를 만들어 내는가를 말한다. 아무튼 메를로-퐁티는 이런 신비에 가까운 비의를 제시하고서는 마침내 살을 이렇게 정의한다.

살은 물질도 아니고 정신도 아니고 실체도 아니다. 살을 지칭하기 위해서는 오래된 용어인 '원소'(élément)가 있어야 할 것이다. 이때 '원소'는 사람들이 물, 공기, 흙, 불을 말하기 위해 차용할 때의 의미로 쓰인 것이다. 즉 시공간적인 개별자와 관념(l'idée)의 사잇길에 있는 하나의 일반적인 것(une chose générale)이라는 의미로 쓰인 것, 달리 말하면 존재자가 작은 조각으로 발견되는 곳이면 어디에나 존재의 모종의 스타일을 가져오는 일종의 체화된 원리로서의 의미로 쓰인 것이다. 이런 의미에서 살은 존재(l'Être)의 '원소'다. (Merleau-Ponty, 1964. p. 184)

'살 일원론'이라 해야 하겠다. 일체의 존재가 전통적으로 싸운 물질이나 정신으로 되어 있지 않고 근본적으로 살이라는 원소로 되어 있다고 말하기 때문이다. 사물성뿐만 아니라 감각과 지각 및 상위의 모든 인식 관계가 성립될 수 있는 존재론적인 기반인 원소가 바로 살이다. 자기와의 관계 속에서 일체의 인간적인 연관이 쏟아져 나오게 되는 저 거대한 익명적인 나-자신인 존재의 원소를 살이라고 말한다.

메를로-퐁티는 이 살을 내적으로 일구어지는 덩어리(masse)라고 말하면서(같은 책, p. 193 참조) 이 덩어리가 열개(裂開, déhiscence)되고 분열되면서 몸의 복잡한 대상 내지는 사물들과의 감각적인 관계가 생성된다고 말한다.(같은 책, pp. 191~192 참조) 그뿐만 아니라 살을 표현이라고 하면서 이 살이 갖춘 가역성(réversibilité)과 창발성(émergence)에 의해 침묵의 세계 속에 말함과 생각함이 삽입될 수 있다고 말한다.(같은 책, p. 190 참조)

『지각의 현상학』의 서설에서 메를로-퐁티는 "이 세계가 있다"라는 것은 자신이 평생을 다해도 그 신비를 다 캐낼 수 없다고 고백한 적이 있다. 처음부터 메를로-퐁티에게 존재는 그 자체 불투명성을 바탕으로 한 비의의 덩어리였다 할 것이다. 그러고 보면, 정말이지 우리의 존재 속을 가로지르고 넘나드는 모든 사물과 그 모든 사물을 통해 벌어지는 모든 사건은 그 자체로 신비라 하지 않을 수 없다. 그 신비를 메를로-퐁티는 몸의 불투명성과 세계의 불투명성, 그리고 그것들을 떠받치는 살의 불투명성을 바탕으로 이해하여 풀어내고 있다.

메를로-퐁티야말로 진정한 불투명성의 철학자라 하지 않을 수 없고, 그의 사유가 현상학적이고 설사 형이상학적이라 할지라도 그 형이상학적인 사유마저 현상학에 기반을 둔 것이기에, 대표적인 불투명성의 현상학자라 일컫지 않을 수 없다.

VI. 레비나스: 타자와의 관계의 불투명성

리투아니아, 우크라이나, 프랑스 등으로 옮겨 다니면서 2차 세계대전 때에는 유대인으로서 죽음의 문턱까지 갔다가 살아 나오는 등 혁명과 전쟁 등의 와중에서 파란만장한 삶을 살았던 에마뉘엘 레비나스(Emmanuel Levina, 1906~1995), 불투명성을 근거로 그의 존재론을 필자 나름으로 살펴보고자 한다.

레비나스는 프랑스의 스트라스부르 대학에서 철학 공부를 시작했고, 여기에서 "죽은 시간" 운운하면서 신비주의적인 사유를 펼치는, 그의 평생의 사상적 동지인 블랑쇼(Maurice Blanchot, 1907~2003)를 만난다. 그런 뒤, 독일의 프라이부르크 대학으로 가서 후설 밑에서 공부하면서 하이데거를 만난다. 그들의 현상학적 사유에 깊게 영향을 받았다. 그리하여 그는 1929년에 「후설 현상학에서의 직관 이론」이라는 논문을 제출해 박사학위를 취득한다. 이는 1930년에 출간되는데, 그 외 후설과 하이데거의 철학을 비판적으로 활용하는 몇몇 저서를 연이어 출간한다. 그는 후설의 『데카르트적 성찰』을 프랑스어로 번역하는 등 하면서 프랑스에 후설의 현상학을 가장 먼저 도입한 것으로 알려져 있다.

그런데 레비나스의 존재론은 묘한 신비적인 역리를 가득 담고 있기에 이해하기가 쉽지 않다. 그것은 그가 근본적으로 동일성과 빛과 인식이라는 명료성의 영역을 근본에서 거부하면서, 잘 알다시피 타이성, 낯섦 등 말하자면 불투명성의 영지(領地)에 속한 개념들을 통해 사유를 펼쳐 나가기 때문이다.

타이성(他異性, alterité)은 동일성(le même)을 바탕으로 한 일반 논리를 벗어나는 지대를 전개하는 것이기에 그 자체로 보자면, 흔히 말하는 '동일성과 차이'나 '존재와 무'라고 하는 이분법적인 경계를 벗어나 있다. 그가 타이성의 논리를 펼치는 까닭은 무엇인가? 암암리에 인간 존재의 운명과 연결되어 있다. 그것은 살아 있으면서 죽음을 극복하지 않고서는 삶을 제대로 견뎌 낼 수 없는데, 그러한 극복을 이루기 위해서 죽음에서부터 열리는 근원적인 타자(l'Autre)와의 관계를 포착할 수 있는 논리가 바로 타이성의 논리라 여기기 때문이다.

레비나스의 이러한 만만찮은 철학적 논변들이 그의 많은 저작을 통해 전개되겠지만, 나의 학문적인 미흡함으로 인해 불행히도 1948년에 출간한 『시간과 타자』(Le temps et l'autre)만 나의 손에 들려 있다. 그의 사상을 기본적으로나마 일괄하기 위해서는 1947년에 출간한 『현존에서 현존자로』(De l'existence à l'existant)와 그가 국가 박사 학위 논문으로 제출하고 1961년에 출간한 『전체성과 무한: 외부성에 대한 시론』(Totalité et Infini: essai sur l'extériorité)만큼은 천착해야 할 터인데, 필자의 미흡한 연구 때문에 어쩔 수 없이 학문적인 양심을 일정하게 접을 수밖에 없는 불행한 처지에 놓이게 되었다.

하지만, 레비나스의 현상학적 사유에서 불투명한 심연의 존재를 읽어 내고자 하는 필자로서는 『시간과 타자』에서 나름 중요한 단서들을 포착할 수 있었다. 『현존에서 현존자로』나 『전체성과 무한』은 필자의 사유 속에서 그나마 단편적으로 보조적인 역할을 할 것이다.

§1. 존재의 익명성

레비나스 존재론의 출발점은 존재다. 정확하게 말하면 '익명적 존재'다. 더 정확하게 말하면 '현존함의 익명성'(l'anonymat du exister)이다. 이 개념을 먼저 앞세워 그의 존재론을 이해하고자 한다.

앞서 말한 것처럼, 레비나스는 그와 마찬가지로 유대인 철학자로서 '나와 너'의 문제를 근본적으로 제기한 부버(Martin Buber, 1878~1965)에게 영향을 받아 그의 타자 중심의 윤리학적 존재론을 확립하는 데 도움을 얻기도 한다. 하지만, 레비나스가 철학적 사유의 출발점으로 삼은 것은 주로 후설과 하이데거의 철학이다. 다만, 이들의 현상학 내지는 실존철학에 대해 그 나름으로 비판적인 시선을 앞세워 그 핵심 개념을 그 나름으로 재구성한다. 예컨대 그는 의식을, 후설의 의식 개념에서 나타나지 않는바, 지금 여기를 시작하고 설립하면서 대상들을 일깨우면서 자기 목적을 실현하려는 것으로 정의하는가 하면(Levinas, [1947] 1978. p. 9, 영역자 서문 참조), 『현존에서 현존자로』에서 하이데거의 저 유명한 '존재'(Sein)와 '존재자'(Seiendes)

의 개념이 어감상 적절치 않다는 이유로 '현존함'(l'exister)과 '현존자'(l'existant)로 변환한다. 이는 물론 하이데거의 존재론을 비판하기 위한 것이다. 그는 이렇게 말한다.

> 현존함(exister)과 현존자(existant)의 구별은 『존재와 시간』 가운데서 가장 심오한 사상으로 보인다. 하지만 하이데거에게는 구별이 있을 뿐 분리가 없다. 현존함은 언제나 현존자 속에 붙잡혀 있다. 인간인 현존자에 대해 하이데거가 사용했던 '각자성'(Jemeinigkeit, '늘 나의 것임')이란 용어도 현존함이 언제나 누군가에 의해 소유된다는 사실을 정확히 표현한다. 하이데거는 현존자 없는 현존함를 인정할 수 없었다고 나는 믿는다. (Levinas, [1948] 1979. p. 24)

필자가 보기에 이 변환은 그저 어감상의 문제로 그칠 수 없다. 하이데거의 존재론을 근본적으로 비판하기 위한 조치로 여겨진다. 이 변환은 실제로 레비나스의 존재론을 이해하는 데 걸림돌이 되기도 한다. 그가 때로는 '현존자' 대신에 '존재자'(l'étant)라는 용어를 쓰기도 하기 때문이다. 다시 풀자면, 하이데거는 현존재라고 하는 인간 존재자로부터 존재로 나아가는 길을 밟는데, 레비나스는 '히포스타시스'(l'hypostasis)라는 개념을 통해 '현존자'가 '현존함'에서 분리되어 나오는 것을 강조하고, 그럼으로써 인간 존재자에서, 존재의 근원적인 터라 할 수 있는 '현존함'에서 인간 존재자를 포함한 일체의 '현존자' 즉 개별의 사물들이 분리되어 나온다고 말한다.

그래서 레비나스는 일단 이렇게 자신이 비판하는 하이데거가 부조리에 빠져들 수밖에 없는 '현존자 없는 하나의 현존함'(un exister sans existant)에 접근하고자 한다. 그가 이 현존자 없는 하나의 현존함을 구축하는 방법도 특이하거니와, 이를 주장하는 데서 그의 존재론이 기초를 확보한다. 그것은 바로 'il y a'라는, 우리말로 번역하기 힘든 묘한 존재(현존함)다. 이에 관해서는 나중에 살펴보기로 한다. 레비나스는 자신이 하이데거의 영향에서 벗어난 것을 『현존에서 현존자로』에서 이렇게 말한다.

> 비록 처음에는 우리의 고찰이 존재론 개념과 인간 존재의 관계에 관한 한에서 하이데거의 철학에 매우 영향을 받았다고 해도, 그런데도 우리의 고찰은 이러한 철학의 풍토를 포기해야 할 절실한 욕구를 안고 있다. […] ── 존재 위에다 선(善)을 놓는 플라톤의 공식은 내 연구들의 지도적인 사상으로서 그 연구들의 기초에 놓여 있는 것을 지시하는 가장 일반적이고 공허한 사상이다. (스피겔버그, 1992. 198쪽에서 재인용)

이 인용문을 통해 우리는 레비나스가 하이데거 철학을 포기할 수밖에 없었는데, 이것이 플라톤이 이른바 "선(善)의 이데아"를 존재보다 상위에 둔 것에 크게 영향을 받은 탓이라고 고백하는 것을 확인한다. 중요한 사실은 그런데도 그러한 플라톤의 존재론적인 태도를 "가장 일반적이고 공허한 사상"이라고 규정하면서 비판의 뉘앙스를 피력한 것은 철학을 추상적인 차원에서 이론적으로 추구하는 것을 근본적으로 거부하는 것이라 할 것이다.

레비나스가 존재 혹은 인간 존재자를 이해하는 데 근원적이지 않은 것으로 거부하는 대표적인 영역이 바로 인식, 빛, 장악, 지배 등과 관련한 영역이다. 우리로서는 이러한 영역을 플라톤의 철학에서 곧바로 파악한다. 잘 알려진 것처럼, 플라톤은 무명(無明)의 동굴을 벗어나 밝은 해 아래에서 한 점 군더더기도 없이 명료하게 드러나는 이른바 이데아들이야말로 참다운 존재라고 했고, 이 이데아들을 볼 수 있는 이성이 발하는 인식의 빛을 중시했기 때문이다. 어둠을 존재의 영역에서 아예 쫓아내 버린 이러한 플라톤의 철학을 전적으로 거부했다는 것만으로도 레비나스가 이미 불투명성을 바탕으로 한 존재론을 준비하고 있음을 알 수 있다.

레비나스는 존재자들을 하나로 묶어 버리는 동일성과 그에 따른 총체성 개념을 단연코 거부한다. 그러면서 인식, 빛 장악, 지배 등은 바로 동일성에 입각한 것이고 총체성은 그 전체를 아울러 하나로 묶으려는 사유에서 비롯한다고 본다. 이에 반해, 레비나스가 추구하는 영역은 개별적인 현존자(existant)의 무한성이다. 이때 개별적인 현존자는 타인, 특히 타인의 얼굴이다. 그는 이렇게 말한다.

우리는 전체성의 경험에서 출발하여 전체성이 깨지는 상황으로 나아갈 수 있다. 그래서 이 상황이 전체성 자체를 조건 짓게 하는 데로 나아갈 수 있다. 이러한 상황은 타인의 얼굴에 나타난 외부성의 섬광이거나 초월의 섬광이다. 이 초월의 개념을 엄밀하게 발전시켰을 때 우리는 그것을 무한이라는 말로 표현하게 된다. (레비나스, [1961] 2018. 13쪽)

타인의 얼굴에서 나타나는 초월성과 무한성을 레비나스가 타인의 얼굴을 보았을 때 "죽이지 말라!"라는 신적인 명령이 나타나는 근거로 삼기도 하지만, 필자로서는 이를 타인의 얼굴은 타인의 존재 자체가 근본적으로 이성적인 인식으로는 도무지 포착할 수 없는 근원적으로 불투명한 존재 방식이 일상적으로 나타남을 운위한 것으로 해석할 수 있다. 타인은 대(大)-타자(l'Autre)가 나타나는 통로로서 그 얼굴은 이 대-타자의 초월성과 무한성을 표현한다. 그런데 내가 그 타인과 마주함(le face-à-face)을 통한 타인의 얼굴이 지닌 현전(現前, présence)은 지금 여기에서 순간적으로 일어난다.(Levinas, [1948] 1979. p. 67 참조) 그러한 현전을 통해 성립하는 존재자가 바로 '현존자'다. 그러니까 레비나스에서 현존자는 이미 늘 근원적으로 불투명한 존재의 저 무한한 심연을 드러내는 것으로 해석할 수 있다.

이는 필자가 1부 '§8 감각 사물'에서 애써 강조한, 지금 여기에서 번연히 그리고 느닷없이 주어지는 감각 사물이 독특한 방식으로 드러나는 장면이 아닐 수 없다. 레비나스의 관점에서 볼 때, 필자가 제시하는 감각 사물은 현존자일 수밖에 없고, 그래서 타인의 얼굴은 감각 사물이 근원적으로 나를 노려보는 지경을 혼연히 나타내기 때문이다.

레비나스의 존재론에서 불투명한 존재의 심연이 어떻게 나타나는가에 관해서는 이 정도로 하고 그가 말하는 "현존함의 익명성" 즉 '익명적인 존재'에 관한 이야기로 돌아가자. 그는 익명적인 존재에 관해 그의 존재론을 구축하는 기묘한 개념인 '일리야'(il y a)를 통해 이렇게 말한다. 길지만 그대로 인용한다.

그런데 우리는 현존자 없는 현존함에 어떻게 접근할 수 있는가? 모든 사물, 존재자들, 사람들이 무로 돌아갔다고 상상해 보자. 그러면 우리는 순수 무를 만나는가? 상상 가운데서 모든 사물을 파괴해 보자. 그러면 그 뒤에 무엇이 남는가? 남는 것은 어떤 사물이 아니라, 일리야(il y a)라는 사실이다. 모든 사물의 부재(absence)는 하나의 현전(présence)으로 돌아간다. 모든 것이 무너진 장소로, 대기의 밀도로, 텅 빔의 가득 참으로, 침묵의 중얼거림으로 돌아가는 것이다. 모든 사물과 존재자들이 파괴된 후 비인칭적인 존재함의 '힘의 장'이 있을 뿐이다. 주체도 아니고 주체적인 것도 아닌 무엇. 아무것도 더는 없을 때, 스스로 부과하는 현존함의 사실, 이제 그것은 익명적이다. 이 현존(existence)을 자신의 것으로 취하는 사람도 없고 아무것도 없다. 있다는 '비가 온다'(il pleut), '날씨가 덥다'(il fait chaud)라고 말할 때처럼 비인칭적이다. 부정을 통해 떼어 낸다고 해도 현존함은 되돌아온다. 어쩔 수 없는 순수한 현존함(l'exister pur)으로 그렇게 있을 뿐이다. (레비나스, [1961] 2018, 26쪽)

레비나스의 철학적 시선이 집중하는 묘한 지경이다. 우리말에서 '비가 온다'(il pleut)라고 하면 주어 즉 주체는 '비'다. '날씨가 덥다'(il fait chaud)라고 할 때는 물론 '날씨'가 주어 즉 주체다. 그런데 프랑스어에서는 비인칭 주어 즉 어떤 주체도 아닌 'il'을 쓴다. 비인칭은 익명성을 나타낸다. 그래서 일리야로 달리 표현되는 현존함은 그 자체로 익명적일 수밖에 없다.

현존함이 익명적이라 함은 현존함에서 무엇이 현존하는 것도 아니고, 어떤 것이 현존함을 소유하거나 지배하는 것도 아니다. 그런 점에서 현존함은 현존자와 분리해 있다. 아무리 부정하고 삭제해 버리려고 해도 도무지 그럴 수 없는, 그런 점에서 근원적인 무의 여지를 전혀 남기지 않는 '순수한 현존함'(l'exister pur)을 레비나스는 '일리야'(il y a)라고 한 것이다.

'il y a'를 영어로 바꾸어 말하면 'there is a cosmos'라고 할 때의 'there is'다. 그러니까, 'il y a' 역시 그 자체로만 쓰이는 경우는 전혀 없고 오로지 "il y a un garson"(한 소년이 있다)이라고 할 때처럼 존재하는 것을 이끄는, 말하자면 유도 부사다. 이를 레비나스는 독자적인 하나의 명사처럼 독특하게 전용해 쓴다. 그러면서 그것을 "순수한 현존함"이라 말한다. 그래서 우리말로 번역할 수 없어, 그 발음을 받아 그냥 '일리야'라고 번역할 수밖에 없다.

아무튼, 이 일리야 즉 순수한 현존함은 하이데거의 용어로 바꾸어 말하면, 아예 존재자(Seinendes)와 무관한 존재(Sein) 자체다. 존재를 항상 존재자의 존재로 보는 하이데거의 처지에서 보자면, 이는 그야말로 추상적인 형이상학으로 되돌아가는 것이다. 중요한 사실은 순수하건 어쨌건, 레비나스가 '존재'를 근본적으로 '현존하다'라는 동사를 명사로 변환한 '현존함'(l'exister)으로 말한다는 사실이다. 현존함은 존재함(être)에 비해 현전(現前, présence) 즉 내 눈앞에 있다는 것과 연결되면서 그러한 현전을 일으키는 동사로서의 힘을 발휘한다. 그래서 존재함에 비해 훨씬 더 직접적이다.

이에 레비나스는 일체의 사물들이 없다고 할지라도 그 없음(부재, absence)만큼은 현전한다는 사실을 강조한다. 마치 선불교에서 말하는 "색즉시공 공즉시색"(色卽是空 空卽是色)과 닮았다. 있는 것 일체가 없다고 하고 나니, 그 '없음'이 곧 '있음'으로 확연하다는 식이다. 그런데 이처럼 순수한 현존함을 한편으로 그 동사 형태에서 알 수 있듯이 '힘의 장'으로 본다. 그러면서 그 힘의 장을 일체의 긍정과 부정을 가능케 하는 장(場)이라고(Levinas, [1948] 1979. p. 26 참조) 말한다. 있다고 말할 수도 없고 없다고 말할 수도 없고, 오히려 있음과 없음이 발생하는 위력으로서의 근거가 되는 순수한 현존함, 더군다나 도대체 순수 논리적인 사유로써도 지목할 수 없을 '일리야'라고 말하니, 어찌 그 존재가 불투명하지 않을 수 있겠는가. 이 일리야는 저 앞에서 타인의 얼굴에 관해 말한 무한으로의 초월과 연결되면서 불투명한 존재의 심연을 드러내게 될 것이다.

그러니까 레비나스가 말하는 이 일리야 즉 순수한 현존함은 도대체 흔히 우리가 주변에 존재한다고 여기면서 규정하는 일상의 사물로서의 존재자와 아예 다르다. 그래서 레비나스는 이 일리야가 차라리 헤라클레이토스가 말한 흐름과 비슷하다고 말한다.

> 하지만 만약 고전 철학의 큰 주제에서 일리야라는 개념에 가닿은 경우를 찾는다면, 나는 헤라클레이토스를 생각할 것이다. 같은 강물에 두 번 발을 담글 수 없는 흐름에 관한 이야기보다 『크라튈로스』의 판본에 따른, 단 한 번도 발을 담글 수 없는 흐름을 생각할 것이다. 이 흐름에서는 모든 현존자의 형식인 통일성이 갖는 부동성 자체가 형성되지 않는다. (Levinas, [1948] 1979. p. 28)

현존자는 적어도 그 나름의 통일성을 갖추어야 한다. 그런데 레비나스는 헤라클레이토스에 관한 이야기를 원용해 일리야 즉 순수한 현존함에서는 아예 그러한 통일성을 위한 부동성(不動性, fixité) 자체가 형성되지 않는다고 말한다. 따지자면, 그와 동시대인인 파르메니데스가 일자로서의 존재를 제시하면서 그 존재가 사유와 같다고 함으로써 투명성의 존재론을 제시한 첫 번째 인물이라면, 헤라클레이토스야말로 불투명성의 존재론을 제시한 첫 번째 인물이라 할 것이다. 그러한 헤라클레이토스가 제시한 흐름에 일리야를 빗댄 것은 흐름이 지닌 역동성에 순수한 현존함이 지닌 동사 형태의 위력을 빗댄 탓이라 할 것이다.

이 일리야를 이해하는 것은 참으로 어려운데, 다행히도 레비나스는 일리야에 알기 쉽게 접근할 수 있는 통로로 불면증을 제시한다.

우리는 잠으로 놀아갈 수 없는 깨어 있음을 통해 **일리야**(l'il y a)를 정확하게 특징지을 수 있고, **일리야**에 고유한 무화(無化, anéantissement) 속에서 현존함이 저 자신을 긍정하는 방식을 특징지을 수 있다. […] 이 현존함은 이미 평온함인 하나의 **즉자**(en-soi)가 아니다. (같은 책, p.27)

불면증 환자의 목적은 잠을 자는 것이다. 그래서 깨어 있으면서 주어지는 모든 사물이 아무런 의미가 없는 정도에 그치지 않고, 잠을 자고자 하는 자신의 존재마저 무화하게 된다. 전체적으로 모든 것이 텅 비어 있으면서 가득 차 있고, 완전히 침묵에 빠져든 것 같으면서 무한히 중얼거린다.

레비나스는 이러한 도리 없는 '무화'의 불면을 통해 알려지는 일리야를 존재론적인 바탕으로 본다. 그런데, 그렇다고 해서 이 일리야인 현존함이 즉자로 나타나는 것이 아님을 강조한다. 이를 이야기하는 전후 맥락에서 레비나스는 하이데거의 존재론을 주로 비판하지만, 현존함이 즉자가 아니라고 말하는 대목은 암암리에 사르트르의 존재론이 근본적이지 못함을 제시하는 것이라 할 수 있다. 여기에서 불투명성을 바탕으로 하는 이들의 두 존재론이 어떻게 길을 달리하는가를 감지할 수 있다.

덧붙일 것은 여기에서 레비나스가 이러한 불면을 통해 의식의 본성을 규정한다는 사실이다. 의식은 잠들 수 있음에 바탕을 두고 있는 깨어 있음이며, 따라서 의식은 잠잘 수 있는 능력이라고 말한다. 그러면서 의식은 워낙 명징하게 깨어 있음이기에, "의식은 잠들 수 있는 능력이다. 이 충만에의 도피는 의식의 역설 자체라 할 것이다"(Levinas, [1948] 1979. p. 30)라고 말한다. 우리는 레비나스의 이러한 의식의 규정에서, 즉 의식을 근본적으로 잠에 의존한 깨어 있음으로 파악하는 데 대해 불투명성의 원리를 적용하게 된다. 말하자면, 의식이 깨어 있다는 것은 의식이 기본적으로 명료성 즉 투명성을 지닌다는 것이다. 그런데 이 깨어 있음이 잠을 바탕으로 삼는다는 것은 의식이 근본적으로 불투명성에 근거해 있음을 함축한다. 의식은 일체의 인식뿐만 아니라 바람과 가치평가 그리고 이들과 연결된 욕망과 감정 및 정서 등 모두를 아울러 작용한다.

이렇게 이 의식이 근본적으로 불투명성에 근거해서 작동한다는 것은 의식의 주체가 근본적으로 익명적이라는 사실로 연결된다. 그리하여 익명적인 의식의 주체는 그 내부에 자신이 아닌 타자가 솟아오르고 있음을 포함하게 된다. 그리고 그 익명성을 통해 의식이 감당할 수 없는 무한한 타자의 출현 즉 근원적인 타이성이 발동하게 된다.

§2. 존재로부터의 존재자의 발생 — 히포스타시스(hypostasis)

그렇다면 이 익명적 존재인 일리야에서 현존자들이 어떻게 생겨나는가? 레비나스는 그것을 설명할 재간이 없다고 하면서 어쨌든 익명성을 벗어나서 자기 동일적인 현존자가 생겨난다고 말한다. 그리고 그것을 '히포스타시스'라고 말한다. 이는 말 그대로 번역하면 '아래에 놓임'이다. 아래에 놓인다는 것은 전통적으로 판단에서의 속성을 나타내는 술어와 대비되는바 실체 내지는 기체를 나타내는 주어의 기능 즉 존재하는 하나의 사물이 지닌 통일성과 그에 따른 자성(自性, ipseity)이 작동하는 방식을 뜻한다. 요컨대, 히포스타시스는 하나의 사물이 자기 동일적인 실체로 됨을 뜻한다. 그런데 레비나스는 이를 의식에 관련해서 설명하기 시작한다.

> 히포스타시스, 이는 의식이 **일리야**의 익명적인 깨어 있음과의 결별이다. 의식은 이미 히포스타시스다, 의식은 하나의 현존자가 그 현존함과 관계를 맺는 상황을 지시한다. 우리는 왜 이런 일이 산출되는지 명백하게 설명할 수가 없다. (Levinas, [1948] 1979. p. 31)

현존자를 존재자로 바꾸고 현존함을 존재로 바꾸어 보면, 이는 마치 하이데거가 인간 현존재가 자신이 존재에 관해 물음을 던짐으로써 자신의 존재와 관계를 맺기 시작하는 상황을 제시하는 것 같다. 그리고 사르트르와 비교해 보면, 사르트르가 충만한 즉자 — 비록 레비나스가 순수한 현존함 내지는 일리야를 즉자가 아니라고 강조했지만 — 의 충만에서 존재론적인 감압이 일어나 그 간극을 통해 대자로서의 의식이 발생하는 장면을 서술하는 것 같기도 하다. 하지만, 레비나스는 의식이 생겨나는 이런 일이 어떻게 일어나는가를 설명할 수 없다고 말하고 있다.

아무튼, 의식의 상황에서 현존자가 그 자신의 현존함과 관계를 맺는다고 말하는데, 이해하기가 무척 어렵다. 후설이 내실적 의식에서 지향적 의식인 노에시스가 발휘되어 지향적 대상인 노에마를 형성하는 것을 떠올리게 되기도 한다. 노에마를 현존자로 보고, 노에시스를 현존함으로 보게 되면, 현존함을 바탕으로 현존자가 발생하는 이른바 히포스타시스의 사건이 일어나는 것으로 볼 수 있기 때문이다. 그 내용은 살피지 못해 알 수 없지만, 레비나스는 후설의 직관에 관해 분석하는 논문을 써서 박사학위를 받지 않았던가. 여기 이 의식을 논의하는 대목이 후설의 의식 이론과 무관하다고 할 수 없다.

이러한 '히포스타시스'를 하나의 사건이라 부르면서 이를 통해 드디어 지배와 자유가 성립되고, 현재가 성립하는 것으로 본다. 그러면서 이 사건 자체를 현재라고 부르고, 현재를 비인칭적인 현존함의 무한에 '균열'(déchirure)을 일으키는 것이라고 말한다.(Levinas, [1948] 1979. p. 32 참조) 이는 사르트르가 즉자의 균열에서 대자인 의식이 발생하고, 의식을 지금 여기에서의 현존으로 보면서 의식이 그러한 현존으로써 일체의 본질적 규정을 벗어나고 그럼으로써 근원적으로 자유롭고 자유롭지 않을 자유가 없다고 말한 것을 떠올리게한다.

한편, 레비나스는 이처럼 히포스타시스에 의해 성립하는 현재에관해서 이전의 그 어떤 시간 개념으로도 표현할 수 없다고 말한다. 이사건에서 성립되는 자유라는 것도 의지의 자유가 아니라 시작의 자유라고 하는데, 레비나스가 제시하는 자유에 관한 개념이 대단히 특이하다. 이렇게 말한다.

> 최초의 자유. 이는 아직 자유로운 의지의 자유가 아니고, 시작의 자유다. 지금 어떤 무엇인가에서 출발하는 데서 현존이 있다. 모든 주체에 포함된, 주체가 있고 존재자(étant)가 있다는 사실 자체에 포함된자유. 현존함에 대한 현존자의 지배력인 자유. (Levinas, [1948] 1979. p.34)

그러니까 히포스타시스라는 사건에서 열리는 자유는 현존자가현존함의 틈을 뚫고서 올라와 주체로서 저 자신의 현존을 확보하기시작하는 것 자체로서의 자유다. 그래서 이 자유를 현존자가 현존함을 누르고 일어서는 지배력으로서의 자유라고 말하는 것이다.

그러나 이러한 자유와 지배를 레비나스는 결코 그럴듯한 것으로보지 않는다. 레비나스는 그러한 자유가 결국 주체가 자신의 동일성과 자성에 몰두하는 일종의 유아론적인 자기 폐쇄적인 자유라고 말한다. 그러면서 자꾸 끝없이 자신에게 몰두함으로써 응결되는 방식을 일컬어 "주체의 물질성"(la matérialité du sujet)이라고 말하기도 한다. 또 거기에서 "현재의 물질적 성격"(le caractère matériel du présent)이 나오는 것으로 본다. 따라서 자유는 가볍지 않고 무겁고, 어쩔 수 없이 자기일 수밖에 없는 나 자신에 의해 차단된 나 즉 자기동일성의 포로이고 곧 고독이라는 것이다.(같은 책, pp. 36~37 참조) 이를 "물질은 히포스타시스의 불행이다. 고독과 물질성은 함께 간다"(같은 책, p. 39)라고 요약한다.

그리고 이러한 자기 자신에게 집착하면서 응고되어 버린 물질적 존재에서 벗어나고자 하는 것이 일상적 삶이기 때문에, 일상적인 삶을 하이데거류의 실존철학에서 말하는 것처럼 함부로 폄하해서는 안 된다고 레비나스는 역설한다. 그러면서 일상적인 삶에서 대상들과 맺는 관계는 근본적으로 향유(jouissance)라고 하면서 이렇게 말한다.

대상과의 관계, 이것을 우리는 향유로 특징지을 수 있다. 모든 향유는 존재의 방식일 뿐만 아니라 동시에 감각 작용, 다시 말해 빛과 인식이다. 대상을 흡수하지만 동시에 대상과 거리를 둔다. 앎, 곧 밝음(luminosité)은 본질적으로 즐김에 속한다. [···] 주체는 자기 자신으로부터 분리된다. 빛은 그런 가능성의 조건이다. 이런 의미에서 우리의 일상적 삶은 이미 최초의 물질성으로부터 해방되는 방식인데 이것에 의해 주체는 완성된다. 여기에는 이미 자기 망각이 개입되어 있다. [···] 최초의 포기. 이것으로 끝은 아니다. 이것을 거쳐 지나가야 한다. (같은 책, p. 46)

대상과의 관계를 향유로 보고, 또 자기 망각으로 본 것은 상당히 매력적이다. 이를 통해 일차적으로 주체의 물질성 즉 주체의 자기 동일의 집착에서 벗어나는 해방을 본 것도 우리의 일상적 삶 즉 대상과의 일반적인 관계를 멋지게 분석한 것으로 보인다. 일상적 삶의 근본적인 위력이 향유 그리고 자기 망각에 있다고 한다면, 사실상 우리는 이미 그리고 늘 사물들과의 감각적인 충만을 주고받는 것으로 되기 때문이다. 그럼으로써 대상을 끌어모으고 소유하고 군림하면서 그 상대적인 격차를 이용해 타인들을 지배하는 방식을 요구하는 자본주의적인 이기적 자폐증을 벗어날 수 있는 원리를 제공해 주기 때문이다.

그런데도 레비나스는 이 향유를 빛과 인식이라고 하고 대상과 거리를 두는 것이라 함으로써, 흔히 말하는 자아 망각의 몰입 즉 탈자적(脫自的)인 존재 방식을 이미 비판한다. 레비나스에게 있어서 빛과 인식은 궁극적으로 보아 긍정적이지 않고 부정적이기 때문이다. 불투명성과 투명성을 대립해서 보면서 어떻게든 불투명한 심연의 존재를 드러내는 철학적 사유를 은근히 옹호하는 필자로서는 이 대목에서 뭔가 복잡한 심경에 놓인다.

순수한 현존함인 일리야야말로 레비나스의 현상학을 불투명성의 현상학으로 자리매김하는 적극적인 개념이었다. 그런데 히포스타시스라는 사건을 통해 그것의 균열을 뚫고 올라오는 현존자로서의 주체와 현재는 물질성을 띠는 것으로서 여전히 불투명성을 담보하는 것이었다.

그런데 이 이차적인 주체의 불투명성을 우리 인간에게 극복하지 않으면 안 되는 부정적인 것으로 진단하고 이를 빛과 이성적 앎을 통해 극복하는 인간의 일상적 삶과 대상과의 향유를 적극적으로 긍정하는 것 같았다. 이 대목에서 우리는 레비나스가 불투명성 운운하는 일종의 형이상학적인 태도를 비판하고 구체적인 일상의 삶을 높이는 쪽으로 나아감으로써 살아 숨 쉬는 이른바 생활세계적인 개개의 인간을 적극저으로 긍정한디고 생각하게 되있다.

그런데 이를 빛과 이성에 따른 대상에 대한 완전한 몰입인 향유를 비판하는 방향으로 나아가니 과연 어떤 길을 밟아 나갈 것인가가 궁금한 것이다.

§3. 빛과 이성에 대한 비판

"하지만 이 자기 망각, 향유의 밝음에 의해서도 자기와 자아의 뗄 수 없는 관계는 깨뜨려지지 않는다"(Levinas, [1948] 1979. p. 47)라는 말을 던지면서, 레비나스는 빛과 이성을 비판한다. 빛 아래에서는 낯섦이 없다고 말하고, 초월이 없고 내재만이 있다는 식으로 말함으로써 투명성과 명료성의 지배를 비판한다. 빛과 더불어 인식과 이성을 함께 비판한다.

> 이성과 빛은 그것들 자체로, 존재자(étant)인 한에서 존재자의 고독을 완성하며, 완전히 유일하고 독특한 지표가 되어야 할 그 목표를 수행한다.

이성은 모든 것을 자신의 보편성 안에서 포괄하면서 그 자체로 고독 안에 머물러 있다. 유아론은 착오도 아니고 궤변도 아니다. 이성 자체가 유아론적인 구조를 갖추고 있다. […] 이성은 말을 건넬 또 다른 이성을 전혀 찾지 않는다. 의식의 지향성은 자아를 사물로부터 구별하게 해 주지만 유아론을 사라지게 하지는 않는다. (Levinas, [1948] 1979. p. 48)

레비나스는 여기에서 자기 체계적인 주체적 자아의 구조를 이성에까지 확대한다. 기실 이성이란 자신의 바깥을 허용하지 않는 포괄적인 보편성을 띤다. 그런 점에서 이성은 결단코 타이성(他異性, altérité)을 지닐 수 없고, 오로지 자기 완결을 꾀하고자 하는 자신의 목표를 원활하게 수행한다. 그런 점에서 레비나스의 말대로 이성은 본질상 유아론적이다. 이성을 유아론적이라고 말하는 레비나스의 통찰은 그야말로 탁월하다. 이는 우리가 1부 §4에서 서술한바 이성의 욕망 실현이 어떻게 실패할 수밖에 없는가, 하는 것을 크게 보강한다.

이러한 레비나스의 탁월한 통찰은 노동에 관한 해석에서 계속된다. "외부 세계에 현실적 외재성을 부여하는 이 초월을 파악하려면 구체적 상황, 향유 속에서 빛이 주어지는 상황, 즉 물질적 현존으로 되돌아와야 한다"(같은 책, p. 49)라고 말하면서, 그 물질적 현존에서 욕구의 구체성을 보고, 욕구의 구체성에서 주어지는 공간을 극복하기 위해 노동을 해야 한다고 본다. 그러면서 "노동에서, 즉 그의 노력, 아픔과 괴로움을 통해 주체는 한 현존자의 자유 속에 함축된 현존의 무게를 다시 발견한다"(같은 책, p. 54)라고 말한다.

물질적인 현존으로 보자면, 먹지 않으면 향유고 뭐고 있을 수 없다. 그럴 때 우리는 우리 자신과 분리된다. 배고파하는 나 자신은 나 자신과 얼마나 멀리 떨어져 있는가. 이러한 나 자신에서 벌어지는 공간을 메우기 위해 노동을 할 수밖에 없는 것이다. 그런데 노동은 이제 주체에게 아픔과 괴로움을 통해, 향유에서 잠시 잊었던 현존의 물질적인 무게를 다시 발견하게 된다는 것이다.

"현존의 물질적인 무게"(le poids matériel de l'existence)라는 말이 심중하게 다가온다. '물질적인 무게'라는 말은 그 존재에서 보자면, 존재의 불투명성의 두께에서 비롯한다는 뉘앙스를 지녔다. 필자가 존재의 불투명성이라든가 불투명한 존재의 심연을 언급할 때, 그것을 부정적으로 보는 것도 아니지만 바람직하다고 보는 것도 아니다. 그러한 가치의 식별이 불가능하고, 그렇기에 존재론적으로 워낙 근원적임을 피력하는 것이다. 그런데, 주체로서 구체적인 삶을 사는 데 있어서는 그 존재의 불투명성이 이토록 우리의 현존을 물질적으로 아프게 하고 괴롭게 하는 원천이 된다는 점을 어떻게 부정하겠는가?

§4. 고통과 죽음의 타자성

노동을 통해, 결국 레비나스는 그의 본격적인 고찰인 고통과 죽음의 문제로 들어서게 된다. 레비나스가 말하는 고통은 도덕적이거나 심적인 고통이 아니라 철저히 신체적 고통이다. 그러니까 그가 말하는 죽음도 실제적인 몸의 죽음이다. 그가 이렇게 신체적 고통을 중시하는 것은 "신체적 괴로움에는 현존에의 참여에 대해서 어떤 오해도 일어날 수 없기 때문이고" 나아가 "신체적 고통은 존재의 면제 불가능성 자체이고, 고통의 내용은 고통으로부터 해방될 수 없는 그 불가능성과 일치하기" 때문이다.(Levinas, [1948] 1979. p. 55)

레비나스가 말하는 고통은 정말이지 지독한 고통이다. 끝이 보이지 않는, 도무지 벗어날 수 없는 고통, 그 어떤 피난처도 없는 고통, 고통 그 자체에 완전히 묶여 있음을 본질로 하는 고통이다. 아마도 아우슈비츠와 같은 상황에서 그러한 고통이 있을 법도 같다. 결코, 삶을 포기할 수 없는데도 그 삶의 가능성이 전혀 보이지 않는 일종의 완전한 질병에 갇혀 버린 상태에서 느끼는 신체적인 고통 같은 것이겠다.

레비나스는 이러한 고통을 미지의 것과 연결하면서 도대체 이것은 빛의 용어로는 옮길 수 없고, 일체의 친숙성에 저항하는 것이라고 말한다. 그러면서 이를 죽음과 연결한다. 즉 죽음의 미지성과 연결한다. 죽음을 분석하면서 보이는 레비나스의 특이성은 하이데거가 죽음을 무와 연결한 것과는 정반대로 오히려 죽음을 무의 불가능성과 연결한다는 점이다. 결코, 벗어날 수 없는 고통으로부터 나타나는 죽음은 도대체 무로서 다가오지 않고 무가 불가능하다는 절망으로 다가온다는 것이다. 그런 점에서 죽음은 미지적인 것이고, 도대체 그 앞에서는 그 어떠한 빛이나 밝음도 힘을 발휘할 수 없다는 것이다. 드디어 주체는 자신으로부터 유래하지 않는 것과 관계를 맺고 있다는 것을 느끼게 되고, 차라리 신비와 관계하고 있다고 말하게 된다고 레비나스는 말한다. 요컨대 죽음은 절대적으로 인식할 수 없는 것이 나타나는 것이고, 그 어떤 빛으로도 밝힐 수 없는 낯선 것이 나타나는 것이고, 따라서 모든 가능성이 불가능해지면서 오로지 붙들려 있을 뿐이라고 말한다.(같은 책, pp. 56~58 참조)

말하자면 죽음은 절대적인 타자(l'Autre)로서 도래하는 것이다. 레비나스는 미래를 이 죽음의 미지성과 타자성에서 찾는다. 그런 점에서 미래는 절대적인 미래고, 그 어떤 기대도 허용치 않는 미래라고 말한다. 그래서 "미래는 손에 거머쥘 수 없는 것이며, 우리를 엄습하여 우리를 사로잡는 것이다. 미래, 그것은 타자다. 미래와의 관계, 그것은 타자와의 진정한 관계다"(같은 책, p. 64)라고 역설한다. 현재가 나의 물질적인 고독이라면, 미래는 이러한 나의 물질적이고 유아론적인 고독을 깨버리는 타자인 셈이다. 그래서 주체와 죽음 사이에는 심연이 있다고 말한다. "죽음에는 죽음의 사건에 직면하는 주체와 사건 자체 사이에 일종의 심연(abîme)이 놓여 있다."(같은 책, p. 65) 그러면서 "타자와의 관계는 신비(Mystère)와의 관계다"(같은 책, p. 63)라고 말한다.

레비나스가 체험하고 새롭게 분석해서 우리에게 제시하는 미래(l'avnir), 미지(l'inconnu), 죽음(la mort), 타자(l'Autre), 신비(le Mystère) 그리고 심연(l'abîme) 등의 낱말들은 일체의 기대를 앗아가고 그러면서 전격적으로 급습해 우리의 현존을 파고드는, 정말이지 한편으로 섬뜩하기 이를 데 없는 지경을 나타내 보인다. 이에 레비나스야말로 체험적인 불투명성의 현상학자라 불러 마땅하다. 이러한 절체절명의 죽음 직전의 지경에 실제로 다가서 본 적이 있는 레비나스가 제시하는 이 극단적인 불투명성의 현존 상황은 불투명성의 존재를 깨우고자 하는 필자에게 큰 울림으로 다가올 수밖에 없다.

죽지도 않고 죽을 수도 없는 지독한 고통의 상황은 마치 잠들지도 않고 깨어 있을 수도 없는 불면처럼 나의 의식과 이성과 인식과 판단이 모두 중지해 버리는 상황이다. 그런 점에서 죽음이 도래하는 사건은 마치 나의 몸을 뚫고 들어온 창처럼 나에게 완전히 낯선 타자로서 미지의 부재로서 현전하는 것이다.

하이데거가 말한 '죽음으로의 존재'는 레비나스에서 보면, '절대적 타자와 직면한 존재'이다. 그런데 레비나스는 하이데거와 달리 죽음과 죽음을 통해 드러나는 무를 인수해야 한다고 하지 않고, 죽음을 극복해야 한다고 말한다. 하지만 죽음을 극복한다는 것은 영생의 문제가 아니라고 못 박는다. "죽음을 극복한다는 것은 죽음이라는 사건의 타이성과 더불어, 그런데도 여전히 인격적이어야 할 관계를 유지한다는 말이다"(같은 책, p. 73)라고 말한다.

이를 '불투명성의 논리'로 번안하면, "타이성"의 자리에 "불투명성"을 대신하게 될 것이다. 불투명성과 더불어 인격적인 관계를 유지하는 것이야말로 죽음의 불투명성을 극복하는 것이 될 것이다. 불투명한 존재의 심연으로 뛰어들고 싶은 충동에 휩쓸리는 태도는 죽음을 극복하는 올바른 방식이 아니라는 이야기다.

§5. 타자와 타인

레비나스의 죽음에 대한 이러한 해석, 즉 '죽음=미래=타자=신비=심연'의 등식을 통해 돋보이는 것은 여기에서의 타자를 타인에 대한 해석으로 전용한다는 점이다. 그러면서 레비나스는 타인을 통해 드러나는 타이성을 인수함으로써 죽음을 극복할 수 있는 길이 열린다고 보는 셈인데, 이야말로 레비나스를 강력한 타자의 철학자로 만드는 핵심 대목이다.

타자인 죽음과 조화를 이룰 수 없듯이 타인과 조화를 이룰 수 없고, 죽음과 주체가 비대칭적인 것처럼 나와 타인은 비대칭적이고, 죽음과 내가 공감할 수 없듯이 나와 타인은 공감할 수 없고, 나와 죽음이 모순이 아니듯이 나와 타인은 모순이 아니고, 죽음이 신비이듯이 타인도 신비고, 죽음이 명령을 내리듯이 타인은 나에게 명령을 내린다는 등의 기묘한 논리가 레비나스의 타자론 내지는 인간 관계론을 관통한다.

그렇다면 도대체 나와 타인의 관계는 어떤 관계인가? 레비나스는 간단하게 얼굴을 마주 대하고 있는 관계라고 말한다. 그러니까 레비나스에서 얼굴은 대단히 중요한 개념이다.

주체에게 사건이 도래하지만 주체가 그 사건을 인수하지 않고 자신의 관점에서 아무 일도 할 수 없는 상황이다. 그렇지만, 주체는 모종의 방식으로 이 상황과 대면한다. 이 상황은 타인과의 관계이고, 타인과 얼굴과 얼굴을 마주함(le face-à-face)이고, 타인을 주면서 동시에 빼앗는 하나의 얼굴(un visage)을 만남이다. '인수한' 타자, 그것은 바로 타인이다. (Levinas, [1948] 1979. p. 67)

미래와의 관계, 즉 현재 속에서의 미래의 현전은 여전히 타인과 얼굴

과 얼굴을 마주함에서 실현되는 것처럼 보인다. 얼굴과 얼굴을 마주한 상황은 시간의 실현 자체라 할 것이다. 미래에 대한 현재의 침식은 홀로 있는 주체의 사실이 아니라 상호주관적인 관계다. 시간의 조건은 인간들 사이의 관계 속에 또는 역사 속에 있다. (같은 책, p. 69)

레비나스는 유아론적인 자기의 물질성인 고독에 빠진 주체에게는 시간도 역사도 없다고 말한다. 그런데 이제 '죽음=타자=미래=신비'를 통해 진정한 시간이 열리고 인간관계가 열리고 역사가 열린다고 말하고 있다. 그러니까 레비나스는 우리의 삶에서 사회와 역사가 작동하는 것은 존재론적으로 이미 이러한 죽음의 사건이 늘 도래하고 있음으로써 작동한다고 말하는 셈이다. 우리 나름으로, 죽음의 사건이 도래하고 절대적인 낯섦과 타자성의 신비가 엄습해 오는 것을 불투명성의 사건으로 읽게 되면, 레비나스가 보는 사회와 역사를 지평으로 하는 일상은 곧 불투명성을 바탕으로 한 것이며, 그러한 불투명성을 통해 오히려 고독과 죽음을 극복할 수 있는 길이 열리는 셈이다.

레비나스에게 얼굴은 인식의 대상도 아니고 그렇다고 무슨 공감의 대상도 아니다. 대상을 보여 주면서 동시에 빼앗는 것이 얼굴이라고 말한 데서 이를 알 수 있다. 어디에서부터 드러나는지도 알 수 없는, 그러나 결코 벗어날 수 없는 붙들림을 일으키는 것이 얼굴이다. 이렇게 타자의 얼굴이 타인에게서 드러나는 것은 한편으로 주체의 입장에서 보면 죽음이 타자로서 다가온 것에 상응한다. 레비나스는 이때 주체는 완전히 주도권을 상실하고 주체로서 자신을 유지할 수

있는 지배력을 상실하게 된다고 말한다.(같은 책, p. 62 참조)

　그런데도 주체인 나와 나에게 얼굴을 통해 드러나는 타인의 관계는 결코 주체와 대등한 대칭적 관계를 이루는 것이 아니다. 레비나스는 이렇게 말한다.

　　타인으로서의 타인은 단지 나와 다른 자아가 아니다. 그는 나 자신이 아닌 자다. 타인이 타인인 것은 성격이나, 외모나 그의 심리 상태 때문이 아니라 그의 타이성(altérité) 때문이다. 그는 예컨대 약한 사람, 가난한 사람, '과부와 고아'다. 하지만 나 자신은 부자이고 강자이다. 상호주관적 공간은 대칭적이 아니라고 말할 수 있다. (같은 책, p. 75)

　레비나스의 상호주관성에 대한 특이한 해석이다. 비대칭적 상호주관성이라는 개념은 오로지 레비나스만의 개념인 것으로 보인다. 그런데 타인을 약자, 빈자, 이른바 구약에서부터 계속 히브리인들의 도덕성을 일깨운 '과부와 고아'라고 말하는 것이 레비나스의 철학을 윤리를 근간으로 하는 철학이라고 말하게 하는 대목이다. 더없는 약자로 나타나는 타인의 얼굴은 이쪽 주체에 대해 도무지 그 어떤 저항이나 지배력을 발휘하고자 하지 않는 얼굴이다. 하지만, 그 자체 본래 주체가 어찌할 수 없는 완전한 타이성으로서의 얼굴이기 때문에 오히려 주체에 대해 모종의 윤리적인 명령을 내리는 얼굴이 된다고 말한다. "타이성은 단지 논리적 구별로서가 아니라 성질로서, 얼굴의 침묵 자체가 말하는 '살인하지 말라'라는 말을 통해서 지탱된다."(같은 책, p. 14)

타인의 얼굴에서 근본적인 윤리적인 명령을 읽어 내는 레비나스의 통찰은 대단하다. 타인에게서 절대적인 타이성으로서의 얼굴을 볼 줄 모르는 자는 이 근본적인 윤리적인 명령을 처음부터 어기는 자인 셈이다. 그런데 구체적인 상황을 중시하는 레비나스가 왜 나보다 훨씬 더 강하고 부유한 타인은 아예 배제하는 건가? 윤리학적으로 볼 때, 대단히 전략적으로 보이는 대목이다. 누구나 자기 자신인 하나의 주체이고, 그런 한에서 타인을 만날 수밖에 없는데, 그 타인을 아예 이렇게 약자로서의 타자로 설정해 놓고서 절대적 신비와 미래가 도래하는 얼굴을 드러내는 자로 설정해 놓으면 그 누구도 근본적으로 강한 자 또는 부자로 지배력을 발휘할 수 없기 때문이다. 그러고 보면, 죽음의 타이성을 통해 주체적인 고독이 붕괴한다는 것은 주체의 부유함과 강함이 붕괴한다는 것이다. 그러니까 전반적인 얼개에서 보면 다소 불안한 역설이 되겠지만, 레비나스는 설사 타인이 나보다 현실적으로 강하고 부유하다 할지라도 그 자체 약자이고 과부이고 고아라고 해야 할 것이다.

존재의 불투명성을 중시하는 우리로서는, 이렇게 해서 레비나스가 타이성을 바탕으로 윤리의 영역을 확보한 것은 다름 아니라 불투명성을 바탕으로 윤리의 영역을 존재론적으로 확보한 것이라 말하게 된다. 문제는 불투명한 존재는 그 심연의 깊이로 다가옴으로써 그것과 마주한 주체를 아연실색케 함과 동시에 그 속으로 뛰어들었으면 할 정도로 주체를 매혹한다. 만약 이를 존재의 전체를 넘어선 무한성이 타이성을 띤 타인의 얼굴에서 나타나면서 "살인하지 말라"라는 명령을 내리는 사태와 견주게 되면 어떻게 되는가? 불투명한 존재의 심연이 발휘하는 매혹의 위력은 곧 무한의 심연을 나타내는 타인의 얼굴이 매혹의 위력을 발휘하는 것으로 변환하고, 그럼으로써 매혹당한 주체가 타인에게 매혹됨으로써 근원적으로 윤리적인 영역으로 빠져드는 것이 될 것이다.

§6. 에로스적 공동체

레비나스는 죽음을 극복하는 것을 삶의 과제로 본다. 죽음을 극복하기 위해서는 죽음을 통해 나타나는 타자성이 타인의 얼굴로 전화되어 나타나는 것을 적극적으로 인수할 때 성립된다. 그러니까 타인을 적극적으로 환대하는 주체로서 거듭날 때 죽음을 극복한다고 보는 것이다. 요컨대 주체를 근본적으로 파기하는 것이 아니라 타인의 그 타이성을 통해 새로운 주체로 갱신되는 것으로 보는 것이다.

그런데 흥미로운 것은 레비나스가 본래의 주체는 남성적인 것으로 보고, 타인의 얼굴을 통해 열리는 타이성을 여성적인 것으로 본다는 점이다. 그러면서 남성적인 것은 자폐적인 것이고, 여성적인 것은 신비로 열린 것으로 본다. 그러니까 남성적인 주체는 여성적인 것을 통해 구원을 받는 셈이다. 레비나스가 에로스로서의 사랑과 애무를 중시하는 까닭이 여기에 있다. "사랑은 아무런 이유가 없이 존재하고 우리를 엄습하고 우리에게 상처를 준다. 하지만 그 가운데서도 나임 (le je)이 보존된다"(Levinas, [1948] 1979. p. 82)라고 말한다. 사실이 그러하다. 사랑은 무작정한 것이다. 그런 점에서 사랑은 그야말로 타이성과의 만남이라 할 수 있다. 말하자면, 사랑이란 의지로 다스려지지 않는 것이고, 그 시작과 끝을 알 수 없는 그야말로 불투명한 심연의 영역에 매혹되어 빠져드는 충동과 같은 것이다.

이를 레비나스는 에로스에서 필수적인 애무(la caresse)로 분석함으로써 그 구체적인 면모를 예리하게 드러내 보인다.

> 애무는 주체의 존재 방식이다. 거기에서 주체는 타자와의 접촉에서 그 접촉을 넘어선 곳으로 나아간다. 감각 활동으로서의 접촉은 빛의 세계의 일부를 형성한다. 하지만 올바르게 말하자면 애무를 받는 대상은 손에 닿지 않는다. […] 이러한 애무의 추구는, 애무가 찾는 것이 무엇인지 모르고 있다는 사실을 그 본질로 구성한다. '모른다'는 것, 근본적으로 질서 잡혀 있지 않음, 이것이 애무에서 본질적인 것이다. (같은 책, p. 82)

그러고 보면, 애무란 정말이지 지향적이지 않다. 무엇을 만지고 만나고자 하는지 전혀 모르는 상황이라야 진정한 애무가 되기 때문이다. '모른다'라고 하기보다 차라리 알 필요가 없다고 해야 할 것 같기도 하지만, 아무튼 애무는 우리의 삶이 근본적으로 비(非)-지향적인 불투명성을 바탕으로 이루어진다는 사실만큼은 분명하게 일러 준다. 결국에는 에로스를 통해 주체의 고독과 죽음의 폭력적인 타이성을 극복할 수 있다는 이야긴데, 에로스가 한편으로는 불투명한 존재의 심연에 뛰어드는 충동이고, 그 충동의 실현을 통해 고독과 죽음에서 오는 저 불투명한 타이성의 폭력성을 극복한다는 것은 전적으로 역설이라 하지 않을 수 없다. 그렇다. 불투명한 존재의 심연은 근본적으로 폭력적일 뿐만 아니라 매혹적이어서, 주체가 그 매혹에 빠져듦으로써 그 폭력성을 극복한다는 역설은 어쩌면 당연하지 않은가.

레비나스는 타이성을 바탕으로 하는 에로스와 애무에 대한 분석을 바탕으로 마침내 에로스적인 공동체를 끌어낸다. 그러면서 이 에로스적인 공동체는 얼굴과 얼굴을 마주한 타이성 즉 불투명성을 바탕으로 하고, 그래서 공통성이 전혀 없고, 그럼으로써 오히려 감동적인 측면을 지닌 공동체라고 말한다.(Levinas, [1948] 1979. p. 89 참조)

§7. 마무리

이제까지 살펴본 대로, 레비나스는 동일자 대신에 타자를, 자기 동일적 폐쇄성 대신에 타자적인 신비로의 개방성을, 이성 중심의 인식 대신에 얼굴과 얼굴의 마주함을, 지배적인 남성적인 것 대신에 한없이 열리면서 생산성을 가능케 하는 여성적인 것 등을 제시한다. 그 바탕에 타이성을 통해 열리는 현존함의 일리야가 지닌 무한성이 작동함은 물론이다. 여기에서 우리는 레비나스의 존재론이 워낙 근본적으로 불투명한 존재의 심연을 바탕으로 하면서 그 속으로 뛰어드는 일종의 윤리적인 충동을 인간 삶의 근본으로 본다는 것을 포착하게 된다.

하지만, 레비나스의 불투명성의 존재론에서 감각에 관한 고찰을 찾기는 힘들다. 우리는 그가 말하는 타인의 얼굴에서 겨우 감각 사물의 현존을 읽었다. 하지만, 그 타인의 얼굴은 타이성을 저 배후로 밀고 나간 끝에 찾아낸 무한과 신비를 바탕으로 한 것이었다. 그래서 우리가 불투명한 존재의 기초로 여기는 감각 사물을 안중에 두지 않는 것으로 진단하게 된다.

우리는 칸트가 말한 사물 자체에서 존재의 불투명성에 관한 실마리를 찾았고, 거기에서 현실로 한 걸음 나와 감각 자체에서 존재의 불투명성을 정립하고자 했다. 그리하여 일체의 본질적인 규정을 벗어난 '감각 사물'을 현실을 채우고 있는 불투명한 존재의 근원적인 지경으로 정립했다. 그리고 이 감각 사물은 메를로-퐁티의 살 존재론에서 특별히 부각하는 것으로 보았다.

레비나스는 주체의 물질성을 통해 유아론적인 폐쇄성을 적발하면서 타인의 타이성을 통해 이를 극복하고자 했다. 그런데 메를로-퐁티는 우리 인간 존재의 근본 지평에서부터 이미 유아론적 주체는 불가능하다고 역설한다. 이는 메를로-퐁티가 봄에서 출발해 주체를 설정하는 데 반해, 레비나스는 의식에서 출발하여 주체를 설정하기 때문이다. 감각 사물을 불투명한 존재의 기반으로 보는 우리로서는 주체의 기반 역시 감각 사물임을 주장한다. 그러나, 레비나스는 비록 무한성과 신비를 제시함으로써 불투명성을 감각 너머에까지 확장했지만, 그럼으로써 오히려 불투명한 존재의 심연을 지금 여기에서 찾지 않고 도래해 있다고는 하나 초월성을 벗어날 수 없는 미래와 죽음의 타이성에서 찾았다. 이에 우리로서는 레비나스의 존재론에 흔쾌히 손을 들어 줄 수 없다.

한편, 레비나스가 전기 하이데거가 말하는 존재의 불투명성이 갖는 주체 중심주의를 넘어서서 존재 자체의 타이성이 갖는 불투명성을 내세운 것은 큰 공헌이라 하겠지만, 타인을 환대하는 주체를 내세우며 존재의 불투명성을 윤리적 차원으로 번역한 것은 존재의 불투명성을 통해 시학적인 예술로 나아가고자 한 후기 하이데거에 비해 덜 매력적이라 하겠다. 게다가 살 존재론을 통해 우리의 존재 자체가 처음부터 여기 이쪽의 감각 사물로 현존함으로써 저기 바깥에서 주어지는 감각 사물들과 근원적인 만남을 통해 충동의 세계라 할 정도로 강렬한 감각적 예술 세계를 제시한 메를로-퐁티의 존재론에 비하면 더욱 덜 매력적이라 할 것이다.

VII. 리쾨르: 텍스트 세계의 불투명성

폴 리쾨르(Paul Ricoeur, 1913~2005)는 가브리엘 마르셀에게서 철학과 신학을 배웠는데, 제2차 세계대전 당시에 독일에서 포로 생활을 하면서 후설의 저서들을 탐독한 것이 계기가 되어 프랑스에서 유명한 후설 연구가가 되었다. 특히 그가 1950년에 후설의 그 유명한 핵심 저서 『선험적 현상학과 현상학적 철학에 대한 이념들』(*Ideen Zu Einer Reinen Phanomenologie Und Phanomenologischen Philosophie*)을 프랑스어로 번역한 것은 이를 잘 나타내 준다. 하지만, 그는 인간 존재의 유한성을 밝히고 그것을 통해 초월적 존재인 신을 해명하려고 노력하는 이른바 유신론적인 철학자였다. 이는 그의 철학적 사유를 후설의 현상학에서 말하는 의식 내재적인 초월성과 길을 달리할 수밖에 없도록 한다.

그는 『의지의 철학 I. 의지적인 것과 비의지적인 것』(*Philosophie de la volonté 1. Le volontaire et l'involontaire*, 1949)과 『의지의 철학 II. 유한성과 죄악 가능성』(*Philosophie de la volonté 2. Finitude et culpabilité*,

1960)을 비롯해 숱한 저서들과 대담집을 냈다. 특히 1980년대 이후 많은 저서를 내게 되는데, 『시간과 이야기』(*Temps et récit*) I, II, III을 1983~1985년에 연달아 출간하고, 1986년에 『텍스트에서 행위로: 해석학에 관한 시론 II』(*Du texte à l'action. essais d'herméneutique II*)를 출간한 뒤로 계속해서 해석학에 관한 저서들을 낸다. 1990년에는 『한 타자로서의 자기 자신』(*Soi-même comme un autre*)을, 1992년에는 대표적인 논문을 모아놓은 『강좌』(*Lectures*)를 출간하였다.[1]

　이같이 수많은 책과 논문 및 대담집을 냈는데도 불구하고 한국의 철학 대중들에게는 그다지 많이 알려지지 않았고, 그만큼 관심의 폭이 크지 않은 것 같다. 하지만, 해석학권에 있어서는 딜타이 (Wilhelm Dilthey, 1833~1911), 하이데거, 그리고 가다머(Hans-Georg Gadamer, 1900~2002)를 잇는 마지막 철학자로서 비중 있게 다룰 수밖에 없는 것은 사실이다. 그런데 고백건대 필자는 리쾨르의 사상을 집중적으로 공부한 적이 없고 곳곳에 흩어져 있는 2차 문헌들을 통해서만 적당히 알 뿐이다. 그래서 필자의 손에 들어와 있는 리쾨르의 대저작인 『해석에 관하여』(*De l'interprétation, essai sur Sigmund Freud*)를 비롯해, 리쾨르 철학을 전공한 윤성우가 쓴 『폴 리쾨르의 철학』과 『현대철학의 흐름』에 실린 한상철이 쓴 글 「폴 리쾨르」를 주로 참고하고, 그 외에 리쾨르가 대담을 통해 자신의 정치사상을 개괄했다고 할 수 있는 『폴 리쾨르, 비판과 확신』(*La critique et la conviction: Entretien*

1　리쾨르의 저작에 관해서는 윤성우, 『폴 리쾨르의 철학』(철학과현실사, 2004)의 맨 마지막에 소상하게 수집, 열거되어 있다.

avec François Azouvi et Marc de Launay, 1995)의 국역본(폴 리쾨르, 변광배·전종윤 옮김, 그린비, 2013)과 리쾨르가 쓴『시간과 이야기 2, 허구 이야기에서의 형상화』(*Temps et Récit*, 1984)의 국역본(김한식·이경래 옮김, 문학과지성사, 2000) 등을 아울러 참고하여 텍스트와 주체(저자/독자) 사이에서 벌어지는 기묘하게 여겨지는 해석학적인 불투명한 관계를 주로 생각해 보고자 한다.

사실, 텍스트를 중심으로 해서 불투명성의 존재를 포착하려는 작업은 다소 메타적이다. 우리가 궁극적으로 감각 사물을 염두에 두고서 불투명한 존재 또는 불투명한 심연으로서의 존재를 찾는다고 할 때, 그 사유의 작업은 근원적으로 인간 이전의 영역을 향한 것이다. 그런데 텍스트는 기본적으로 인간의 사유와 활동을 통해 작동하는 글과 글의 묶음인 책을 바탕으로 하고, 더 넓게는 인간의 활동에 따른 각종 도구적인 관념이나 물품, 그리고 사회문화적인 법과 제도 또는 습속이나 유행 등을 포괄한다. 그러니까, 텍스트의 불투명성을 찾는다는 것은 인간의 활동 자체가 지닌 불투명성을 찾는 것이고, 이는 인간 존재의 바탕으로 여겨지는 사물을 넘어선 인간 쪽에서 불투명성을 찾는 것이기 때문에 메타적인 것이다.

아무튼, 그런데 필자는 그동안 언어나 기호 자체에 관한 생각을 많이 했을 뿐 구체적인 글 내지는 텍스트에 관한 사유를 소홀히 했던 편이다. 그러나 적어도 사회 역사적이고 문화적인 인간 존재를 알기 위해서는 글 내지는 텍스트에 관해 집중적으로 생각하지 않으면 안 될 것이다. 사실 지성인이라면 글을 통해 자신의 존재를 형성해 오지 않은 사람은 아무도 없을 것이다. 짧은 글 하나를 읽는 것만으로도,

심지어 회심을 일으켜 전반적인 사유 체계가 바뀌기도 하고 인생의 방향 자체가 전격적으로 바뀔 수도 있다. 그런 만큼 글은 본성상 폭력적이다. 설사 고통스러운 심사를 어루만져 평온함을 얻게 한다고 할지라도 그런 위력을 발휘하는 것 자체가 폭력적이다. 따라서 글 또는 텍스트의 존재 자체를 문제 삼지 않을 수 없다. 그러니만큼 필자가 글 또는 텍스트의 존재를 심중하게 사유해 본 적이 없다는 것은 한편으로 지식인으로서의 필자의 존재 자체를 도외시한 처사로서 비난받아 마땅하다 할 것이다.

§1. 텍스트를 통한 주체의 매개적인 자기 이해

하나의 텍스트를 쓰는 이른바 저자라는 인물과 그 텍스트의 관계, 하나의 텍스트와 그 텍스트를 통해 생성되는 텍스트적인 세계의 관계, 하나의 텍스트와 그 텍스트를 읽는 독자의 관계, 하나의 텍스트를 쓴 저자와 그 텍스트를 읽는 독자의 관계 등 언뜻 생각해 보아도 텍스트의 존재를 둘러싼 얼개는 대단히 복잡하다.

　　텍스트를 미시적으로 파고 들어가 음운을 따지고 형태소를 따질 수도 있다. 하나의 낱말이 어떻게 해서 어떤 의미를 지닐 수 있으며 하나의 구나 절 그리고 문장이 어떻게 해서 의미를 지닐 수 있는가 하는 문제를 분석할 수 있다. 하지만 이는 기호학이나 언어학 혹은 언어철학에서 문제 삼는 기본적인 주제들일 뿐, 텍스트 자체에 관한 주제는 아니다. 하지만, 특히 소쉬르의 기호학은 언어적 차원에서 이른바 구조주의를 일으켰다.

　구조주의에서 제시되는 대표적인 구호는 "주체는 죽었다" 또는 "저자는 죽었다"이다. 이러한 구조주의적인 관점에서 보면, 텍스트의 의미는 텍스트를 생산한 주체로서의 저자의 삶이나 사상과는 상관없이 텍스트 내부의 부분들 간의 구조적인 관계나 텍스트들 사이의 구조적인 관계에 따라 의미가 성립하고, 그에 따라 저자로서의 주체가 파생적으로 성립한다. 이같이 구조주의는 텍스트가 그저 주체로 작동하는 저자에게 종속된 산물이라든가, 그 반대로 그 저자가 텍스트의 주인이나 지배자라는 환상을 여지없이 깨 버렸다. 하지만, 저자로서의 주체를 언어 내지는 텍스트의 구조적인 결과물로 보면서, 마침내 저자로서의 주체뿐만 아니라 텍스트를 읽는 독자를 포함한 인간 주체 전반을 오로지 언어 내지는 텍스트에 지배되는 존재로 봄은 과도한 것 같다. 그런데 리쾨르는 이러한 구조주의적인 관점에 상당히 근접하는 것 같은 태도를 보인다.

　구조주의와 대척점에 있는 사유 방식은 주체가 자신의 존재에 대해 직접 직관할 수 있고, 그 직관에 따를 때 비로소 자신의 존재에 대한 진리를 확보할 수 있다는 것이다. 이러한 직관적·반성주의적인 사유 방식은 물론 데카르트의 "나는 생각한다. 그러므로 나는 존재한다"라는 명제에서 가장 근원적이면서 적극적으로 표명된다. 그런데, 리쾨르는 이러한 직접적인 직관에 따른 반성 철학의 사유 방식을 거부하고 자아의 존재는 그 객관화된 결과물을 통해 매개적으로 파악될 뿐임을 강조한다.

최초의 진리 ── 나는 **존재한다**, 나는 **생각한다** ── 는 반박할 수 없지만, 또한 추상적이고 공허하다. 이 진리는 그것을 객관화하는 표상늘, 행동들, 저작들, 제도들, 기념물들에 의해 "매개되어야"(médiatisée) 한다. 자아(l'Ego)는, 가장 넓은 의미에서 대상이라 할 수 있는 이 매개물들에서 자신을 상실하면서 자신을 발견해야 할 수밖에 없다. […] 칸트가 말하는 자아의 통각은 나의 모든 표상을 수반할 수 있다. 그러나 이 통각은 자기 자신에 대한 통각이 아니다. 이 통각은 실체적인 정신에서 지탱되는 직관으로 변형될 수 없다. (Ricoeur, 1965. p. 51)

리쾨르는 순수 자아나 순수 의식 또는 순수 통각과 같은 이른바 자기 직관을 통한 자아나 주체의 인식을 전혀 인정하지 않는다. 객관화된 모든 대상을 통해 매개되어야만 비로소 자아로서의 주체가 성립할 수 있다고 여긴다. 만약 이러한 객관화된 모든 대상을 넓은 의미로 보아 텍스트라 한다면, 주체는 오로지 텍스트를 통해서 간접적으로만 자신을 이해함으로써 성립할 수 있고, 그래야만 의미를 띨 수 있는 셈이다. 그럴 때, 주체가 저 자신의 존재를 투명하게 인식할 길은 원천 봉쇄된다.

이에 리쾨르가 『한 타자로서의 자기 자신』에서 인간이 텍스트를 읽으면서 저 자신의 존재를 이해하게 되는 이른바 '자기 이해'를 가장 특권적인 매개물이라고 말한 바(윤성우, 2004. 89쪽 참조)의 뜻을 알 수 있다. 말하자면, 인간은 그 자체로 가장 특권적인 매개물을 지니고 있고, 이를 통해 주체로서 존재할 수 있다는 것이다.

하이데거는 이해를 세계-내-존재인 인간 현존재 본연의 범주라고 본다. 그때 하이데거가 말하는 이해는 매개적인 이해가 아니다. 직접 자기의 처지를 이해하여 저 자신이 "내던져져 있고" "불안에 휩싸여 있음"을 이해하는 것이다. 하이데거는 현대 해석학의 선구로 꼽힌다. 그런데 현대 해석학을 광범위한 현대의 사상사적 맥락에 위치 지어 고난도의 사유를 펼치는 리쾨르는 이렇게 '이해' 개념에 있어서 하이데거의 노선을 벗어난다. 그러니까, 하이데거가 염두에 둔 존재의 불투명성이 직접적인 직관에 따른 것이라면, 만약 리쾨르가 존재의 불투명성을 제시한다면, 그 존재는 광범위한 텍스트들의 대상들을 통해 이른바 연결망 형태로 끊임없이 열려 나감으로써 충만하게 마무리될 수 없다는 점에서 불투명한 것이다.

리쾨르에 있어서 이러한 '텍스트를 통한 인간 존재의 이해'는 크게 두 가지 방향으로 해석학의 길을 연다. 하나는 '텍스트의 자율성' 내지는 '텍스트의 세계'를 강조하는 방향이다. 그리고 다른 하나는 텍스트가 갖는 의미가 읽기를 통해 독자로서의 인간 주체에 의존해서 성립하는 방향이다.

리쾨르는 텍스트가 텍스트의 생산자인 저자의 주관적 의도나 의미 부여에서 분리된다는 점을 강조하면서 이를 '텍스트의 의미론적 자율성'이라고(같은 책, 98쪽 참조) 말한다. 이와 더불어 '언어 활동의 영혼 자체'를 거론하기까지 한다. 또 그런 자율성을 통해 텍스트가 독자적인 세계를 형성하는데, 그 텍스트의 세계는 저자의 세계를 파열시킨다고 말하기도 한다.(같은 책, 100쪽 참조) 이러한 첫 번째 방향에 역점을 두고 보면, 리쾨르는 구조주의처럼 언어 내지는 텍스트와 인간 사이의 관계에서 인간 존재를 텍스트에 얽매여 있는 존재로 보는 셈이다.

　두 번째, 텍스트의 의미가 읽기를 통해 독자로서의 인간 주체에 의존해서 성립한다는 방향은 첫 번째의 텍스트의 자율성이 독자의 읽기를 통해 일정하게 붕괴하면서 그 잠정적인 의미를 현실적으로 실현하는 방향이다. 텍스트가 갖는 의미는 기실 텍스트에 의해 펼쳐지는 이른바 의미를 향한 제안들(propositions)이다. 리쾨르는 이를 아예 텍스트의 세계라고 말하기 때문에(같은 책, 113쪽 참조), 텍스트의 자율성에 따른 이 텍스트의 세계는 그 자체로 의미를 띤다기보다는 의미를 향한 제안이고, 텍스트의 그 제안은 독자에 의한 읽기를 요구하는 것이고, 독자의 읽기를 통해 텍스트의 세계가 열려 나오는 것이라 할 수 있다. 이렇게 텍스트의 세계가 열려 나온다는 것은 당연히 텍스트의 세계가 독자의 세계를 향해 드러난다는 것이다. 그럴 때 텍스트의 세계와 독자의 세계가 마주치면서 잠정적으로 있던 텍스트의 세계가 현실화하고, 그럼으로써 텍스트가 의미와 가치를 현실화하는 것이다. 윤성우는 이를 "저자에게서 떨어져 나와 고아가 되었던 텍스트는 독자들의 읽기를 통해서 이제 독자의 양자가 된다. 텍스트는 독자와 그의 읽기와 함께 자라나고 성장하는 것이다. 그래서 독자의 세계와 텍스트의 세계는 공속적인 관계다"(같은 책, 119쪽)라고 아주 쉽게 정돈한다.

　그러니까 리쾨르가 제시하는 텍스트에 따른 매개적인 인간 이해가 갖는 의미는 이렇게 정돈된다. 첫째, 텍스트의 세계를 저자로부터 분리해 내어 자율성을 부여하는 것은 인간 주체의 적극적인 자율성에 의해 대상이 구성되고 그럼으로써 대상이 주체에 구성적으로 종속된다는 근대 철학의 전통과 완전히 결별하는 것이다. 둘째, 텍스트의 세계를 독자의 세계와 상호교환적인 것으로 봄으로써, 텍스트의 자율성에 근거해 자칫 인간 주체를 일방적으로 강압해 규정하는 것으로 여겨질 수 있는 문화 세계가 다른 한편으로 문화를 향유하는 인간 주체를 통해 재형성된다는 점을 중시한 것이다.

§2. 텍스트에서의 거리 두기

여기에서 두 가지 모두 무조건 쉽게 와닿는 것은 아니다. 첫 번째, 텍스트를 저자와 따로 떼 내어 양자 사이에 거리를 두는 것(Verfremdung, distanciation)[2]에 대해 통상적으로 쉽게 이해가 닿지 않는다. 텍스트의 의미가 텍스트를 쓴 저자로부터 떨어진다는 사실을 쉽게 받아들이지 못하기 때문이다. 흔히들 책을 내고 나면 그 책은 저자의 손을 떠난다고 말하긴 한다. 하지만, 리쾨르는 이를 그런 상식적인 차원에서 말하지 않는다. 이를 이해하기 위해서는 리쾨르가 기호나 랑그 대신에 도입하는 '담론'(discours)[3] 개념을 알아야 한다. 그가 말하는 담론은 말과 글을 포함하면서도 그보다 더 근원적이다. 한상철은 리쾨르가 말하는 담론의 성격을 네 가지로 정돈한다.

---

2 이 개념에 대해 한상철은 '소격화'라고 굳이 번역한다. (한상철, 1996. 121쪽 참조)
3 윤성우는 이를 '담화'라고 번역한다. '언설'로 번역하기도 하는데, 여기에서는 많이 쓰이는 '담론'으로 번역한다.

첫째, 담론은 시간적으로 현재에서 실현된 문장이기에 사건이다. 구조주의 언어학에서 언어 체계(랑그)가 시간의 흐름 밖에 존재한다고 보는 것과는 다르다.

둘째, 기호로서의 언어는 주체가 문제 되지 않으나, 담론은 인칭 대명사 등을 통해 발화자를 가리키기에 자기 지시적(sui-référentielle)이다.

셋째, 언어 체계 내의 기호는 체계 내의 다른 기호와의 차이에 의해서만 의미를 지니지만, 담론은 ── 그것을 기술하려는 ── 세계를 지시함으로써 의미를 지닌다.

마지막으로 넷째, 언어 기호는 의사소통의 전제이나, 담론은 의사소통이 실제로 이루어지는 영역을 가리킨다. (한상철, 1996. 102쪽)[4]

언어생활이 언어 체계나 기호 체계로서의 언어를 넘어서서 담론의 차원으로 구체화되면, 말하고 듣는 구체적인 주체가 복권되고, 담론이 이루어지는 구체적인 상황으로서의 담론 외부의 실재 내지는 세계가 복권된다. 이렇게 담론을 앞세우게 될 경우, 가장 큰 문제는 말하거나 글을 쓰는 주체인 이른바 저자라는 주체와 그렇게 말해졌거나 글로 기록된 내용 간의 관계다.

리쾨르는 둘을 분리한다. 글 쓰는 행위와 글의 의미는 존재론적인 차원에서부터 다르다고 본다. 후설이 의미의 지향 작용과 충족되는 의미는 다르다고 말하는 것과 같다. 리쾨르는 구어적인 담론과 문

---

4 한상철에 따르면, 이는 본인이 'Ricoeur, 1986'(*Du texte à l'action*)의 p. 102에서 간추린 것이다.

어적인 담론을 구분하면서 텍스트를 글쓰기에 의해 "고착된 담론"(un discours fixé)이라고 정의한다.(윤성우, 2004. 98쪽 참조) 이러한 고착을 통해 이제 담론의 의미는 그것의 생산자인 저자의 주관적 의도나 의미 부여에서 분리되면서 글을 읽는 독자에게 다른 의미를 띨 수 있게 된다. 그래서 담론이 텍스트가 됨으로써 첫 번째 소격(거리 두기)이 일어나고, 두 번째로 텍스트와 저자 사이에 소격(거리 두기)이 일어나고, 세 번째로 저자와 독자 사이에 소격이 일어난다.(한상철, 1996. 122~123쪽 참조) 이에 관한 리쾨르의 이야기를 들어 보자.

> 읽기는 작품을 통해 그 저자와 대화하는 것이라고 말하는 것으로 충분하지 않다. 독자와 책의 관계는 전적으로 다른 성질의 것이라고 말해야 한다. 대화란 물음과 대답의 교환 같은 것이지만, 작가와 독자 사이에는 이런 종류의 교환이란 없다. 책은 오히려 쓰기 행위와 읽기 행위를 서로 소통하지 않는 두 측면으로 나누어 버린다. 독자는 글쓰기에 부재하고, 작가는 읽기에 부재한다. 텍스트는 그처럼 독자에 대한 은폐와 작가에 대한 은폐, 이런 이중적인 은폐를 만들어 낸다. 바로 이런 방식으로 텍스트는 한 사람의 목소리와 다른 사람의 귀를 직접 맺어 주는 대화의 관계를 대체한다. […] 나는 종종 다음과 같이 말하고 싶어진다. 즉 한 권의 책을 읽는 것은 바로 그 저자를 이미 죽은 것으로 간주하고 그 책을 그의 유작으로 고려하는 것이다. 사실 책과의 관계가 온전해지고, 어떻게 보면 손상되지 않게 될 때가 바로 저자가 죽게 되었을 때이기 때문이다. 저자는 더는 대답하지 않게 되며, (그때 오직) 그의 작품을 읽는 사람이 남게 되는 것이다. (『텍스트에서

행위로』; 윤성우, 2004. 98쪽에서 재인용)

　　말의 세계에 비교해 보면, 글의 세계는 대단히 특이한 건 사실이
다. 글을 읽을 때 내 마음대로 읽을 수 없는 만큼이나 글을 쓸 때 결코
내 마음대로 쓸 수 없다. 때로는 선택하고 삭제하고 편집하곤 하지만,
그러한 직업조차 어쩌면 이미 쓰인 글과 아직 쓰지 않았지만, 잠정적
으로(virtually) 존재하는 글의 세계에 이끌려 어쩔 수 없이 그렇게 하
는 것처럼 여겨지기 때문이다. 글을 쓰는 것은 구어적인 담론 상황을
흉내 내는 것도 아니고, 그저 옮겨 놓는 것은 더더욱 아니다. 그래서,
우리는 구어적인 담론 상황을 글쓰기를 통해 문어적인 담론 상황으
로 바꾸어 고착시킨다고 말하는 리쾨르의 생각에 전반적으로 동의할
수 없다.

　　글의 세계는 말의 세계와 달리 존재하는 것으로 여겨진다. 오히
려 글쓰기 과정 자체에 텍스트와 저자와의 거리 두기가 있고, 그 거
리가 실제적인 글쓰기 과정을 통해 구체적으로 실현된다고 보아야
한다. 그래야만 텍스트의 의미론적인 자율성이나 텍스트의 세계와
같은 개념이 글쓰기 자체에 본연으로 존재하는 것으로 볼 수 있다.

　　말하자면 텍스트를 읽는 독자가 잠정적으로 존재하는 텍스트
의 그 자율적인 세계를 그러한 읽기를 통해 현실화하도록 하는 것
과 꼭 마찬가지로, 텍스트를 쓰는 저자도 잠정적으로 있는 텍스트의
자율적인 세계를 그러한 쓰기를 통해 현실화하는 것이다. 다만, 쓰
기를 통한 텍스트 세계의 현실화가 1차적이라면, 읽기를 통한 텍스
트 세계의 현실화는 2차적이라 할 것이다. 또한, 쓰기에서의 텍스트

세계의 잠정성이 읽기에서의 텍스트 세계의 잠정성보다 더 깊다 해야 할 것이고, 그 반면에 읽기에서의 현실화가 쓰기에서의 현실화보다 더 구체적이라 해야 할 것이다. 하지만, 해석학자로서의 리쾨르는 쓰기의 과정보다 읽기의 과정에 더 집중하고, 그래서 '자기 이해'(la comprehension de soi)의 전유(專有, appropriation)[5]를 중심으로 텍스트 해석학을 펼친다.

§3. 텍스트 앞에서의 자기 이해의 전유

리쾨르의 텍스트 해석학에서 절정을 이루는 것은 바로 읽기에서 이루어지는 텍스트와 독자인 주체와의 관계를 밝히는 대목이다. 그 출발은 읽기가 없는 텍스트의 상태와 읽기를 통한 텍스트의 상태가 어떻게 다른가를 지적하는 것이다.

그러나 읽기와 분리된다면 텍스트의 세계란 내재성 속에서 초월성으로 남는다고 고백해야만 할 것이다. 그 세계의 존재론적 지위는 중지된 채로 지속한다. 텍스트의 세계는 (텍스트의) 구조와 관련해서는 넘쳐나는 것이지만, 그러나 읽기를 기다리는 그 무엇이다. 오직 읽기 속

---

5 한상철은 'appropriation'을 '전유'로, 윤성우는 '자기화'라고 번역한다. 여기에서는 한상철의 번역을 따른다.

에서만 형상화(configuration)[6]의 역동성이 자신의 여정을 완성한다. 그리고 읽기를 넘어서서, 수용된 작품들에 의해 가르침을 받은 구제적인 행위 속에서 텍스트의 형상화는 재형상화(refiguration)로 변환한다. (Ricoeur, 1985. p. 230; 윤성우, 2004. 119쪽에서 재인용)

텍스트로 된 글을 읽을 때 과연 어떤 사건이 일어나는가? 우리는 흔히 재미있는 글을 읽을 때, 그 글의 세계 속으로 빠져든다고 말한다. 그리고 너무 재미있는 글을 읽을 때는 정신을 차리지 못할 정도로 글의 세계에 빠져든다고 말한다. 그런데 똑같은 책을 읽어도 어떤 사람은 아무 재미가 없다고 하고, 또 어떤 사람은 미치도록 재미있다고 말한다. 물론 책뿐만이 아니다. 영화나 사진 그리고 예술 작품 전반에 걸쳐 감상할 때 이런 일이 일어난다. 이는 요컨대 자기가 읽는 책을 통해 자신의 숨겨진 모습을 찾아내는 것이라 말할 수 있게 한다. 이것이 리쾨르가 말하는 '자기 이해'라 할 것이다. 또 그러한 텍스트의 세계에 대한 자기 이해를 통해 이제 텍스트의 세계가 독자인 나의 것으로 전화한다. 그래서 리쾨르는 읽기에서 '전유'가 일어난다고 말한다.

재미있는 것은 이러한 자기 이해와 전유가 일어나기 전, 그러니까 이러한 읽기가 이루어지기 전의 텍스트의 상태다. 이에 관해, 리쾨르는 텍스트의 세계가 우리에 대해 내재적으로 초월해 있다고 말한다. 분명 우리 속에 있긴 하지만, 우리의 구체적인 삶 속에 아직 들어

---

6 윤성우는 'configuration'을 '형상화'로, 한상철은 '결합'으로 번역한다. 여기에서는 윤성우의 번역을 따른다. 이와 아울러, 'refiguration'을 윤성우의 번역에 따라 '재형상화'로 번역한다.

오지 않고 저 멀리 잠정적인 상태로 초월해 있다는 이야기겠다. 하지만, 그 초월성은 결코 완전한 초월성이 아니고, 어디까지나 그 초월성을 벗어 버리고 싶어 하는, 말하자면 자기 공격적인 초월성이다. 철저히 읽어 주기를 기다리면서 읽기를 통해 자신의 초월성을 벗어 버리고 싶어 하는 초월성이다. 그러니까 우리가 텍스트를 읽기 시작하면 텍스트의 세계는 점점 우리(독자) 속으로 들어오며 내재화하는 셈이다.

이렇게 해서 텍스트의 세계가 독자의 세계 속으로 들어오면 두 세계가 충돌할 것이다. 그때, 사실 독자는 자신의 세계를 텍스트의 세계에 강압적으로 덮어씌울 수 없다. 오히려 독자는 자기 자신을 벗어나야 한다. 텍스트의 세계는 자신의 초월성을 벗어나고, 독자 역시 자신의 유아론적인 나르시시즘적인 자아에서 벗어나야 한다. 이를 리쾨르는 "나르시시즘적인 자아로부터의 탈전유"(une désappropriation de moi narcissique)라고 한다.(윤성우, 2004. 120쪽, 106~107쪽 참조)[7] 이는 텍스트에 대한 이해와 해석에서 읽는 자가 주도적으로 장악해 나가는 것이 아니라, 오히려 텍스트를 통해 자신의 고집스러운 존재를 이해하면서 그것을 벗어 버리는 것을 말한 것으로 여겨진다. 그럼으로써 독자가 일종의 자기 존재에 대한 개변(改變)까지 이룰 수 있다는 것인데, 이는 리쾨르가 말하는 재형상화를 가리킨다고 하겠다.

---

7 Ricoeur, 1971. p. 52. 이 책 *Exégèse et herméneutique*는 1969년 프랑스 가톨릭연합회가 주최한 학술대회 글들을 모은 것이다. 여기에 리쾨르의 「창세기 1장 1절~2장 4절의 주석에 관하여」라는 글이 실렸다.

이 대목에서 뭔가 묘한 기미가 느껴진다. 성서를 읽고서 감화를 받아 전혀 새로운 삶을 살고자 하는 사람의 모습이 떠오르는 것이다. 요컨대, 텍스트의 세계는 인간을 통하지 않으면 현실화할 수 없지만, 근본적으로 인간을 넘어서 있다는 것이다. 리쾨르가 초기에 노린, 인간의 유한성을 통해 신의 초월성을 해명하고자 함이 여전히 유지되고 있다는 느낌이다. 말하자면 근대 철학의 인간 중심주의를 넘어서면서 그 자리에 다시 초월적인 신의 세계를 가져오는 것 아니냐는 느낌이다. 그러니까 텍스트 — 예컨대 성서 — 읽기는 마치 "말씀이 육신이 되어 우리에게 거하시매"라는 성서의 구절을 실현하는 것처럼 여겨진다. 특히 텍스트 읽기에서 자기 이해에 의한 전유에서 심지어 "텍스트의 제자인 자기"(le soi, disciple du texte)가 성립한다고 말하는 대목은 더욱 그러한 느낌을 준다.

아무튼, 읽기는 재형상화와 연결되고, 쓰기는 형상화와 연결된다. 그리고 쓰기 전의 담론 상황은 '선(先)-형상화'(préfiguration)와 연결된다. 이와 관련해, 리쾨르는 『시간과 이야기』 시리즈에서 "미메시스 I"(선형상화), "미메시스 II"(형상화), "미메시스 III"(재형상화)이라 하여 달리 호칭한다. 그리고 이 세 단계의 미메시스들을 관통하고 있는 것이 "줄거리 만들기"(mise en intrigue) 내지는 "줄거리"(intrigue)라고 말한다.

줄거리가 있는 이야기는 조직화 과정을 거친다. 그래서 한상철은 "조직화한 이야기는 사건과 사실을 취합하면서 사건의 연속을 유의미한 시간 전체성으로 변화시킨다. 사건의 연속에 어떤 궁극적인 의미를 부여하며, 이 궁극적 의미는 직선적으로 처음부터 끝까지 이야기함에서는 잘 드러나지 않을 수도 있다. 오히려 기원에서 결과를 읽고, 결과에서 그 기원을 읽듯이, 다시 말해 직선적인 시간 표상으로 바꿔 말했을 때 과거에서 미래를 읽고, 또 미래에서 과거를 읽듯이, 이야기를 그 전체 시간성에서 동시에, 중첩적으로 읽는 것이 더 타당할 수 있다"(한상철, 1996. 129쪽)라고 말한다.

리쾨르는 존재 전체에 대해 의의(signification)를 구축하고자 하는 것 같다. 줄거리를 통해 서사적인(narratif) 방식으로 텍스트가 구성되고, 또 그러한 줄거리 읽기를 통해 텍스트의 의의뿐만 아니라 그 텍스트의 의의를 실현하면서 동시에 저 자신의 존재 의미를 획득하는 것으로 본다. 그럼으로써 그 궁극적인 의미는 잘 알 수 없지만, 독자 주체가 그러한 궁극성을 바탕으로 한 텍스트적 의미의 전체 망 속에 자신을 던짐으로써 저 자신을 이해하고 또 저 자신의 존재 의미를 획득해서 삶을 유지할 수 있다는 것이 리쾨르의 텍스트 해석학의 요체라 할 수 있다.

§4. 리쾨르의 신적 불투명성

리쾨르의 텍스트 해석학을 '불손하게' 해석하면 이렇게 된다. 텍스트 즉 성서를 매개로 하지 않은, 인간의 자기 이해는 있을 수 없다. 텍스트 즉 성서를 쓴 자는 구어적인 담론 상황, 즉 신적인 계시 상황, 그러니까 선-형상화의 상황에 놓여 있다. 그러한 담론 상황을 텍스트 즉 성서로 씀으로써 그 텍스트 즉 성서는 그것을 쓴 자로부터 독립해서 텍스트의 세계 즉 신적인 세계를 획득하고, 거기에서 거리 두기, 텍스트의 자율성, 형상화 등이 실현된다. 이제 텍스트 즉 성서를 읽는 자는 그것을 통해, 달리 말하면 그것에 자신을 비추어 보아 자신의 존재를 이해하는 각성 내지는 회개가 이루는바 자기 이해가 실현된다. 그럼으로써 독자인 주체는 새로운 실천적인 삶을 살면서 재형상화된다.

리쾨르가 말하는 텍스트 해석학에서 가장 불투명해 보이는 것은 '자율적인 텍스트의 세계'이다. 그것은 텍스트의 존재 자체가 근원적으로 불투명하다는 점을 주장하는 것이다. 그런데 그 텍스트의 존재가 지닌 불투명성의 근거는 바로 신적인 불투명성이다. 물론 이는 리쾨르의 해석학적 현상학을 불투명성을 중심으로 우리 나름으로 이해해 정돈한 것이다. 하지만, 터무니없는 이해는 아니다. 그가 프로테스탄트의 입장에서 자신의 해석학적 현상학을 전개해 나간 것으로 널리 알려져 있다는 사실이 이를 방증한다.

이 책 1부의 머리말('감각 사물에의 이력')에서 필자가 독실한 기독교 신앙인에서 견결한 무신론자로 일거에 회심했다는 사실을 밝혔다. 리쾨르처럼 마침내 특정한 신앙에 따른 사유를 전개하는 것은 진정한 현상학적 태도가 못 된다. 꼭 그래서만은 아니지만, 「요한복음서」 1장에서 드러나는 '말씀'(logos)으로서의 창조주가 선재(先在)하고, 그 말씀이 육신이 되어 예수 그리스도로 현신(現身)한 뒤 이른바 '복음'을 설파하고, 뭇 대중 특히 베드로와 바울을 중심으로 한 사도들이 이 복음을 듣고서 자신의 존재를 깨달아 완전히 개변(改變)하고, 그 뒤 성서라는 '신의 특별 은총'에 따른 글을 남겨 지금까지 전 세계적으로 강력한 힘을 발휘하는, 그 전반적인 상황은 분명히 불투명한 존재의 영역을 내보인다. 그런데 그 불투명한 존재의 영역은 그 근원에 있어서 현전하면서 현존하지 않고, 잠정적인 신비를 바탕으로 숨겨진 것이다.

이렇게 '선(先)-형상화'의 방식으로 은폐된 텍스트는 넓은 의미로 본 형이상학적인 존재를 전제한 것이다. 그래서 그 불투명성은 현상학의 외피를 쓰고 있으나 결국에는 현상학적인 것이 아니고, 테아이테토스의 '현기증'이나 뒤샹의 '전신마취'를 일으킨, 여기에서 현존하는 감각 사물이 내보이는 불투명성과는 전혀 다르다.

VIII. 데리다: 현전과 부재 너머의 불투명성

'해체'(déconstruction)라는 말로써 이른바 포스트모더니즘의 중심에서 있는 자크 데리다는 어쩌면 현대철학 사상가 중에서 비철학권, 특히 미국의 문학비평권에서 가장 영향력이 큰 인물이 아닌가 싶을 정도로 소문도 무성하고 비판도 많았다.

데리다는 알제리의 엘 비아르에서 유태인의 아들로 태어났다. 전후의 불안정한 정세에 따른 불안정한 학업 환경 속에서도 실존주의적 감수성과 문학적 소양을 키운 것으로 알려져 있다. 알제리에서 바칼로레아 시험에도 떨어지는 등 힘겨운 삶을 지내는 동안 루소, 지드, 니체, 발레리, 카뮈, 베르그송, 사르트르, 키르케고르, 하이데거 등의 책들을 집중적으로 읽었다고 한다. 1949년에 처음으로 프랑스에와서 파리고등사범학교에 들어가기 위해 노력하지만 잘되지 않고 신경쇠약과 불면증에 시달리면서 몇 번 낙방하다, 마침내 1952년에 파리고등사범학교에 입학해서 1954년에 벨기에 루뱅에 있는 후설 문서보관소로 여행하고 그 성과로 「후설 철학에서 생성의 문제」라는 논문을 써 학위를 취득한 뒤 1956년에 교수자격시험에 합격한다. 그러고는 60년대부터 본격적으로 저술 활동을 시작한 것으로 알려져 있다.

1967년에 『글쓰기와 차이』(*L'écriture et la différence*), 『목소리와 현상』(*La voix et le phénomène*), 『그라마톨로지에 대하여』(*De la gramma tologie*)라고 하는 세 권의 엄청난 책[1]을 동시에 내면서 이른바 서구의 전통적인 철학을 '현전의 형이상학'(métaphysique de la présence)이라는 이름을 붙여 거세게 그 뿌리에서부터 공격함으로써 학계에 큰 반향을 불러일으킨다. 그런 뒤, 1972년 다시 세 권의 책, 『입장들』(*Positions*), 『산포』(*La dissémination*), 그리고 『철학의 여백』(*Marges de la philiosophi*)을 동시에 출간해 더 큰 반향을 불러일으킨다. 그 외 많은 저작이 있음은 물론이다. 1991년 자서전 겸 평전으로 쓴 『자크 데리다』(*Jacques Derrida*)도 있고, 1993년에 쓴 『마르크스의 유령들』(*Spectres de Marx*)도 있다. 국내에도 데리다가 쓴 책들이 제법 많이 번역되어 있고, 데리다의 사상에 관한 책들도 많이 번역되었다. 그중에서 제법 오래전에 나온 『해체주의란 무엇인가』(이광래 편, 교보문고, 1989)는 데리다의 사상에 관한 세계적인 여러 연구가의 글을 모아 놓아 많은 도움이 된다.

하지만 필자로서는 데리다에 관한 공부를 본격적으로 하지도 않았고, 몇 권의 책들을 읽느라고 시도를 했지만, 상당히 복잡하고 난

---

1 각각의 국역본은 『글쓰기와 차이』, 남수인 옮김, 동문선, 2001; 『목소리와 현상』, 김상록 옮김, 인간사랑, 2006; 『그라마톨로지에 대하여』, 김웅권 옮김, 동문선, 2004이다.

해한 데다 나의 철학적 관심사와 그다지 직결되는 것 같지 않아 대략 내버려 두고 있었다. 하지만, 그가 걸출한 현상학자들 중에서 마지막 주자라 할 수 있고, 게다가 그가 펼친 이른바 '해체 철학'이 필자가 염두에 두고 있는 '불투명성의 현상학'이라는 주제를 심화하는 데 도움이 될 것 같아 그렇게 내버려 둘 수가 없었다. 이에 몇몇 번역서를 참고하여 그가 펼친 현상학적 사유가 어떻게 불투명한 심연의 존재를 드러내는 데 일조하는가를 살피고자 한다.

§1. 후설의 의미 현전에 대한 비판

1) 현전 문제의 시발

데리다는 '현전의 형이상학'이란 말을 주조해 내어 이를 통해 전통적으로 서양 철학사를 지배해 온 각종 이분법적인 사유 방식을 비판한다. 역시 그가 만 든 '로고스 중심주의'(logocentrisme), '음성 중심주의'(phonocentrisme) 또는 '종족 중심주의'(ethnocentrisme) 등은 이 '현전의 형이상학'에 얽혀 있는 담론적 실제를 각기 다른 측면에서 지적해 내는 하위 범주들이다. '현전의 형이상학'이란 표현은 그가 하이데거에게 영감을 받아 구상한 것으로 알려져 있다.

하이데거는 서양의 형이상학이 존재와 존재자 사이의 존재론적인 차이를 염두에 두지 않음으로써 존재자를 가능케 하는 존재를 망각하고 현존하는 존재자에 몰두해 온 역사를 거쳐 왔다고 비판한 것은 널리 알려져 있다. 그런데, 데리다는 이렇게 말한다.

> 플라톤에서 루소에 이르기까지, 데카르트에서 후설에 이르기까지 모
> 든 형이상학은 악에 선을, 부정적인 것에 긍정적인 것을, 불순한 것에
> 순수한 것을, 복잡한 것에 단순한 것을, 우연적인 것에 본질적인 것을,
> 모방자에 원형 등을 앞세운다. 이는 형이상학적인 여러 행태 중 하나
> 가 아니다. 이는 가장 지속적이고 가장 깊고 가장 유력한 형이상학의
> 요청이다. (Derrida, 1990. p. 174)[2]

여기에서 쉽게 알 수 있듯이, 데리다는 전통의 서양 철학적 사유
가 이분법에 얽매여 있을 뿐만 아니라, 이분법에 따라 나뉘는 둘 중
근본이 된다고 여기는 쪽을 앞세워 특권을 부여하고, 다른 쪽을 근본
이 되는 쪽에 부수적인 것으로 여기면서 허위 내지는 오류로 치부하
고, 그리하여 그 인식론적이거나 존재론적인 위상을 부당하게 폄훼
해 왔음을 비판한다. 이 이분법에 현전/부재, 참/거짓, 중심/주변, 주
체/대상, 긍정/부정, 동일성/차이, 남성/여성 등의 구분이 함께 작동
함은 물론이다. 데리다는 이 모든 종류의 이분법 중에서 현전을 부재
에 앞세워 진리의 근본 조건이자 터로 삼은 이른바 현전의 형이상학
이 기초가 된다고 생각한다.

'현전'(présence)이란 개념에는 논리적으로 무엇엔가 혹은 누구

---

2 https://123dok.net/article/m%C3%A9taphysique-pr%C3%A9sence-ouverture-transcendance.
   y6epr584 (022. 09. 03. 참조.)

에겐가 그 어떤 것이 직접 주어져 인식된다는 구도가 작동한다. 그러면서 그 현전하는 것이 자기충족적인 성격을 지닌다는 사실이 함께 작동한다.

급한 마음에 미리 말하자면, 이러한 현전은 필자가 '감각 사물'을 불투명한 심연의 존재로 강력하게 내세웠을 때 거의 그대로 적용된다. 말하자면, '감각 사물'은 도무지 부정할 수 없이 직접 주어지면서 동시에 그 어떤 다른 것들로도 환원할 수 없는 것으로 주어진다. 데리다는 이러한 현전에 근거한 모든 철학적 사유는 해체되어야 마땅하고 해체될 수밖에 없다고 여긴다. 현전과 대립하는 것은 '부재'(absence)다. 거칠게 요약해 말하자면, 데리다는 온당한 사유를 펼치려면 이 부재의 무한정한 위력을 고려하지 않을 수 없다고 여긴다. 그런데, 필자가 말하는 '심연'은 곧 이 부재의 무한정한 위력에 해당한다고 할 수 있고, 그럼으로써 불투명성을 드러낼 수밖에 없다고 할 수 있다. 그러니까, 필자가 불투명한 심연의 존재에 해당하는 근본으로 제시하는 '감각 사물'은 현전의 형이상학에 대한 데리다의 비판을 허용하면서 동시에 비켜난다고 할 수 있다.

데리다가 우선 자신의 사상의 시발점으로 삼으면서 극복하고자 한 후설의 현상학에서 보면, 현전은 대상이 의식에 직접 주어지는 것이고, 이렇게 직접 주어지는 것을 인식의 근본 원천으로 삼는 것이야말로 바로 후설이 제시한 '원리 중의 원리'다.

후설은 주어지는 여건에 대해 지향과 충족을 구분한다. '지향'(Intention)은 일종의 예기(豫期)로서 이때 대상은 그저 겨냥될 뿐 결코 충전적 명증성을 띠지 않는다. 후설의 명증성 개념을 이야기할 때, 우리는 주로 필증적 명증성 즉 존재하지 않을 가능성이 전혀 없는 확실성을 주로 논의했다. 하지만, 필증적 명증성만으로는 제대로 된 진리 즉 진상이 드러났다고 할 수 없다. '충족'(Erfüllung)이 이루어져야 한다. 충족은 충전적 명증을 보장해 주는 것으로서 나머지가 없이 전적으로 대상이 주어지는 것을 말한다. 충전적 명증이 보장되지 않너라도 필증석 명증이 보장될 수 있다는 것이 후설의 이야기지만, 충전적 명증성은 후설에게서 결코 포기할 수 없는, 특히 그의 첫 주저라 할 수 있는『논리 연구』에서부터 추구해 온 진리의 기준이다.

데리다는『목소리와 현상』을 통해 충전적 명증으로서의 현전 개념을 후설 현상학의 핵심적인 개념으로 적발해 내고, 특히 현전 중심의 후설의 기호론 내지는 표현론을 후설 자신의 이론, 특히 내적 시간의식을 중심으로 한 후설의 시간론을 역용해 비판한다. 즉, 후설이 저자신의 주장을 스스로 비판하고 있음을 드러내는 일종의 되치기 논법을 수행한다. 그러니까 후설의 이론이 후설의 이론 체계 내에서 스스로 무너져 내린다는 것을 보임으로써, 후설에서 나타나는 '현전의 형이상학'을 이른바 해체하려고 한다.

2) 후설의 의미론

후설은 '기호'(Zeichen)라는 말에 덧붙여져 있는 개념 중에서 특별히 '표현'(Ausdruck)과 '표시'(Anzeichen)를 구분한다. 그러니까 표현으로서의 기호와 표시로서의 기호를 구분한다. 후설은 "모든 기호는 어떤 것에 대한 기호다"(Husserl, [1901] 1980. p. 23)라는 대전제 아래, 그러나 모든 기호가 그 기호로써 '표현'되는 하나의 '의미'(eine Bedeutung, einen Sinn)를 지니는 것은 아니라고 말함으로써, 정확하게 하나의 의미를 지니는 기호는 표현으로서의 기호이고, 그렇지 않은 기호는 표시로서의 기호로 보고자 한다. 여기에서 가장 중요한 것은 후설이 표현과 관련지어 말하는 '의미'가 도대체 어떤 것인가 하는 점이다. 하나의 기호가 이 의미를 지니는가, 그 여부에 따라 표현도 되고 표시도 되는 것이다.

여기에서 후설이 말하는 의미는 형상적인 본질이다. 형상적인 본질은 플라톤의 이데아와 비슷하게 구체적인 실재성을 띤 감각적인 것들과 확실히 구분된다. 이는 후설이 표현의 내용 즉 의미와 표현과 관계 맺는 대상을 구분한 것과 연결된다. 그는 "모든 표현은 그것의 의미를 지닐 뿐만 아니라, 모종의 대상들과 관계한다"(같은 책, p. 46)라고 말하고서, "'말'(馬)이라는 표현은 그것이 나타나는 담화 상황이 어떠하든 간에 동일한 의미를 지닌다. 한번은 부케팔루스를 말이라고 하고, 다른 한번은 카렌골을 말이라 할 때, 의미를 부여하는 표상과 더불어 그렇게 언명이 달라지는 과정에서 분명히 변화가 일어난다. [이때] 말이라는 표현의 내용과 의미는 변하지 않고 유지된다. 그러나 그 대상적인 관계는 변한다"(같은 책, p. 47)라고 말한다.

여기에서 상황에 따라 말(言語)을 바꿀 때마다 함께 달라지는 대상적인 관계는 이른바 지시체 즉 부케팔루스나 카렌골이라는 이름을 지닌 구체적인 살아 있는 말(馬)들과의 관계이고, 그런 과정에서 변하지 않고 유지되는 '말'(馬)이라는 표현의 의미는 형상적 본질로서 그 자체로 존재하는 것이다. 표현으로서의 기호에서 유지되는 이 형상적 본질로서의 의미는 보편적인 것으로서 심지어 그 표현을 쓰는 우리의 정신으로부터도 독립해 있는 것으로 여겨진다. 한마디로, 후설에 따르면 어떤 기호가 표현일 수 있는 것은 그 기호가 바로 이러한 형상적 본질로서의 의미를 지닐 때뿐이다.

하지만 표시는 다르다. 어떤 기호가 표시로 되는 것은 구체적인 대상인 특수한 무엇을 가리킬 때이다. 노예에 찍힌 소인, 국가를 나타내는 국기, 뱀이 기어간 자국, 불이 일어났음을 알리는 연기 등은 일종의 일대일의 관계를 통해 특정한 어떤 것을 이른바 지시한다(bezeichnen). 그러니까 어떤 하나의 기호가 특정한 어떤 하나의 객체(Objekt)를 지시하게 되면 그것은 표현이 아니라 표시인 셈이다. 그런데 이때 표시로서의 기호와 그것이 지시하는 특정한 어떤 것에 관한 표상들이 서로 연합되어야 할 것인데, 후설은 그것은 어디까지나 심리적인 관념들의 연합에 불과하고, 결코 형상적 본질을 구성하고 찾아내는 형상적 직관 즉 본질 직관이 아니라고 말한다.

이러한 후설의 기호론에서 특징적인 것은 표현에서건 표시에서건 제3자로서의 주체가 필연적으로 개입되어 있다는 점이다. 심리적인 주체로서 표시로서의 기호를 가능케 하건, 초월론적인 주체로서 표현으로서의 기호를 가능케 하건, 기호가 성립하는 바탕에는 반드시 주체가 있어야 하는데, 그 주체는 결국 의식으로서의 주체다.

3) 후설의 기호론

후설의 기호론에 대한 데리다의 비판은 우선 후설의 표현 이론에 집중된다. 특히 후설의 표현 이론에서는 의미가 독백을 통한 내면성에서 발원된다는 점을 중시한다. 후설은 "나의 고요한 사유행위를 수반하고 뒷받침하고 있는 낱말의 표상들 속에서 나는 나의 음성으로 발화된 낱말들을 상상한다. 여기에서 또한 때때로 나의 속기나 정상적인 육필의 문자 기호들(Schriftzeichen)이 갑자기 떠오르곤 한다"(Husserl, [1901] 1980. p. 97)라고 말한다. 이는 후설이 자기가 습관화된 상태에서 음성에서부터 글자가 떠오르는 것을 묘사하고 있지만, 사실 문자가 음성으로부터 생겨난다는 것을 말하고 있다. 글자는 대표적인 표현으로서의 기호이기 때문에, 이를 통해 표현이 주체의 내면에서부터 저 자신의 음성을 통해 성립하는 것을 묘사하고 있는 것으로 해석할 수 있다.

데리다가 특별히 치고 들어가는 지점이 바로 여기다. 우선 데리다는 후설이 표현을 독백으로 본 것은 대단히 역설적이고 모순이란 점을 지적한다. 그 이유로, 데리다는 '표현'(Ausdruck)이라는 단어는 'ex-pression'이란 말에서 알 수 있듯이 '외면화'(extériorisation, Äußerung)를 의미하는데도, 후설은 표현을 내면화 기능을 하는 것으로서 파악하기 때문이라고 말한다.(Derrida, [1967] 1983. pp. 34~35 참조) 그러면서 후설이 말하는 표현은 결코 의미소통(communication)과는 별개의 것이라고 말함으로써 후설의 표현 이론을 무용한 것으로 만들어 버린다.

우리는 바로 지시적인 의미소통과 **의미작용 일반**의 간극을 말한다. 왜냐하면, 후설은 '영혼의 고독한 삶'(vie solitaire de l'âme)에 대한 지적을 배제할 줄 모르기 때문이다. 그는 언어 일반 즉 로고스의 원소를 그 표현적인 형식 자체하에서 2차적인 사건으로, 그리고 의미의 근원적이고 선-표현적인(pré-expressive) 층에 덧씌워진 사건으로 생각하고자 할 것이다. [그렇게 되면] 표현적인 언어 자체는 자기와의 관계에서 성립하는 절대적인 침묵에 뒤따르는 것일 수밖에 없을 것이다. (Derrida, [1967] 1983. p. 77)

데리다는 후설에 대해 이렇게 "절대적인 침묵"을 말한 뒤, 이를 "현상학적 침묵"이라고 달리 표현한다. 그리고 이를 전용하여 이렇게 말한다.

낱말은 하나의 물체다. 그것은 오로지 능동적인 지향이 그것에 혼을 불어넣을 때만, 그럼으로써 무기력한 음성의 상태에서 영혼을 지닌 몸의 상태로 나아가게 함으로써만 의미를 지닌다. (같은 책, p. 91)

데리다의 이 말에 따르면, 후설은 낱말을 일종의 물체적인 실체로 정의했고, 이 물체적인 실체는 그 단어의 의미인 영혼에 의해 생명을 갖게 된다고 말한 셈이다. 다시 말해, 데리다가 볼 때, 후설이 말하는 낱말의 의미는 일종의 몸 없는 영혼이며 소리 없는 음성 즉 절대적인 침묵을 지키고 있는 음성이다. 이 음성이 곧 현상학적인 음성이겠는데, 그것은 곧 초월적 주체의 음성이며, 이 초월적 주체는 현실 세계에 대한 현상학적인 환원이 이루어진 후에도 계속 남아 있는 주체이다. 그러니까 데리다에 따르면, 후설에서 이 초월적 주체의 절대적인 음성은 자기 자신에게 영원토록 울리는 것이고, 그 초월적 주체의 절대적인 음성은 영원한 진리를 나타내는 것이 된다는 것이다. 말하자면, 후설에서 바로 이 절대적인 음성을 듣는 묘한 폐쇄적인 경험을 바탕으로 기의, 음성, 개념이 표현 실체가 가지고 있는, 더는 분해될 수 없는 기초적 단위로서 투명하게 체험된다고 말한다. 잘 알려져 있다시피, 데리다가 서구의 전통적인 형이상학을 '음성 중심주의'로 보고 비판할 때, 그 출발은 바로 이러한 후설의 초월론적인(transzendental) 표현 이론인 것이다. 음성 중심주의의 연원은 물론 문자의 폐해를 지적하면서 직접 울리는 목소리를 강조한 플라톤에까지 올라간다. 음성 중심주의는 '로고스 중심주의'이기도 한데, 그 까닭은 내면적 '음성'(voix)은 말이면서 그 말의 형상적 직관의 본질적인 대상인 '로고스'와 분리될 수 없기 때문이다.(이광래[T. K. 승], 1990. 65쪽 참조)

그런데 음성 중심주의에서 핵심은 그 음성을 발하는 사람에게 직접 들리면서 현전한다는 사실이다. 아직 다른 기호들을 통해 변형되기 전이기 때문에 본질적 형상에 대한 직관이 충만하게 열린다고 보는 데서, 현전은 곧 충전적 명증을 보장해 주는 중요한 조건이 된다. 이에 현전의 형이상학이 성립한다. 그것은 바로 투명성을 바탕으로 한 철학적 사유에 근원적인 기초를 제공한다. 예컨대 그래서 하버마스(Jürgen Habermas, 1929~)는 후설에 대한 데리다의 강조점을 이렇게 말한다.

재빨리 지나가는 음성의 덧없는 투명성은 낱말과 표현된 의미와의 동화작용을 촉진한다. 이미 헤르더는 스스로 말하는 것을 듣는 행위에 들어 있는 특이한 자기 관계를 지적한 바 있다. 헤르더와 마찬가지로, 데리다는 나의 숨결과 의미 지향적 의도를 통해 동시에 생명을 부여받는 표현의 친밀성, 투명성 및 절대적인 가까움을 강조한다. (하버마스, [1985] 1994. 213쪽)

§2. 후설의 음성 중심주의에 대한 데리다의 비판

그러나 데리다는 후설의 이러한 초월적 주체의 절대적인 침묵을 지키는 음성에 따른 현전의 형이상학을 결단코 용인하지 않고 비판한다. 그 확실한 비판 도구는 후설 자신에게서 가져온다. 후설의 시간론이 그것이다. 이에 관해서는 2부 'I. 후설 현상학, 불투명성의 실마리'의 '§4. 원인상의 원초적인 불투명성'에서 제법 상세하게 설명했다. 다시 약간 바꾸어 간추리면 다음과 같다.

후설은 의식이 지나간 극미한 순간의 과거 상을 되잡는 파지(Retention), 의식이 극미한 순간 후에 곧 다가올 미래의 상을 미리 잡는 예지(Protention) 그리고 지금 순간적으로 주어지는 원인상의 포착(Urimpression)을 바탕으로 시간을 해명한다. 이에 덧붙여 파지가 늘어난 기억(Erinnerung)과 더 늘어진 재기억(Wiedererinnerung) 그리고 예지를 늘어뜨린 기대(Erwartung) 등을 활용한다. 요컨대 후설은 극미한 순간의 현재에 충전적으로 주어지는 것은 순간적인 원인상밖에 없고, 일종의 그림자 내지는 흔적인 파지와 예지를 통해 '생생한 현재'(lebendige Gegenwart)를 의식이 파악한다고 말한다.

그런데 여기에서 데리다는 표현의 의미가 성립하는 기초인 초월적 주체의 절대적인 음성은 시간을 탈 수밖에 없고, 그 시간은 '생생한 현재'이고, 따라서 그 음성은 항상 파지적이거나 예지적인 그림자 즉 흔적을 바탕으로 해서 성립할 수밖에 없다는 사실을 예리하게 지적한다. 요컨대, 절대적인 음성이란 항상 이미 흔적의 결과물이고, 심지어 흔적의 흔적의 흔적의 ……의 결과물임을 강조한다. 그러면서 아울러 그러한 흔적의 연속적인 변경을 통해 계속 차이가 생겨날 수밖에 없음을 강조한다.

데리다에게서 유명한 '흔적'(trace)과 '차이'(différence)라는 개념의 출발은 바로 이 같은 후설의 시간론에 대한 독창적인 분석에서 근본적으로 성립해 나온다. 후설이 말하는 '생생한 현재'는 표현적인 기호뿐만 아니라 기실 존재하는 모든 것들이 그 나름의 의미를 지닐 수 있는 근본적인 시간 지평이다. 그런데 데리다가 '생생한 현재'라는 것이 원리상 그 속에 무한히 미세하게 연결되면서 이어지는 흔적과 차이의 연쇄임을 적발해 냈을 때, 일체의 표현적인 기호는 물론이고 존재하는 모든 것들의 의미와 가치가 근본에서부터 뒤흔들릴 수밖에 없다. 심지어 '생생한 현재'가 구성되는 토대인 초월적인 주체 즉 초월적인 의식마저도 그 근본 구조상 흔적과 차이의 연쇄 그물을 벗어날 수 없게 된다. 그리고 보면, 이처럼 시간 자체의 구성에서 열리는 이 차이는 보통의 차이가 아니다. 예컨대 말과 소가 다르다거나, 정신과 물질이 다르다거나, 너와 내가 다르다거나 하는 일반적인 차이가 아니다. 요컨대 모든 차이를 만들어 내는 차이다.

한편 이 시간적인 차이는 그 자체 '타이성'(他異性, altérité)을 지닌 셈이다. 동일한 시간적인 지점은 이미 자기가 아닌 지점을 통해 성립하기 때문이다. 엄밀히 말하면, 흔적은 파지를 통해 성립하고 타이성은 예지를 통해 성립한다고 하겠다. 현재 주어진 것은 파지의 파지 즉 흔적의 흔적의 연쇄를 통해 성립하지만, 현재 주어진 그것은 여전히 예지(豫持)의 상을 기다리고, 그래서 아직 바로 그것이 아니다. '아직-아님'은 현재의 것에 자기 부정을 만들어 내는 이른바 타이성을 심어 넣는다. 아직 아니라고 하는 것은 보류 즉 지연함(différer)이다. '디페레'(différer)는 시간화함을 의미하고, '희망' 또는 '의지'의 실행과 충족을 보류하는 그 우회로의 지연 작용을 수행하는 시간적 매개 과정에 의식적으로건 무의식적으로건 의지하는 것을 뜻한다.

그런데 흔적과 타이성은 바로 차이의 두 계기라 할 수 있다. 차이는 흔적의 흔적의 연쇄를 만들어 내기도 하고 타이성의 타이성의 연쇄를 만들어 내기도 한다. 그리고 그런 것들을 통해서만 그 어떤 종류의 의미를 지닌 것이라도 겨우 성립할 수 있는 것이다. 그러니까 당연히 후설이 말한 본질적 형상으로서의 의미는 근본에서부터 붕괴하면서 해체된다. 그러니까 이 시간적인 차이는 일체의 의미들을 계속 지연시키면서 그 의미들의 기반인 흔적과 흔적의 연쇄 및 타자성과 타자성의 연쇄를 만들어 내는 이른바 그 유명한 '차연'(差延, différance)이라는 전대미문의 이름으로 불리게 되는 것이다. 프랑스 사전에도 없는 이 'différance'라는 말을 만든 인물은 물론 데리다다.

이제 흔적은 어떤 기원 내지는 근원적인 것의 흔적이 아니라, 오히려 기원을 낳게 하는 원동력으로 작동한다. "흔적은 이미 형성되고 있는 차이가 아니라 모든 내용이 결정되기 이전에 차이를 낳게 하는 순수작용이다. 순수한 흔적은 차연인 것이다. 그것은 청취 가능하고 가시적이고 음성적이며 문자적인 어떤 것에 의존하지 않는다. 반대로 흔적은 그러한 것의 조건이 된다"(이광래, 1990. 382쪽에서 재인용)라는 말도 이렇게 보면 쉽게 이해된다.

그리하여 만사가 바로 이 차연에 의한 차이들의 놀이(jeu)로, 그 놀이들의 짜임새 즉 '텍스트'(texte)로 자리 잡게 된다. 그 과정에서 간극들이 드러나고 그 간극들의 배치에 의한 '공간 만들기'(espacement) 내지는 '공간의 시간화'(devenir temps de l'espace) 등이 생겨난다. 그러고 보면 데리다는 바로 '시간의 철학자'로서 출발했다 할 수 있다.

그래서 하버마스는 데리다가 후설의 현상학에서 태어났음을 은근히 이렇게 말한다. "이렇게 형이상학의 역사는 현상학적 직관주의에서 정점을 이룬다. 이 직관주의는 대상과 의미의 동일성을 비로소 가능하게 하는 원천적 차이, 즉 시간적 간격과 타이성의 차이를 자신의 음성에 ─ 즉 차이가 없는 음성에 ─ 의한 암시적 자기 감화를 통해 없애 버린다. '차이가 없는 음성, 문자가 없는 음성은 절대적으로 살아 있는 것이며, 동시에 절대적으로 죽은 것이다.'"(하버마스, [1985] 1994. 214쪽)

§3. 데리다의 근원 문자의 비현전

데리다는 후설이 행한 관념화의 길을 초월적 주체성의 가장 깊은 곳까지 추적해 들어간다. 그리하여, 자기 자신에게 현존하고 있는 체험의 자발성의 원천에서 바로 근절할 수 없는 차이를 확인한다. 이 차이는, 만약 그것이 문자로 쓰여진 텍스트의 지시구조의 모델에 따라 생각될 수 있다면, 작용하는 주체성으로부터 분리된 활동, 즉 주체가 없는 사건으로 생각할 수 있다. 문자는 의미소통의 모든 실천적 상관관계로부터 분리된, 말하는 주체와 듣는 수체와 무관해진 순전히 본원적 기호로서 타당성을 가진다. (하버마스, [1985] 1994. 215쪽)

하버마스가 데리다의 '문자주의'에 대한 이야기를 끌어내는 대목이다. 이야기가 복잡해서 자세히 설명할 수는 없지만, 아무튼 데리다는 이제 차연이 작동함으로써 깨져 버린, 음성에 입각한 형상적 본질로서의 지성적인 의미 대신에 '문자'(gramme)에 의거한 텍스트적인 의미를 중시한다.

데리다는 소쉬르의 구조주의를 원용하면서도 소쉬르가 "언어학적 대상은 기록된 단어와 말해진 단어의 결합에 따라 규정되지 않으며 오직 말해진 단어만이 이 대상을 구성한다"라는 등의 말을 한 것에 대해 심한 거부감을 표시한다. 그러면서 순전히 음성적인 글쓰기는 존재하지 않으며 '음성주의'에는 어떤 문화 내의 알파벳을 활용한 실행의 결과라기보다는 이러한 실행에 대한 어떤 표상, 어떤 윤리적 내지는 가치론적 경험의 결과라고 말한다. 그리하여 음성 중심주의를 '종족 중심주의'(ethnocentrisme)와 연결한다.(데리다, [1972] 1992. 48쪽 참조) 데리다가 말하는 기표의 근본 형태는 결코 음성이 아니다. 바로 문자다. 그래서 "공기 대신에 잉크"라고 하버마스가 표현하고 있는데(하버마스, [1985] 1994. 217쪽) 멋진 표현이다.

데리다는 이제 음성적 글쓰기 대신에 새로운 글쓰기 즉 문자적 글쓰기를 제시하면서 아예 차연을 문자(gramme)와 동일시하기도 한다.(데리다, [1972] 1992. 49쪽 참조) 그러면서 'différance'(차연)에서의 철자 'a'가 능동성 또는 생산성을 지니고서 차이들의 유희에서 의미 생성의 움직임을 지시한다고 말한다.(같은 책, 50쪽 참조) 이 정도쯤 되면, 근원적인 의미의 생산력을 발휘하는 차연과 동일시되는 문자는 그야말로 신비하다 하지 않을 수 없다. 이에 '근원 문자'(archi-gramme)라는 말이 성립한다.

하버마스는 데리다에게서 보이는 이 '근원 문자'를 집요하게 물고 늘어진다. 이 근원적 문자는 모든 문자적 글쓰기뿐만 아니라 음성적 글쓰기에 전체를 통해 자신의 흔적을 남기면서도 그 스스로는 결코 그 정체를 드러내지 않는 — 데리다의 사유에서 근원적인 정체는 결코 드러날 수 없다 — 묘한 것이다. "근원 문자는 주체 없이 구조들을 생산하는 생산자의 자리를 차지하는데, 구조주의에 의하면 이 구조들은 어떤 저자도 가지고 있지 않다."(하버마스, [1985] 1994. 218쪽)

하버마스는 이러한 데리다가 '근원 문자'를 중시한 것에서 그가 히브리적인 유대교 신비주의 전통을 고수하면서 유지하기 때문이라고 여긴다. 그는 데리다가 근원 문자의 은폐를 근원 문자의 부재로 보고, 이 근원 문자의 부재를 신이 일부러 자신을 숨기는 신의 능동적 부재로 본다는 사실을 지적하면서, 데리다가 레비나스를 통해 유대교적 전통에서 물려받은 모티브를 바탕으로 사유하고 있다고 말한다.(같은 책, 223쪽 각주) 그러면서 하버마스는 이렇게 비판적인 평가를 가한다.

문자론적으로 윤곽이 드러난 근원 문자 ─ 이 문자는 알아볼 수 없게 되면 될수록 더욱 많은 해석을 불러일으킨다 ─ 에 관한 데리다의 착상은 오랫동안 끌고 있는 계시 사건으로서 파악되는 전통의 신비적 개념을 재생시킨다. 종교적 권위는, 그것이 자신의 진정한 모습을 감추고 해석가들의 해독이 열기를 자극하는 한에서만 힘을 가진다. 내면적으로 열심히 추진되고 있는 해체는 전통을 계승하는 모순적 작업이다. 이러한 계승 속에서 구원의 힘은 오직 소모를 통해서만 재생된다. 뒤덮인 토대를 드러내기 위해 허물어 고르고자 하였던 해석의 파편들이 쌓여 이룬 언덕을 해체 작업은 더욱 두터워지게 만든다. (같은 책, 221쪽)

이 은폐, 부재, 비현전(non-présence)으로서의 근원적 문자는 데리다의 불투명성에 입각한 철학적 사유의 성격이 무엇인가를, 그가 말하는 해체가 어떻게 반인간주의적인 경향을 띠는가를 상당 정도 암시한다.

§4. 데리다, 부재의 불투명성

데리다가 근원적인 본질을 거부하고, 절대적인 진리를 부정하고, 그럼으로써 이전의 철학들을 근본적으로 해체하고자 할 때, 필자가 보기에 그 귀결은 '부재'(absence)로 모아진다. 그런데, 하버마스가 비판적으로 잘 지적한 것처럼, 이 부재는 유대교의 신비주의 전통으로 이어지면서 '근원 문자'의 신적 존재로 이어진다. 물론, 이때 신은 부재 내지는 적어도 끝내 은폐된 신이다. 이는 리쾨르가 말하는 잠정적으로 선(先)-형상화한 신적인 텍스트와 거의 그대로 맥을 같이한다.

데리다는 후설의 시간론에서 원인상의 변경인 파지 개념에서 '흔적의 흔적의 흔적의 ……'로 이어지는 소멸을 향해 무한 퇴행하는 감각의 현출에서 '차연' 개념을 착안했다. 그 개념에도 불구하고, '흔적 자체'라는 말을 쓸 수 있을까? 만약 그럴 수 있다면, 흔적은 흔적이기를 그친다. '흔적 자체'라는 말은 비트겐슈타인(Ludwig Wittgenstein, 1889~1951)이 제시한 "이빨 없는 장미"처럼 처음부터 난센스하다. '흔적'은 그 개념에 있어서 '변형의 경과'와 더불어 '원형'을 수반하지 않을 수 없다. 그래서 흔적은 존재와 무의 중간이고, 긍정과 부정의 중간이다. 흔적의 현전에는 원형의 부재가 곁들여져 있다.

'흔적'과 마찬가지로 부재에서도 '부재 자체'가 성립하지 않는다. '부재'는 'ab-sence'라는 조어에서 알 수 있듯이, 현전했던 것 또는 현전해야 하는 것이 'ab-' 즉 어딘가로 떨어져 가버려 현전하지 않음을 뜻한다. 부재는 흔적과 존재 방식이 다르다. 부재는 단적인 순간을 허용하지만, 흔적은 시간의 경과가 없이는 성립하지 않는다. 부재에는 현전이 마치 공시적으로 뒤에서 작동하는 것 같고, 흔적에는 원형이 마치 통시적으로 옆에서 작동하는 것 같다.

부재와 흔적을 결합하고, 그래서 뒤와 옆을 결합하여 논리적 상상력을 통해 본래의 시공간적인 장소로 돌아가면 '원형의 현전' 또는 '현전하는 원형'이 나타난다. 만약 부재와 흔적이 이 원형의 현전 또는 는 현전하는 원형을 기초로 해서 성립한다고 주장하면, 데리다가 화를 내면서, 왜 현전의 형이상학으로 되돌아가려 하느냐고 호통을 칠 것이다. 하지만, 필자로서는 이 원형의 현전 또는 현전하는 원형을 오히려 주시할 수밖에 없다. 그것은 후설이 그의 시간론을 전개하면서 "절대적으로 변경된 것이 아니고, 모든 의식과 존재의 원천"이라고 말한 저 "원인상"을 존재론적으로 도무지 잊을 수 없기 때문이다. 원인상의 절대적 소여와 그 절대적 우연의 현존이야말로 불투명성의 원천이다.

데리다가 근원 문자를 통해 염두에 두게 되는 부재한 신은 물론 불투명하기 이를 데 없는 존재다. 이는 데리다의 사유에서 부재가 불투명한 심연의 존재로 들어가는 근본적인 통로임을 함축한다. 그런데 부재는 현전과 직접 대립적인 쌍을 이루고, 그래서 현전과 결합한 현존(existence)과 간접적으로 대립한다. 이 간접적인 대립은 현존과 존재(être) 사이의 직접적인 대립의 쌍으로 변환한다. 그런데 데리다가 마침내 염두에 두게 된 '부재한 신'은 그 부재로 인해 현존의 수준에서 벗어나 존재로 이관된다. 즉 부재하는 존재로 이관된다.

하지만, 불투명한 심연의 존재는 지독히도 현존한다. 불투명하다고 해서 배후에서 작동하지도 않고, 옆에서 작동하지도 않는다. 번연히 '눈을 뜨고' 주체인 나를 뚫어지게 응시한다. 물론 이 응시는 주체인 나를 중심으로 해서 성립하는 것이지, 저 불투명한 존재 쪽에서 성립하는 것은 아니다. 저 불투명한 존재의 입장을 고려하면, 그것은 주체인 나를 아예 아랑곳하지 않는다. 그와 같은 주시와 무시가 동시에 작동하는 가운데 그것은 현전하고 현존한다.

그렇다면, 불투명한 심연의 존재가 지닌 이 같은 존재 방식을 근원적으로 갖춘 것은 과연 무엇인가? 후설이 말하는 절대적으로 변경되지 않은 저 원인상인가? 원인상은 그 자체로 보면, 극미한 순간, 후설이 가장 첨예한 의미에서 보았을 때 성립한다고 한 지금을 관통하면서 현전하자마자 즉시 부재의 흔적으로 변경되어 사라질 뿐이다. 그래서 원인상에 대해 현전을 말할 수는 있으나 현존을 말할 수는 없다. 그러니까 원인상은 인식의 판면을 벗어나지 않는다. 그와 달리, 저 불투명한 심연의 존재는 뚜렷이 현존한다. 그래서 그것은 인식의 판면에 머물지 않고 존재의 판면을 뚜렷하게 내보인다.

데리다가 후설의 원인상과 파지의 상에서 출발하여 '흔적'을 찾고, 흔적에서 '부재'를 찾고, 흔적과 부재를 결합하여 '차연'을 찾았을 때, 그 작업은 근본적으로 인식의 판면을 벗어나지 못한다. 인식의 판면에서 성립하는 불투명성은 존재의 판면에서 존립하는 저 불투명한 심연의 존재가 지닌 현존의 불투명성을 겨냥할 수 없다. 우리로서는 존재의 판면을 끌어들여 거기에서 존립하는 저 불투명한 심연의 존재를 '감각 사물'에서 찾는다.

'감각 사물'에 가장 가까이 다가간 인물은 메를로-퐁티다. 그러니까, 데리다에서 확인하는 '불투명성의 현상학'은 메를로-퐁티에서 확인하는 '불투명성의 현상학'에 비해 덜 치열하고 그만큼 약하다.

3부

불투명성, 심연 그리고 충동

'3부'라고 해서 앞의 1부·2부와 엇비슷한 분량을 덧붙이려는 것은 아니다. 흔히 결론이라고 해서 책의 맨 마지막에 덧붙이듯이 이 책의 의의를 간략히 정돈하는 품새를 취하면서, 미처 하지 못한 말이나 책을 마무리 짓고자 하니 떠오르는 상념을, 짧게 나눈 두어 개의 절로 꾸며 덧붙이고자 한다. 이 3부의 제목 '불투명성, 심연 그리고 충동'은 애초 이 책을 꾸미고자 할 때, 사유의 동력으로 작동했던 낱말들을 담고 있다.

*　*　*

§1. 탈-도구의 환원, 절대적 잉여인 감각 사물

불투명성은 어떤 기준을 전제해서 드러난다. 인식의 판면에서 볼 때, 불투명성의 기준은 불투명한 대상 ── 우리의 논의에서 이 대상은 감각 사물로 집결되었다 ── 을 인식하는 주체의 능력, 즉 파악된 대상을 분석하고 통일해서 그 의미와 효과 그리고 이것들의 발생 근거를 밝히는 주체의 능력, 예컨대 이성의 생산적인 사유의 힘이 적중하는가, 아닌가다.

　　그런데, 이성은 불투명한, 게다가 심연의 형태로 나타나는 존재의 현존 자체만큼은 도저히 인정하지 않을 수 없음과 동시에 그 존재의 본질을 전혀 알 수 없을 뿐만 아니라, 그 불투명한 존재에 과연 본질이 있는지 없는지조차 알 수 없다고 고백해야 한다. 말하자면, 감각 사물의 필증적인 현존 앞에서 이성 자신이 마비되고 만다는 사실을 시인해야 한다. 그런데 이때, 설사 현존과 본질이 어긋날 수는 있어도 현존하는 것치고 본질을 지니지 않는 것이 없다고 여기는 이성은 불투명한 심연의 존재와 맞닥뜨리는 순간, 저 자신의 본질마저 불투명하게 다가들 것이다.

그런데도 이성은 이러한 역리를 짐짓 무시함으로써 기어코 저자신만의 주권을 주장한다. 그럴 수 있기 위해 이성은 불투명한 심연의 존재를 사이비한 존재 또는 무시해도 좋을 자투리로 치부해 내버려 둔다. 하지만, 그럼으로써 이성은 불투명한 심연의 존재와 이중적인 시소게임을 하게 된다. 이 시소게임은 이성의 자의적인 승리와 그모순에 따른 패배의 오르내림이다. 이는 다음 두 가지의 논변에 빗댈수 있다.

첫 번째로, 아감벤(Giorgio Agamben, 1942~)이 "법이 생명과 연관되는 본래적인 방식은 적용이 아니라 내버림(Abbandono)이다. 노모스 본래의 '법적 힘'이란 노모스가 생명을 내버림으로써 생명을 자신의 추방령 속에 끌어안는다는 데 있다"(아감벤, [1995] 2008. 80쪽)라고 말하는 것과 유사한 방식으로, 이성은 불투명한 심연의 존재를 쫓아냄으로써 뒷문으로 끌어들인다. 그렇지 않고서는 자신의 주권이 성립할 수도 관철될 수도 없기 때문이다.

두 번째로, 라투르가 "근대적 헌법은 혼합물들을 실험재료로서는 허용하면서도 이들이 사회 전반에 미치는 영향을 은폐한 결과로 침몰한 것이다"(라투르, [1991] 2009. 80쪽)라고 말하는 것과 유사한 방식으로, 이성은 불투명한 심연의 존재를 이용하고서는 꼭꼭 숨겨둠으로써 저 스스로 붕괴한다.

우리가 불투명한 심연의 존재를 존재론적인 근원으로 제시할 때, 그 의의는 과연 우리의 존재와 삶에 어떤 영향을 미치는가? 뒤샹의 레디-메이드 작품에서 보듯이, 예술적 존재로서의 우리를 확장하고 심오하게 하는 것만은 분명하다. 그리고 이 책의 1부 '§1. 감각 사물에의 이력'에서 보듯이, 비록 어쭙잖기는 하지만 필자처럼 나름의 시적 세계를 펼치는 계기로 작동할 수도 있다. 그 밖에, 이 불투명한 심연의 존재가 언어 자체에 적용함으로써 흔히 포스트모더니즘적이라 평가되는 하이퍼텍스트를 생산하는 데서도 일정하게 힘을 발휘할 것이다.

1부 §1에서 필자는 일찍이 사물을 마물(魔物)이라 불렀음을 되새겼다. 이때, '마물'이란 말에서 '괴물'이 연상된다. 하지만, 필자가 대표적인 불투명한 심연의 존재로 거듭 강조했던 '감각 사물'은 페가수스나 스핑크스처럼 이질적인 것들을 결합한 하이브리드와 같은 존재는 아니다. 이미 늘 알게 모르게 너무나도 직접 경험된다. 물론, '경험'이란 말의 경쾌함과는 거리가 멀다. 차라리 체험된다고 하는 게 더 적당할 것이다. 다만, 여기에서 직접적이라는 것은 일상의 삶을 염두에 둔 것은 아니다. 오히려 그 반대다. 주변에 지천으로 널려 있는 인공물이나 자연물에 대해 우리의 욕구나 욕망과 연결되는 도구적인 측면을 완전히 삭제해야만 감각 사물이 오롯이 체험된다. 그래서, 만약 후설이 말한 '에포케' 즉 '초월적인 현상학적 환원'이라는 개념을 전용해서 말하면, '탈(脫)-도구의 환원'을 수행해야만 감각 사물을 만날 수 있다.

이 탈-도구의 환원은 욕구나 욕망에 전혀 끌려가지 않음을 뜻한다. 그래서 욕구나 욕망에 관련한 사물이나 사건의 형상(形相)을 겨냥하는 이성에 끌려가지 않음을 뜻한다. 이는 칸트가 미적 판단에서 요구한 '무관심성'(Interesselosigkeit)의 시선을 얻는 것과 유사하다. 하지만, 칸트가 말하는 무관심한 시선은 사물들이 모여 드러내는 구조적인 형식만을 겨냥한 데서 일을 그르친다. 즉, 감각 사물 자체를 놓친다. 후설의 에포케는 결국 원인상을 중심으로 해서 파지와 예지를 통해 펼쳐지는 감각적인 현출들(sinnliche Erscheinungen) 즉 내실적 의식을 채우는 성분만을 찾아냄으로써 일을 그르친다. 그 감각적인 현출들이 저들 스스로 뭉쳐 의식 쪽에서 볼 때 수동적으로 종합함으로써 이루어지는 선(先)-구성(Vorkonstitution)을 찾아내긴 했으나, 그 선-구성은 지향적 의식에 상응하는 노에마일 뿐, 사물은 아니다.

　　감각 사물의 절대적 우연성에 따른 현존은 일체의 분석적인 사유로써는 제대로 접근할 수 없다. 오히려 '돈오'(頓悟)와 같이 갑자기 솟아오르기까지 한다. 감각 사물은 한편으로는 바라보는 주체인 내가 없이는 성립할 수 없는 것 같고, 그리하여 구성주의적인 뭇 관념론이 타당한 것 같지만, 그렇지 않다. 감각 사물은 바라보는 주체인 나를 오히려 뚫어지게 바라보는 것 같으면서, 그와 동시에 바라보는 주체인 나를 아랑곳하지 않고 저 자신 자체로서 현존한다. 그뿐만 아니라, 이윽고 바라보는 주체인 나마저도 하나의 감각 사물과 다르지 않음을 증시(證示)한다. 그러니까 탈-도구의 환원은 짐짓 수행할 수도 있지만, 일상의 존재 연관의 틈을 통해 갑자기 수행되기도 한다. 그렇다고 해서, 탈-도구의 환원이 무슨 신비의 수행처럼 어려운 것은 결코 아니다. 감각 사물이 이미 늘 존재의 지평을 가득 채우고서 현존하기 때문이다.

§2. 감각 사물과 뇌

1부의 §1에서 필자가 대학 시절부터 온통 색으로 채워진 저 사물과 뇌 사이에서 벌어지는 사태를 물리학 내지는 광학과 간단하나마 신경생리학적인 상식을 살려 고심했다고 했다. 그리고 지금도 그 문제를 끌어안고서 국가에서 연구비를 신청하기까지 하면서 고민하고 있다고 했다.

다시 간추린다. 빛이 사물에 반사된다. 사물의 표면적인 구조와 성격에 따라 반사된 빛들은 온갖 다양한 성질을 특정하게 띤다. 그러한 빛들이 망막을 통해 전자기파로 변환되어 시신경을 따라 뇌 안으로 들어가 외측슬상핵을 거치고 후두엽으로 전달되어 마침내 뇌 전체에서 조율된다. 그 결과, 뇌 안으로 들어온 뭇 성질의 전자기파는 미세한 색들로 변환한다. 그런 다음, 뇌는 기기묘묘하게도 그 미세하기 이를 데 없는 색들을 본래 빛을 받아 반사했던 저 바깥의 사물에 투사하고, 그 결과 이른바 감각 사물이 저 바깥에서 설립된다.

그런데, 이게 끝이 아니다. 만약 우리가 감각과 지각을 뇌를 통해 수행한다면, 이제 뇌는 저 바깥의 감각 사물의 현존을 지각해서 뭇 근육에 행동을 지시한다. 예를 들어 빨간 자동차가 내가 걸어가고 있는 보도를 치고 올라올 때 급작스럽게 피하고, 하얀 쌀밥을 보고서 은빛으로 빛나는 숟가락을 보고 쥐고서 떠먹는다. 그렇다면, 이제 감각 사물에 대한 이 지각은 뇌에서 과연 어떤 절차를 거쳐 처리되고 그 결과에 따라 근육을 움직이게 하는가? 감각 사물의 그 색이 망막에 투사된다고 말할 수 있는가? 그럴 때, 망막은 과연 색을 무엇으로 변환하며 시신경과 뇌는 망막을 통해 색이 변환해서 생겨난 그 무엇을 어떻게 처리하는가?

이제까지 우리는 감각 사물이 근본적으로 지각하는 주체인 나에 의존함이 없이 그 자체로 저기 바깥에 뚜렷이 현존한다고 주장했다. 그런데 이같이 뇌의 작용을 고려해서 해석하고자 하니까 어마어마한 곤경에 처하게 된다. 요컨대, 그린데도 서 감각 사물이 뇌를 활용해 그것을 지각하는 주체인 나에 의존하지 않고 그 자체로 저기 바깥에 뚜렷이 현존한다고 할 수 있을 것인가? 만약 필자의 뇌가 이와 관련한 모든 사유를 수행하는 것이 분명하다면, 감각 사물이 그 자체로 저기 바깥에서 뚜렷이 현존한다고 필자의 뇌가 주장하는 셈이다. 이때 필자의 뇌는 과연 어떤 성격의 어떤 존재 방식을 띤 자료를 바탕으로 이 모든 주장을 하는 걸까? 그 자료 역시 결국에는 전자기파로 환원된다고 할 것인가?

이 난해하기 이를 데 없는 문제를 제기하면서, 맨 첫 단계에서 저기 바깥의 사물에 빛이 반사된다고 했다. 이때, 사물은 결코 눈에 보이는 감각 사물이 아니다. 굳이 말하자면, 칸트의 사물 자체와 비슷하다. 또는 물리학에서 말하는 질량으로만 계산되는 객관적인 입자로서의 사물과 비슷하다. 하지만, 칸트가 사물 자체와 구분해서 말하는 경험적 사물은 다름 아니라 물리학적인 사물이다. 그래서 빛을 반사하는 본래의 저 바깥의 사물을 물리학적인 사물이라고 해석할 수 있을지는 몰라도 칸트의 사물 자체로 해석할 수는 없다.

어쨌든 우리는 세 가지 판면에서의 사물을 찾아낸 셈이다. 하나는 저기 바깥의 흔히 물리적인 사물이라 일컫는, 물리학적 판면에서의 비가시적인 사물이다. 다른 하나는 이제까지 우리가 논의하고 주장해 온 저기 지각적 판면에서의 감각 사물이다. 그리고 마지막 하나는 뇌가 ── 뇌가 의식을 산출한다고 전제할 때 ── 자신 속에서 의식을 일으켜 재현하고 있는 의식 판면에서의 관념으로서의 사물이다. 흔히 첫 번째 물리적 판면에서의 사물을 3인칭적이라고 말하고, 세 번째 사물을 1인칭적이라고 말한다. 그러면서 두 번째 감각 사물을 세 번째의 의식 판면에서의 관념으로서의 사물과 같은 것이라고 여긴다. 이는 결단코 받아들일 수 없는 이분법에 따른 편견이다.

그런데, 정말이지 그런데, 뇌의 존재를 확인할 수 있는 것은 제3의 관찰자 ── 지금의 논의 방식에 따르면, 이 관찰자 역시 자신의 뇌로써 관찰한다 ── 에 의한 관찰에 따른 것이고, 이때 관찰자는 감각 사물로서의 뇌를 관찰할 수 있을 뿐이다. 전혀 색을 지니지 않은 비가시적인 물리적 사물로서의 뇌가 존재한다고 생각하는 것은 어디까지나 감각 사물로서의 뇌를 인식 근거로 해서 이성적인 사유를 통해 추정한 결과이다. 그리고 관념으로서의 뇌가 제3자인 관찰자의 의식에 재현되어 결국 그 관찰자의 뇌 속에 존재한다고 생각하는 것 역시 어디까지나 감각 사물로서의 뇌를 인식 근거로 해서다.

일단 여기까지다. 정돈하면 이렇다. 외부에 객관적으로 존재한다고 여기는 비가시적인 순수 물리적인 사물과 의식 내부에 주관적으로 존재한다고 여기는 준-가시적인 순수 관념으로서의 사물이 존재한다는 확신은 근본적으로 저 바깥에 현존하는 감각 사물을 인식 근거로 해서 산출되었다. 그리고 외부에 객관적으로 존재한다고 여기는 비가시적인 순수 물리-생리적인 뇌와 관찰자의 의식 내부에 주관적으로 존재한다고 여기는 의식에 재현된 순수 관념으로서의 뇌가 존재한다는 확신 역시 근본적으로 관찰자 바깥에 현존하는 감각 사물로서의 뇌를 인식 근거로 해서다.

결국에는 감각 사물이 문제다. 감각 사물은 특히 우리의 학문적인 이성을 구렁텅이에 빠뜨려 무용하게 만든다. 그래서 감각 사물은 1차적으로 학자의 이성에게 가장 불투명한 심연의 존재로 위험하기 이를 데 없는 존재다. 더 나아가, 감각 사물은 일체의 욕구에 따른 도구 연관을 확 벗어나 있기에 인간 존재 자체에 대해 가장 불투명한 심연의 존재다. 이를 둘러싸고서 저 탁월한 사유의 천재들인 현상학자들이 예사로 걸려 넘어지는 것은 당연하다.

묘하게도 그런 만큼 감각 사물들은 오히려 우리를 매혹하고, 그래서 그것들과 이미 늘 맞닥뜨리는 우리로서는 차라리 그 불투명한 심연 속으로 뛰어들고자 하는 충동에 휩싸이는 것이다.

참고문헌

니체, [1885] 1998 : 프리드리히 니체, 『권력에의 의지』, 강수남 옮김, 청하, 1998.

단토, 1992 : 아서 단토, 『사르트르의 철학』, 신오현 옮김, 민음사, 1992.

데리다, [1972] 1992 : 자끄 데리다, 『입장들』, 박성창 옮김, 솔, 1992.

라이프니츠, [1686] 2010 : 빌헬름 라이프니츠, 『형이상학 논고』, 윤선구 옮김, 아카넷, 2010.

라투르, [1991] 2009 : 브뤼노 라투르, 『우리는 결코 근대인이었던 적이 없다』, 홍철기 옮김,
　　갈무리, 2009.

레비나스, [1961] 2018 : 에마뉘엘 레비나스, 『전체성과 무한: 외재성에 대한 에세이』, 김도
　　형 · 문성원 · 손영창 옮김, 그린비, 2018.

리히터, 1994 : 한스 리히터, 『다다, 예술과 반예술』, 김채현 옮김, 미진사, 1994.

베르그송, [1889] 2001 : 앙리 베르크손, 『의식에 직접 주어진 것들에 관한 시론』, 최화 옮김,
　　아카넷, 2001.

_____, [1907] 2005 : 앙리 베르그손, 『창조적 진화』, 황수영 옮김, 아카넷, 2005.

사르트르, 1983 : 장-폴 사르트르, 『구토』, 김희영 옮김, 학원사, 1983.

스피겔버그, 1992 : 허버트 스피겔버그, 『현상학적 운동 II』, 최경호 · 박인철 옮김, 이론과실천,
　　1992.

아감벤, [1995] 2008 : 조르조 아감벤, 『호모 사케르: 주권 권력과 벌거벗은 생명』, 박진우 옮
　　김, 새물결, 2008.

윤성우, 2004 : 윤성우, 『폴 리쾨르의 철학』, 철학과현실사, 2004.

이광래[T. K. 숭], 1990 : 이광래 편, 『해체주의란 무엇인가』, 교보문고, 1990. 중에서 T. K. 숭 이 쓴 「훗설과 데리다」.

_____, 1990 : 이광래 편, 『해체주의란 무엇인가』, 교보문고, 1990.

이수정 · 박찬국, 1999 : 이수정 · 박찬국, 『하이데거, 그의 생애와 사상』, 서울대출판부, 1999.

자너, 1993 : 리처드 자너, 『신체의 현상학: 실존에 바탕을 둔 현상학』, 최경호 옮김, 인간사랑, 1993.

조광제, 2007 : 조광제, 『미술 속, 발기하는 사물들』, 안티쿠스, 2007.

크리스테바, [1980] 2001 : 쥘리아 크리스테바, 『공포의 권력』, 서민원 옮김, 동문선, 2001.

프로이트, [1919] 2003 : 지그문트 프로이트, 『예술, 문학, 정신분석』(프로이트 전집 14), 정장 진 옮김, 열린책들, 2003.

플라톤, 2013 : 플라톤, 『테아이테토스』, 정준영 옮김, EjB, 2013.

하버마스, [1985] 1994 : 위르겐 하버마스, 『현대성의 철학적 담론』, 이진우 옮김, 문예출판사, 1994.

하이데거, 1981 : 하이데거, 『형이상학이란 무엇인가』, 최동희 옮김, 서문문고, 1981.

한상철, 1996 : 박정호 외, 『현대철학의 흐름』, 동녘, 1996.

한전숙, 1996 : 한전숙, 『현상학』, 민음사, 1996.

Derrida, [1967] 1983 : Jacques Derrida, *La voix et le phénomène*, Presses Universitaires de France, 1983. / 국역본은 자끄 데리다, 『목소리와 현상』, 김상록 옮김, 인간사랑. 2006.

_____, 1990 : Jacques Derrida, *Jacques DERRIDA*, Limited Inc., 1990.

Heidegger, [1927] 1972 : Martin Heidegger, *Sein und Zeit*, Max Niemeyer Verlag, 1972.

_____, 1935 : *Holzwege* 중 "Ursprung des Kunstwerkes"(『예술작품의 근원』, 1935년 강의).

_____, 1946 : Martin Heidegger, *Über den Humanismus*(『휴머니즘에 대하여』), 1946.

Held, 1966 : Klaus Held, *Lebendige Gegenwart*, Martinus Nijhoff, 1966.

Husserl, [1901] 1980 : Edmund Husserl, *Logische Unterschuungen*, II/1, Max Niemeyer Verlag, Tübingen, 1980.

_____, [1911] 1971 : Edmund Husserl, "Philosophie als strenge Wissenschaft" in *Logos I*, 1911. (Sonderdruck, 2. Aufl. hrsg. v. W. Syilasi, Frankfurt a. M., Vittorio Klostermann, 1971.) /

후설, 『현상학의 이념. 엄밀한 학으로서의 철학』, 이영호·이종훈 옮김, 서광사, 1988.

_____, [1913] 1950 : Edmund Husserl, *Ideen zu einer reinen Phänomenologie und phänomenologischen Philosophie*, erstes Buch, Martinus Nijhoff, 1950. / 후설, 『순수 현상학과 현상학적 철학의 이념들: 순수 현상학의 학문 일반』, 최경호 옮김, 문학과지성사, 1997.

_____, [1917] 1964 : Edmund Husserl, *Zur Phänomenologie des inneren Zeitbewußtsein(1893~1917)*, ed. von Rudolf Boehm, Martinus Nijhoff, 1964.

_____, [1929] 1963 : Edmund Husserl, *Cartesianische Meditationen und pariser Vorträge*, Martinus Nijhoff, Haag, 1963. / 후설, 『데카르트적 성찰』, 이종훈 옮김, 철학과현실사, 1993.

_____, [1934~1937] 1962 : Edmund Husserl, *Die Krisis der europäischen Wissenschaften und die transzendentale Phänomenologie*, Martinus Nijhoff, 1962. / 후설, 『유럽학문의 위기와 선험적 현상학』, 이종훈 옮김, 이론과실천, 1993.

Kant, [1781] 1956 : Immanuerl Kant, *Kritik der reinen Vernunft*, Felix Meiner Verlag, Hamburg, 1956. / 임마누엘 칸트, 『순수이성비판 1』, 『순수이성비판 2』, 백종현 옮김, 아카넷, 2014.

Levinas, [1947] 1978 : Immanuel Levinas, *Existence and Existents(De l'existence à l'existants)*, tr. Alphonso Lingis, Martinus Nijhoff, The Hague, 1978.

_____, [1948] 1979 : Immanuel Levinas, *Le temps et l'autre*, Fata Morgana, 1979.

Marcel, 1935 : Gabriel Marcel, *Être et Avoir*, Éditions Montaigne, 1935.

Merleau-Ponty, 1942 : Maurice Merleau-Ponty, *La Structure du comportement*, Presses Universitaires de France, 1942.

_____, 1945 : Maurice Merleau-Ponty, *Phénoménologie de la perception*, Librairie Gallimard, 1945.

_____, 1964 : Maurice Merleau-Ponty, *Le visible et l'invisible*, Gallimard, 1964. / 메를로-퐁티, 『보이는 것과 보이지 않는 것』, 남수인·최의영 옮김, 동문선, 2004.

Ricoeur, 1965 : Paul Ricoeur, *De l'interprétation. essai sur Sigmund Freud*, Seuil, 1965.

_____, 1971 : Paul Ricoeur, *Exégèse et herméneutique*, Seuil, 1971.

_____, 1985 : Paul Ricoeur, *Temps et récit*, Éditions du Seuil, 1985.

_____, 1986 : Paul Ricoeur, *Du texte à l'action. Essais d'herméneutique II*, Le Seuil, 1986.

Sartre, 1943 : Jean-Paul Sartre, *L'être et le néant*, Gallimard, 1943.

지은이 조광제

1955년 출생으로 총신대학교 신학과를 졸업했으며, 서울대학교 철학과 대학원에 입학하여 석·박사과정을 졸업하고, 한전숙 교수 지도 아래 「현상학적 신체론─E. 후설에서 M. 메를로퐁티에로의 길」로 박사학위를 받았다. 2000년 시민철학학교 '철학아카데미'를 설립해 대표와 공동대표를 역임했으며, 현재는 운영위원으로 활동 중이다.

지난 10여 년간 주로 '철학아카데미'에서 하이데거의 『존재와 시간』, 사르트르의 『존재와 무』, 메를로퐁티의 『행동의 구조』, 『지각의 현상학』, 『보이는 것과 보이지 않는 것』, 『눈과 정신』 그리고 푸코의 『말과 사물』 등을 원전을 중심으로 철저하게 분석해서 해설하는 강의를 진행했다. 또한 2011년부터 '주체소', '현상소', '언어소', '현존 벡터', '자성과 대타성', '수렴-응축과 확산-분절' 등의 개념들을 구축하여 '함수적 존재론'이라는 이름의 존재론을 확립하고자 노력하고 있다. 그런 가운데, 정치사회사상을 확립하기 위해 여러 동료들과 함께 집단적인 연구를 진행하고 있다.

쓴 책으로는 후설의 철학을 전반적으로 조감한 『의식의 85가지 얼굴』, 메를로퐁티의 『지각의 현상학』에 대한 강해서인 『몸의 세계, 세계의 몸』, 사르트르의 『존재와 무』에 대한 강해서인 『존재의 충만, 간극의 현존 1, 2』, 메를로퐁티의 『눈과 정신』에 대한 역서이자 강해서인 『회화의 눈, 존재의 눈』, 현대 철학자 24명의 사상을 소개한 『현대 철학의 광장』, 철학 입문을 돕기 위한 『존재 이야기』, 『철학라이더를 위한 개념어 사전』, 삶을 돕기 위한 소책자인 『혼자 살 것인가, 함께 누릴 것인가?』, 영화에 관한 철학 에세이집인 『인간을 넘어선 영화예술』, 미술에 관한 철학 해설 책인 『미술 속, 발기하는 사물들』, 그 외 여러 공저가 있다.